U0729915

帝国的凛冬 ②

守成与变革

冬雪心境 / 著

天津出版传媒集团

天津人民出版社

图书在版编目（ＣＩＰ）数据

帝国的凛冬 . 2, 守成与变革 / 冬雪心境著 . -- 天
津：天津人民出版社，2019.8
ISBN 978-7-201-15005-5

Ⅰ . ①帝… Ⅱ . ①冬… Ⅲ . ①中国历史—清后期
Ⅳ . ① K252

中国版本图书馆 CIP 数据核字 (2019) 第 143886 号

帝国的凛冬 2 守成与变革

DIGUO DE LINDONG 2 SHOUCHENG YU BIANGE

出　　版　天津人民出版社
出 版 人　刘　庆
地　　址　天津市和平区西康路 35 号康岳大厦
邮政编码　300051
邮购电话　（022）23332469
网　　址　http://www.tjrmcbs.com
电子邮箱　reader @tjrmcbs.com

责任编辑　赵　艺
装帧设计　金石工作室

制版印刷　三河市华润印刷有限公司
经　　销　新华书店
开　　本　710 毫米 × 1000 毫米　　1/16
印　　张　19
字　　数　210 千字
版次印次　2019 年 8 月第 1 版　2019 年 8 月第 1 次印刷
定　　价　42.00 元

版权所有 侵权必究

目　录

第一章　中兴之光

祺祥政变是晚清历史的一个重大转折，此后慈禧登上政治舞台，逐渐成为后来四十余年大清帝国的实际领导人，而且在政治舞台的上下左右也发生着变化。后来的事实体现了大清帝国经由祺祥政变，过渡到了由政出一人变成垂帘听政与亲王议政相结合的政治体制。在那个时间段里，拥有先进技术与开拓市场欲望的西方列强，更加千方百计地对大清帝国进行"改造"，而此前饱受屈辱的大清帝国，也开始利用这个机会，变被动为主动，开始了一段艰难曲折的，向西方学习的历程……

1. 垂帘听政　　　　　　　　　002

2. 议政重权　　　　　　　　　007

3. 连斩大臣　　　　　　　　　013

4. 调整班子　　　　　　　　　020

5. 合作政策　　　　　　　　　026

6. 公使驻京　　　　　　　　　033

7. 帮办海关税务　　　　　　　037

第二章　洋兵助剿

主动求变向西方列强靠拢，是同治初年清政府对外政策的根本性转变，其带来的结果就是由先前的中外对立变成了"中外同心"，在经济上由盲目排外变成了热心洋务，这一切是清政府自鸦片战争以来的一个巨大进步。当然，清政府的这种转变除了有经济和政治上的好处之外，必不可少的还有军事上的好处——对于依旧处在太平天国运动之中的清政府，洋人的助力绝对是雪中送炭。而借助洋人的军事力量来镇压内乱，是同治一朝初年的一大特征……

1. 暗示助剿　　　　　　　　　044

2. 建立洋枪队　　　　　　　　049

3. 中外会防局　　　　　　　　055

4. 安庆决战　　　　　　　　　060

5. 激战江浙　　　　　　　　　067

6. 攻陷天京　　　　　　　　　075

第三章　亲政与再听政

祺祥政变后，由于即位的同治皇帝年龄幼小，于是形成以两宫太后与恭亲王奕䜣联合执政的局面，奕䜣就成了大清帝国的总管家。对于奕䜣来讲，上有两宫太后、同治皇帝，下有满汉众多大臣，他处于一种敏感位置，对于朝廷的整体决策他不能否定，但又不能过多地给予建议，对祖宗家法改变了不对，不更改也不对，原因就在于随着太平天国被成功镇压，曾经不太熟悉朝廷政务的皇太后，已经不再完全依赖于奕䜣，这其中尤其以慈禧太后为甚……

1. 叔嫂失和　　　　　　　　　　084

2. 潜伏的矛盾　　　　　　　　　089

3. 轩然大波　　　　　　　　　　094

4. 同治亲政　　　　　　　　　　099

5. 两宫再听政　　　　　　　　　107

6. 重掌大权　　　　　　　　　　112

第四章　洋务自强

当历史的车轮行进到 1840 年时，以天朝上国自居的大清帝国终于迎来了比它更强的洋枪洋炮，大清帝国迫不得已开始睁眼看世界。随着时间的推移，高层统治者越来越认识到，原来自己并不是世界的中心，这个国家想要生存下去，甚至融入世界体系之内，就必须遵循弱肉强食的丛林法则，那些早已生锈的刀剑，那些暮气沉沉的八旗子弟，已经无法继续承载大清帝国富强的梦想，而一场太平天国风暴更是让高层统治者认识到，如果再不变法自强，大清帝国恐怕会永远走进历史，最终成为历史名词……

1. 洋务倾向　　　　　　　　　118

2. 总理衙门很无奈　　　　　　123

3. 军火事业　　　　　　　　　128

4. 铁路命运　　　　　　　　　133

5. 从水师到海军　　　　　　　138

6. 瘸足的洋务　　　　　　　　143

7. 失道寡助　　　　　　　　　148

第五章 光绪十五年

同治皇帝载淳做了十三年皇帝，带着神秘的病痛于同治十三年（公元1875年）驾崩，年仅十九岁的他还没有自己的子嗣，所以两宫太后必须要在亲王里，找出一个合适的继承人。纵观同治一朝的大清权力体系，虽然说一直在执行两宫太后垂帘听政的制度，但最高权力却始终掌握在慈禧太后手中，所以选择一个什么样的继承人，就看慈禧太后的倾向性……

1. 权力交接　　　　　　　　　152

2. 宫廷风波　　　　　　　　　156

3. 多事之秋　　　　　　　　　166

4. 初涉大政　　　　　　　　　171

5. 训政之路　　　　　　　　　178

6. 大婚与亲政　　　　　　　　185

7. 珍妃之情　　　　　　　　　193

第六章　甲午之战

不管怎么讲，光绪皇帝至少在名义上是大清帝国的主宰者，虽然他和珍妃在皇宫里书写了一段传奇的爱情故事，但这位年轻的皇帝并没有丢掉最初的理想，依旧想让久病缠身的大清帝国在他的手中重新焕发荣光。现在，老太后已经不在身边，光绪皇帝认为自己可以施展拳脚了……

1. 君权到国权　　　　　　　　　　　202

2. 力主抗战　　　　　　　　　　　　211

3. 联合阵线　　　　　　　　　　　　220

4. 贻误战机　　　　　　　　　　　　228

5. 处境艰难　　　　　　　　　　　　238

6. 马关条约　　　　　　　　　　　　250

第七章　维新思想

甲午中日战争之后，光绪皇帝犹如从一场噩梦中惊醒过来，在反省中得到了有益的教训，并在反省中理顺了思路以重新振作精神，随着对朝廷要害部门不动声色的调整，光绪皇帝逐渐完成了战后朝廷重建的第一步，同时也为后来他在历史舞台上演的那出有声有色的维新变法活剧奠定了基础……

1. 反省失败　　　　　　　　　　264

2. 卧薪尝胆　　　　　　　　　　272

3. 恤商惠工　　　　　　　　　　280

4. 变法思想　　　　　　　　　　286

第一章

中兴之光

　　祺祥政变是晚清历史的一个重大转折，此后慈禧登上政治舞台，继而逐渐成为后来四十余年大清帝国的实际领导人，而且在政治舞台的上下左右也发生着变化。后来的事实体现了大清帝国经由祺祥政变，过渡到了由政出一人变成垂帘听政与亲王议政相结合的政治体制。在那个时间段里，拥有先进技术与开拓市场欲望的西方列强，更加千方百计地对大清帝国进行"改造"，而此前饱受屈辱的大清帝国，也开始利用这个机会，变被动为主动，开始了一段艰难曲折的，向西方学习的历程……

1. 垂帘听政

公元 1861 年 11 月 7 日，清内阁奉上谕宣布更改新年号，改"祺祥"为"同治"，取两宫太后共同执政之意，四天后宣布转年为同治元年，大清帝国由此进入了一个新时代。这也代表曾经以肃顺为首的八大顾命之臣被彻底从这个王朝的权力中枢清除干净。

新朝伊始，在帝国高层们看来，最先应该确立的是在特殊的政体下权力分配的问题。十月七日（11 月 9 日），内阁奉上谕公布了两宫太后听政，以及处理各项政务和军务的程序：

各直省及各路军营折报应行降旨各件，于呈递两宫太后慈览，发交议政王、军机大臣后，该王、大臣悉心详议，于当日召见时恭请谕旨，再行缮拟，于次日恭呈母后皇太后、圣母皇太后阅定颁发；应行批答各件，该王、大臣查照旧章，敬谨缮拟呈太后，一并于次日发下，其紧要军务事件，仍于递到时立即办理，以昭慎重。

这等于是两宫太后与恭亲王奕䜣重新分配了帝国政务的处理大权，两宫太后掌握审核权和决定权，奕䜣掌握议政与实施权。

权力分配问题解决后，接下来便是政务处理流程问题。当时翰林院侍讲学士杨秉章、御史林寿图列条陈述两宫太后垂帘听政事宜，提交廷臣会议详细阅览，几经修改补充完善，最终由亲王世铎领衔，将两宫太后召见朝臣礼节的一切办事章程，共同呈递两宫太后钦定。十二月二十六日（1862年1月25日），获得批准，懿旨宣布垂帘。

当时，关于垂帘听政章程一共拟定了十三条，其中主要内容可以概括为三点：

1. 召见内外大臣时，两宫太后和同治皇帝要同坐养心殿，两宫太后垂帘，议政王和御前大臣轮流派一人，将召见人员带领进见。

2. 召见地方官员时，两宫太后和同治皇帝同坐养心殿，议政王、御前大臣带领御前，乾清门侍卫要排班站立，两宫太后垂帘设案，然后进呈召见官员名单，并拟谕旨同时注明。同时皇帝面前也要设案，也要进呈皇帝一份名单，其他一切礼仪同上。

3. 任免官员时，除了朝廷重臣可以简化手续之外，应该将任免官员名单由议政王和军机大臣共同在接受两宫太后召见时进呈，由两宫太后最终钦定。

我们都知道，程序问题是依据权力分配以及当时的礼法而制定，而今权力分配是由两宫太后与恭亲王奕訢所包揽，而礼法问题则是，因为两宫太后是女人，所以必须要"垂帘听政"，这是源于封建社会男女有别、内外有别的社会传统。

太后临朝始于西汉的吕后，唐代武则天也实行过垂帘听政，宋朝英宗皇帝的宣仁皇后也曾经垂帘御殿。大清帝国建立后，此前还没有太后干涉朝政的记录，而且前几代也有顺治和康熙年幼登基的局面，但都是亲王和大臣进行辅政，前者是睿亲王多尔衮，后者是以大臣鳌拜为核心的辅政大臣。咸丰皇帝临死之前本来设置的是八大臣辅政，算是效仿先辈们的做法，但是大清帝国政局却在他死了之后走上了另一条路。我们都明白历史事件是复杂的多面体，不仅有因有果，而且有时还一因多果或一果多因，同治时代出现的太后"垂帘听政"干预朝政，也是这种逻辑的反映。

咸丰皇帝临死之前那封分权的遗诏，是帝国政局转弯的根源。当然，我们不能说咸丰皇帝的做法是错的，但"垂帘辅政兼而有之"，授予太后阅折钤印权本身就为太后干政埋下了伏笔。八大臣也没能很好地遵守咸丰皇帝的遗嘱，没能与两宫太后、恭亲王奕䜣展开有效的合作，双方为了各自的政治利益，最终只能"兵戎相见"，打破了制衡的局面。

后世有人认为，垂帘听政的另一个诱因是慈禧太后的野心。据说慈安太后早年虽然由皇贵妃进位中宫，但性格软弱，凡事都由慈禧做主。对于这种说法，笔者部分赞同，毕竟此后大清帝国四十余年的实际领导者就是慈禧太后，如果她没有野心，无论如何是做不到这一点的，但我们同时也应该明白，"垂帘听政"如果扩展来看，绝不仅仅是一种礼法制度，而是一种适合当时帝国政务运转的行政体制。换句话说，至少是各方利益共赢后达成默契的结果。

体制的核心是：集体遵循的方式。如果从这个角度看，慈禧或许有野心，但在当时，她的野心还够不上影响国家体制的改变。

当时虽然定下两宫太后垂帘听政之制，但毕竟帝国先前没有过太后干政的事例，因此当务之急是要寻找相关的理论支持和历史依据。十月十五日（11 月 16 日）谕令内阁将历代帝王政治及垂帘事迹汇总进呈，并且让南书房、上书房、翰林院等选择可以纳入国家法律的部分，汇成一册进呈。后来按照这个底本，编成了一部书，名叫《治平宝鉴》。

十月二十九日（12 月 1 日），朝廷正式宣布两宫太后于十一月一日（12 月 2 日）正式实行垂帘听政，也就是从这一天起，一直到 1912 年宣统退位为止，大清帝国实际上都是由女人当家。

据《穆宗实录》记载，当时垂帘听政大典举行得十分隆重而庄严，两宫太后在养心殿垂帘，王公以下大学士、六部九卿在养心殿外集体行礼，而且通过时人的评论，也可以想见当时垂帘听政的庄严情景以及严谨威仪。

例如《曾国藩日记》（同治七年十二月十四日）记载他觐见的经过：

入养心殿之东间，皇上向西坐，皇太后在黄缦之内，慈安太后在南，慈禧太后在北。

《翁文恭公日记》（十一月二十四日）记载的随父觐见的过程：

黎明侍大人入内，辰正引见于养心殿，两宫皇太后垂帘，皇上在帘前御榻坐，恭邸立于左，醇邸立于右。吏部堂官递录头笺，恭邸接呈案上。是日引见才二刻许即出。

从上述记载看，垂帘听政的形式，潜移默化地让觐见两宫太后的人有一种莫名的无上的权威感，形式上保证了两个女人的主宰者地位，而且养心殿中垂帘听政的人员设置格局，也充分体现了"听政与议政"的权力分配。当然，对于两宫太后这两个女人而言，又有着不同的分工。

薛福成对垂帘听政有过一番评论：

是当时，天下称东宫优于德，而大诛赏大举措实主之；西宫优于才，而判阅奏章，裁决庶务，及召对时事咨访利弊，悉中窾要。东宫见大臣，讷讷如无语者。每有奏牍，必西宫诵而讲之，或竟日不觉一事。然至军国大计所关，及用人之尤重大者，东宫偶行一事，天下莫不额手称颂……西宫太后性警敏，锐于任事，太后悉以权让之，颓然若无所与者。后西宫亦感其意，凡事必咨而后行。

应该说两个女人各具特点，也各有所短。慈禧太后性格敏锐，善于处理政务；慈安太后由于身份特殊，而且本身德行深厚，因此德高望重。但是薛福成的评论也指出了，慈安太后因为慈禧太后把控政事似乎有些失落，幸好慈禧太后比较敏感，看出了慈安太后的失落，因此一改往日作风，积极与慈安太后相配合。

从薛福成的评论看，在大清帝国开启垂帘听政的最初阶段，两宫太后包括诸多大臣对于这种新兴的体制还有一个熟悉的过程，这里既有程序问题，也有人事配合问题，需要所有人去适应。从两个女人之间的配合也可以看出来，这个新兴的体制还需要不断地打磨。不过至少在那个时间段里，两个女人在处理国家大事的过程中是能互相合作、取长补短的。历史特殊的机遇，将两个女人的身份、地位、利益紧紧地联系在了一起，也让经历了祺祥政变的大清帝国，重新找到一条特殊的生存模式，虽然它在不久的将来还会发生裂变。

2. 议政重权

在刚刚确立垂帘听政体制的那段时间里，如果说两宫太后是这个体制的金字塔尖，恭亲王奕䜣就是支撑塔尖的基座。因为奕䜣在祺祥政变中出力最多，所以除了两宫太后象征最高权力之外，奕䜣获得了"议政"这项重要的权力。

为了表示对奕䜣的嘉奖，两宫太后在祺祥政变后特别下懿旨要优礼奕䜣，准其以亲王世袭罔替。然而，对这样的特殊优待，奕䜣是坚决辞让，甚至跪在两宫太后面前声泪俱下，认为这么厚重的待遇自己是担待不起的。最后，两宫太后不得已同意奕䜣的请求，暂时将这件事情搁置。

大清帝国的亲王是有世袭罔替的嘉奖传统的，但政权建立后，也只有当年打江山时的功臣——八个铁帽子王有这个待遇。两宫太后想给予奕䜣同等待遇，说明对他还是怀揣感恩之情的，因此奕䜣辞让之后，她们退而求其次，赏食亲王双俸以示优待。

事实上，奕䜣很清楚自己参与祺祥政变，将两宫太后推到政治前台，虽然立下大功，但真的还没有到可以接受世袭罔替嘉奖的程度。通过肃顺等人的遭遇，奕䜣或许已经看出，过分拥有权势不是件好事儿，更何况此时的奕䜣已经掌握了大清帝国的实际权力——要知道在那个时间里，两宫太后拥有的是名义上的最终裁决权，是一种身份地位的荣耀象征，奕䜣才是朝廷政务的真正决策者。

既然已经是国家的主宰者，奕䜣完全没有必要去追求世袭罔替的虚荣，后来的事实证明，皇权制度下，一切个人荣誉的承诺都不可靠——奕䜣虽然小心谨慎，但最终还是无可奈何地也走上了这样一条路。

奕䜣之所以可以成为这个帝国的实际主宰者，除了在祺祥政变中立下大功之外，还因为他的"北京派"也随他一同成为朝廷的当权派——至少在京师的官员几乎全都拥护他，而且在热河的官员中也有他的亲信，地方官更有不少倾向于他的。除此之外，还有一个重要的原因，让他可以在清帝国朝堂呼风唤雨——他的身后，站着西方列强。

后世的很多人认为，当时奕䜣可以算是西方列强在中国的代言人。之所以有这种观点，一方面在于咸丰皇帝北逃后，奕䜣身在北京，与外国的谈判颇有些献媚的感觉，而且奕䜣本身对洋人有一种莫名的好感，虽然他那时还并不完全清楚西方在各个方面已经领先于中华。

另一方面，大清帝国后来实行洋务运动，奕䜣确实是助推者。如果站在西方列强的立场，他们也确实要在中国找到一个合适的代言者，或者说在武力之外，找到一个可以帮助他们继续改变中国的助推器。

因此历史就赋予了奕䜣新的机遇。

早在咸丰皇帝身在热河的时候，西方列强看到帝国的决策者远在热河，而且不能被驯服，但北京的奕䜣却在接触的过程中，给他们留下了开明的印象，因此一致认为奕䜣能够成为他们与清政府有效沟通的新桥梁，而且有意打造一个以奕䜣为核心的，适合列强利益的新朝廷。

当然，在祺祥政变之前，西洋列强也明白奕䜣虽然算是清政府的全权代表，但真正的决策者咸丰皇帝却被另外一些大臣所包围（以肃顺为核心的八大臣），在咸丰皇帝去世后，这些大臣又坚决让奕䜣留在北京，不允许他前往热河奔丧。对此，列强们甚至产生想立奕䜣为皇帝的想法，当时英国驻广州领事罗伯逊就持这样的主张。

即使是那部分比较理性温和的西方人，也对奕䜣前往热河奔丧表示明确的支持，例如英国驻华公使普鲁斯在给外交大臣罗素的信中这样写道：

> 恭亲王不顾阻挠他应召的各种阴谋终于到了热河。他向太后保证，我们在此并无可怕之处，这方面他对太后回京负完全责任。为了顺从恭亲王的意思，并证明我们是准备帮他把皇帝从那群险恶党徒手里解救出的，我和我的同僚们曾注意防止外国人冒犯皇帝一行入京的行列。

祺祥政变后，列强们对奕䜣的胜利表现出更大的热情，他们一致认为奕䜣走到大清帝国政治前台，能够改变清政府这么多年对西方人的"歪曲印象"，消除中国人对洋人的"恐惧"，并能借助奕䜣的力量，重新在中国这片古老的土地上树立起"良好的形象"。

列强的这种观点，充分说明奕䜣与他们的交情至深，至少在"洋人"们看来是这样，正像普鲁斯说的那样：

> "在过去的十二个月中，造就了一个倾心于并相信友好交往可能性的派别，有效地帮助这一派人掌权，这是一个非同小可的成就。我们在北京建立了令人满意的关系，在某种程度上已成为这个政府的顾问。"

由此我们可以明显看出，祺祥政变不仅仅是大清帝国内部的权力斗争，在权力斗争之外，同时包含着清政府的路线之争，或者说是对外政策之争。从某种角度而言，祺祥政变的胜利是两宫太后和奕䜣的胜利，却也是列强的胜利，标志着中外关系发生了重大变化，西方诸国对华政策开始进行大幅调整，清政府对外也不再是一味地仇恨。

只有弄清上述关系，我们才能理解为什么大清帝国后来会有洋务运动,为什么在后来镇压太平天国的过程中,列强会站到大清帝国的阵营。

事实上,由宫廷政变导致的人事、外交等国家重大政策的变化,历史上不在少数,但彼时世界已经开始进入工业和殖民的时代,从此角度看,祺祥政变是影响中国历史走向的一次宫廷斗争,甚至说是一种观念的变革。

后世很多人认为,西方列强很看重奕訢的议政权力,这种看法比较正确。议政是大清帝国形成政权初期的一种政治制度,那时候最高决策者是议政王大臣们,也就是说是一个集体在决策,清太祖努尔哈赤在位时,任命八个皇子为和硕贝勒共议国政,体现出一种军事民主制度。

皇太极继位后,设八旗总管大臣各一人,与诸贝勒共同参与议政,从而降低了议政王的地位。雍正在位时又设立军机处,最终取代议政王制度。

看清朝"议政制度"的历程,到雍正皇帝废除议政王制度,说明议政王很容易分解皇权,到了恭亲王奕訢的时代,没有设立议政处,便说明没有集体决策的考虑,但奕訢在实际运作层面却拥有了议政权力,奏批发折子拟用"议政王军机大臣奉旨"字样,说明奕訢当时的"议政"权力是朝廷的实权。

但是奕訢的精明之处正在于,他知道自己的议政权力并没有制度作为依托,紧紧依靠两宫太后这两棵大树方是长久之计,而不是靠"议政王"这顶帽子来巩固自己的权势,更不用说世袭罔替,仅从这一点,就可看出奕訢比肃顺等八大臣要高明很多。

奕訢依靠两宫太后能够充分行使他的议政权力,这也才能让他在和西方列强打交道时赢得更多的好感,以及令自身获取更多的政治筹码。从奕訢行使议政权力的过程看,他是充分研究了大清帝国建立以来议政制度变迁的。

在奕䜣拒绝世袭罔替的同一天，他上了一个名为《沥陈微忱请饬臣工于用人行政各抒所见》的奏折，论述了朝廷要想开创新风，必须要广开言路，让大臣们集思广益的重要性。

窃为自古大臣未有不开诚布公，集思广益，而可以任天下事者也。臣以西栋菲材，谊属天潢近胄，蒙皇上仰承母后皇太后、圣母皇太后懿旨委以重任。有可以安国家利社稷者，敢不尽心竭力，一秉公忠，与在廷诸臣认真办理，以期仰慰先帝在天之灵，用酬委深恩于万一。然任大责重，且当此中外多事之秋，深恐一时见识偶疏，致滋贻误。臣虽不敢引嫌自避，亦何敢居之不疑？再三思维，唯有吁恳天恩，俯鉴臣受命祗惧之忱，明降谕旨，饬下中外大小臣工，嗣后于朝廷用人行政贤否是非，务当各抒己见，据实胪陈，以求折衷于至当。

这奏折体现了奕䜣对朝廷行政的建议，也是他对议政制度核心的理解，那就是强调为政要集思广益各抒己见，同时也是借着这份奏折向两宫太后表明态度，自己一定会尽心竭力不负重任。

两宫太后对奕䜣的想法和表态十分赞同，对他的功劳予以了充分肯定，对其议政地位也予以承认，而且还表示，希望奕䜣能够放手去干，力争扭转大清帝国二十多年来对外屈辱的局面。

我们都知道，在一个特定的历史环境下，尤其是皇权制度稍显薄弱时，寻求能够支撑朝廷运转的强力大臣其实是一种权宜之计，因为皇权的唯一性决定了时机一旦成熟，它必然会不择手段地收回权力，在此之前甚至不惜充分放权。

但是除了两宫太后给予了奕䜣以议政大权之外，还有另外两个头衔也能充分体现出他的权势，其中一个是宗人府的宗令。宗人府是掌管皇族事务的机构。在封建社会宗法制度下，是以血缘关系区分家族关系远近的，宗人府的宗令是掌管皇族属籍等事务的，是确保皇族许多特权和待遇的机构，是维持封建宗法统治的权威机构，从这个角度看，这等于给予了奕䜣皇室族长权。

另一个头衔是总管内务府大臣。内务府是管理宫廷事务的衙门，是清朝直接服务于皇帝及皇族的专门机构。具体负责管理满洲上三旗，即镶黄旗、正黄旗、正白旗的全部军政事务，管理宫廷内部的人事、财务、礼仪、护卫、刑法、工程、农林、畜牧、渔猎以及日常生活的一切事务。

总管内务府大臣是内务府的最高长官，具体职责是办理宫内祭祀、朝贺礼仪，护卫后宫群妃出入，总理皇子、公主家务，宫内筵宴设席以及本府官员的考查、任免等，是一个有实权的职务，是皇家宫廷的大总管、当家人。

奕䜣身兼议政王、宗人府宗令、总管内务府大臣三个职务，等于肩负着行政、军事、财务、皇族事务等大清帝国主要方面的各项权力，对于当时只有二十九岁的他来讲，真可谓是得天独厚，显赫一时。

当然前边我们说过，皇权的唯一性印证奕䜣这种诸多权力集于一身的情况，只能是一种客观形势的需要，也是客观原因造成了这种现象的存在，在短暂的时间内可以维持，但随着时间的推移，奕䜣必然会成为皇权第一个打击的对象。

3. 连斩大臣

我们都知道在皇权制度下一朝天子一朝臣的道理，现在大清帝国行进到了两宫太后与恭亲王奕䜣共同执政的时代，在经历了祺祥政变的腥风血雨后，新朝廷同样不可避免地要清除旧朝廷留下的痕迹，通用的做法就是从人事开始。

两宫太后垂帘听政不久，就下令处斩了总督何桂清和都统胜保两个大臣，在朝廷内外引起了极大震动。当时人们对最高执政者的这种做法议论纷纷。严法？立威？狗烹？要弄清这个问题还要从当时的形势说起。

祺祥政变后，虽然两宫太后和奕䜣掌握了最高权力，但大清帝国的形势却依旧严峻：南方的太平天国依旧声势浩大，各地的农民起义也是接连不断，朝廷虽然有开创新风之举，但各地官僚腐败无能，统兵将帅拥兵自重，畏缩不前，官场的混乱依旧在内部腐蚀着帝国的肌体，其中最典型的，汉人代表是何桂清，满人代表是胜保。

何桂清是道光十五年（1835）的进士，由编修升至内阁学士，咸丰四年（1854）由江苏学政授浙江巡抚。咸丰七年（1857）二月两江总督怡良被解职后，经大学士彭蕴章举荐，以二品顶戴署理两江总督，四个月后实授总督头衔。咸丰八年（1858）十一月受命为钦差大臣，办理各国通商事务，两年后加封太子太保头衔。但从那时起，何桂清开始居功自傲起来。

同年闰三月，太平军打破江南大营，何桂清虽驻扎常州却坐视不救。太平军攻打常州，何桂清又企图弃城而逃。当时江苏按察使查经文、江苏布政使薛焕、江苏盐道使英禄等人联名请求何桂清退守苏州，因此何桂清决定放弃常州。他先将父亲和两个小妾秘密送往苏州，可是明面上发通告禁止常州居民逃难迁徙，常州绅民百姓数百人跪请何大人开恩，因此而阻塞了道路，何桂清下令开枪射击，当场打死十九人。随后他担心事情闹大，逃到常熟后，主动向咸丰皇帝申请处分，被革职候审。其后因为英法联军进攻北京，咸丰皇帝北逃热河，不久后死在那里，何桂清的事情就这样拖了下来，时间长达两年之久。

现在新朝廷进入了两宫太后与奕䜣共同执政的时代，拿何桂清开刀来清除前朝旧痕，看上去再合适不过。毕竟何桂清本身就是戴罪之人，用他来树立新朝廷的权威和彰显新气象，让天下百姓都看看大清帝国是有决心整顿朝纲、严肃政纪的，这想必是极好的。

处理何桂清的消息刚刚传出来，他曾经的部下、江苏巡抚薛焕和浙江巡抚王有龄就联名上奏朝廷为其求情，可是给事中郭祥瑞、卞宝弟等人却主张严办。于是同治元年（1862）五月，朝廷下令将何桂清解送到北京，命大学士会同刑部共同为其定罪。

给事中卞宝弟、郭祥瑞、王宪成、何桂芬加上御史何兆瀛等人，认为应该尽快将何桂清正法，因为关于他的问题已经拖了两年之久，如果再这样拖下去，恐怕天下百姓会接受不了。本来太平天国就已经让大清帝国不得安宁，如果再出现民变，那么国家形势将会万分危急。于是定何桂清为"斩立决"。

这件事情看似得到了圆满解决，但不久后两宫太后忽然发下懿旨，认为何桂清曾任一品大员，量刑应该慎重，如果有异议，不妨各自说说理由。

两宫太后发出这样的懿旨，让朝廷上下全都迷惑不解。有人认为这是两宫太后有意想为何桂清减刑，于是那些本就想求情的人，再次联名上疏为其申辩。其中资格最老的大学士、礼部尚书祁寯藻认为判处何桂清"斩监候"足矣。这个提议立即遭到御史卞宝弟的驳斥，太常寺少卿李棠阶也认为不能因为何桂清担任过一品大员而让国家法度有所偏颇，新朝廷的目标就是要中兴国家，而维护法度是中兴的基础之一。

李棠阶的话让高层有所触动，何桂清第一次感觉到了死亡来临的危险，于是他开始极力为自己辩护，申辩自己之所以要放弃常州逃亡苏州，是因为受到了江苏各司道官员的禀请，提出有薛焕等四名官员可以作证。而面对何桂清的辩解，两宫太后懿旨时任两江总督的曾国藩详细核查。

曾国藩核查后奏称：

苏常失陷，卷宗无存。司道请移之禀，无容深究，疆吏以城守为大节，不宜以僚属一言为进止。大臣以心迹定罪状，不必以云禀有无权衡。

曾国藩的意思是：一个弃城逃跑的封疆大吏，就应该从重处罚，还需要什么证据？

同治元年十月庚子日（1862 年 12 月 21 日），两宫太后发布懿旨，以何桂清擅自弃城逃跑，导致太平天国匪患愈发严重的罪名，下令将其秋后问斩。

何桂清是垂帘听政制度建立以来，朝廷下令斩杀的第一位高官。

如果说何桂清的死是咎由自取的话，那么胜保的死就很耐人寻味。

胜保是满洲镶白旗人，道光二十年（1840）举人，历任光禄卿、内阁学士等职。咸丰十一年（1861）正月，授为兵部侍郎。由于他在祺祥政变中表现积极，两宫太后执政后，授任他为镶黄旗满洲都统，转兵部左侍郎。同治元年正月，兼任正蓝旗护军统领，不久后又加任兵部尚书，以钦差大臣的身份，前往陕西镇压西北的叛乱。

胜保虽然立下不少战功，但为人嚣张跋扈，而且贪污军饷。祺祥政变之后，有不少大臣上疏弹劾他，总结共有十条罪状：

1. 任性骄纵，滥耗军饷，粮台设立杂支局，靡费多于正常开支。

2. 收受官员金安清的贿赂。

3. 军营保举各员，全部任人唯亲拜认门生。

4. 携带妻妾前往安徽，到处携带妓女随营。

5. 纵容家人丁祥捐纳道员官职。

6. 由河南前往陕西时，向地方官索贿。

7. 谎报战功。

8. 任用顽劣官员戴鸾翔、窦型等人。

9. 军营中蓄养优伶，强行收留民间妇女。

10. 接受匪首陈玉成之弟馈送的银两，擅自免除其死罪。

以上至少有五项就可以判死，更何况列出了十条。

同治元年十一月十四日（1863 年 1 月 3 日），朝廷突然下令，急调多隆阿带领人马抵达同州，将胜保逮捕，同时接管其军队，四天后勒令其自尽。

如果仅仅从罪状看，胜保倒是死不足惜，但后世很多研究者认为，胜保也算是祺祥政变的功臣，两宫太后是不可能仅仅因为上述罪状就将其杀掉，之所以如此，一定有不可告人的深层次考虑。

第一种是"杀人灭口说"。

这种看法认为，慈禧太后在祺祥政变之前与胜保达成了某种协议，因此胜保才参与到政变之中，但事成之后慈禧不愿意兑现，又担心胜保泄露机密，于是杀人灭口。黄濬在《花随人圣庵摭忆》中评论说：

观后来杀胜保时，保临刑云，有一言欲后面。而监者不许。度当谋端、肃之际，后党与胜保，必有何条件之勾结，殆可信也。

章士钊也认为：

胜保与西后共此秘密，其功远在狡兔走狗之右，不可能无希望于其间。而胜保恃功而骄，条件苛刻，而西后接受不了，于是扫除端肃之后，下一步骤，即杀胜保。胜保临刑，再三要求与后见一面，而西后不准，胜保旨在暴露秘计，而西后万无准法。此一钩心斗角之线索，可于字里行间得之。

上述二者的分析，明显是用推理的方法去分析事情的本源，虽有一定道理，但毕竟缺乏事实根据。

第二种是"打击奕䜣说"。

有人认为胜保之所以会参与祺祥政变，原因在于他是奕䜣的死党。前边我们说过，奕䜣之所以拥有诸多权力，是因为祺祥政变后的特殊局面造成的。事实上西太后很想收回奕䜣的权力，因此先剪除奕䜣的羽翼胜保，然后掉转枪头再对付奕䜣。

肖一山的《清代通史》说：

其实胜保以党于恭王，有翼戴之功，肆无忌惮，挟制朝廷，罪萌骄乘，底死不悟，亦可见慈禧杀鸡儆猴之意，并非全在其骄纵不法也。

贾熟村在《慈禧何以要杀胜保》一文中分析说：

胜保之死根本原因是他成了恭亲王奕䜣的武装力量，慈禧与奕䜣明争暗斗愈演愈烈，胜保首当其冲，成了慈禧的眼中钉、肉中刺。慈禧决心予以拔除，胜保也就不得不死。

第三种是"除患说"。

这种看法认为胜保招降纳叛，骄横跋扈，要挟朝廷，树立了太多的政敌，于是成为众矢之的。

徐彻在《慈禧为何连斩两大臣》一文中分析说：

胜保所为不啻对辛酉政变后登上权力顶峰的慈禧及其新朝权威和尊严的蔑视与挑战，罪不容诛。处分胜保，立威示儆，势所必然。

池子华在《从"肃贪"的角度审视"胜保案"》一文中分析说：

胜保终被赐死，根本原因不在于贪，那是统治集团内部互相倾轧、排挤的结果，而其贪劣行为及后果，不过是清廷为除掉他找到了依法根据而已。

任恒俊在《胜保与辛酉政变》一文中的看法是：

胜保所为不啻对辛酉政变后登上权力顶峰的慈禧及其新朝廷权威和尊严的蔑视与挑战，罪不容诛。处分胜保，立威示儆，势所必然。

上述这些分析，虽然论证的角度不同，但基本观点相同，都认为胜保的所作所为已经到了太后不能容忍的程度，他的存在已经对新朝廷是个严重威胁，也是当时朝廷上下难以容忍的。

刘体仁更是认为：

胜保颇有战绩，然拥兵养寇为自固之计，与汉唐济世将帅同一恶习。幸当中兴之世，湘淮子弟，才勇辈出，又皆儒臣统兵，为之表率，益形陌路。旗营之劣而无以逞其奸，遂为士夫所不齿。

胜保与曾国藩、左宗棠、胡林翼等汉臣相比，表现得难以驾驭，这就成为太后和新朝廷的心腹大患。在当时垂帘听政这种特殊体制下，胜保对二十多岁的两宫太后以及六七岁幼皇帝权威的极端蔑视，朝廷是绝难容忍的。

值得一提的是，通过上述诸多分析来看，胜保之死的幕后操纵者为慈禧太后，从字里行间我们可以看到，当时慈禧太后掌握着朝廷大臣的生杀大权，手握这个权力的她，肯定就比慈安太后在朝廷拥有更多的话语权。换句话说，从礼法角度而言，两宫太后并驾齐驱，但从权力角度看，慈禧太后的地位已经开始超越慈安太后。

在慈禧太后听政之初，就宣布将帅要痛改积习，不然"必重治其罪，绝不宽贷"，而胜保就恰恰成了她听政立威的工具。

应该说胜保之死，不仅仅是新朝廷树立新形象的一次整风之举，更是大清帝国巩固垂帘听政体制的一次必要之举。最重要的是，通过连斩何桂清和胜保两个大臣，慈禧太后逐渐树立起权威，至少在当时朝廷上下，所有人的潜意识里，已经开始意识到，大清帝国逐渐进入了这个女人当政的时代。

4. 调整班子

慈禧太后通过斩杀何桂清和胜保两个大臣，逐渐树立起了自己的权威，与此同时，拥有议政权力的恭亲王也在通过自己的努力，将议政权力发挥到极致，具体的表现就是改组军机处，调整宰辅与总理衙门。

奕䜣在行使议政权力的时候，需要许多助手出谋划策，虽然他身边有"北京派"的诸多官员，但是这些人如果没有一个合适的职位，则名不正言不顺。在这种背景下，奕䜣重新调整朝廷权力机构，其中最重要的当属改组军机处。

军机处是大清帝国军国大事的决策行政总汇机构，在乾隆皇帝之前，属于皇帝最高顾问团性质，称为"廷枢"，军机大臣称为"枢臣"，也叫"大军机"，低于军机大臣的官员为军机章京，俗称"枢曹"，又称"小军机"。

由于奕䜣既是亲王又是议政王，因此和其他亲王相比可谓是条件得天独厚，当时有的御史就上奏推荐奕䜣说："枢机重地，责无旁贷，请责成议政王军机大臣实力匡襄。"奕䜣就这样以得天独厚的条件，成了军机处的总负责人，名正言顺之后，他即开始调整军机处的人选，更换了大部分军机大臣。

在奕䜣的运作下，桂良、文祥、沈兆霖、宝鋆、曹毓英等人首先进入军机处，后来桂良、深兆霖去世，又补入了李棠阶。而纵观同治年间，胡家玉、汪元方、沈桂芬也都是军机处的核心人物。

通过军机处的人事调整，奕䜣将大清帝国之中这个有实权的部门牢牢掌控在了自己手里，同时也意味着"北京派"的官员们开始成为同治年间垂帘听政体制下的朝廷重臣。

如果说军机处的人事调整，是恭亲王议政权力的充分体现，那么任用大学士人选，则是体现祺祥政变胜利者——包括两宫太后在内的炫耀意图。

纵观同治年间的大学士和协办大学士，共计十九人，大体上五年变动一次。首批大学士是桂良、贾桢、周祖培、官文、翁心存、祁寯藻、倭仁、麟魁、瑞常、曾国藩；同治六年、七年又任用骆秉章、朱凤标为协办大学士，算是第二批大学士成员；同治十年后任用李鸿章、文祥、全庆、瑞麟、单懋谦、左宗棠、宝鋆，算是第三批大学士。

大清帝国无论谁当政，都十分看重大学士的人选。内阁大学士在雍正皇帝之后，不分满汉全部定为正一品，是品阶最高的官员。《清史稿》中记载说：

清大学士满、汉两途，勋高位极，乃以相授。内阁实权，远不逮明。然其品列，皆首文班。任军机者，自亲王外，其领袖者必大学士，唐、元三公尚不及也。

暂且不说第二批、第三批大学士，同治年间的首批大学士，基本分为三种情况：

1. 站在恭亲王奕䜣阵营，支持两宫太后垂帘听政的大学士，在祺祥政变后依旧留任者。

例如文华殿大学士桂良、武英殿大学士贾桢、文渊阁大学士兼湖广总督官文、体仁阁大学士周祖培。

2. 在肃顺等八大臣掌权时期，因为得罪八大臣而被罢官降职，祺祥政变后，又被重新任命的大学士，例如翁心存、祁寯藻。

3. 提拔新人进入大学士成员当中，例如文渊阁大学士倭仁，协办大学士麟魁、瑞常、曾国藩等人。

从大学士人员的构成来看，明显有两宫太后和恭亲王奕䜣对于本方阵营支持者回报的主观色彩，但更有新朝廷要带领大清帝国重振辉煌的意图在内。虽然在雍正皇帝之后，朝廷设立了军机处，大学士逐渐成为晋爵的虚衔，但毕竟大学士总揽全国机要，是国家的宰辅，其身份地位，还是能够影响朝廷政务的决策，不是一般官员能受任的。

如果说军机处和大学士的人员调整是给当政派的支持者的一种回报，以及对新朝廷高效运转的保障的话，那么在大清帝国此前经历了二十多年对外屈辱的现状下，在帝国土地上已经布满各色外国人的情况下，调整对外洋务机构设置，就是新朝廷要适应新形势的必要做法。

前边我们介绍琦善和西方谈判的时候，提到过二十多年后大清帝国终于成立了总理各国事务衙门，现在历史的脚步终于行进到这里，所以对于总理衙门我们必须要详细介绍，因为它不仅是大清帝国适应新形势的产物，更是此后大清帝国最后四十年在洋务问题上决定帝国走势的重要机构。

在设立总理各国事务衙门之前，清朝凡是涉及对外事务，都是由礼部和理藩院管理。而地方上则先后由两广总督和两江总督兼管，这种情况在咸丰末年和同治初年的时候开始产生变化。

早在咸丰十年十二月（1861 年 1 月），恭亲王奕䜣、大学士桂良、户部左侍郎文祥奏请设立总理各国事务衙门。按照他们的说法，成立这个机构的理由是：自从洋人到来之后，朝廷一直都没有个专门和他们打交道的部门，都是由地方官兼管，这就难免会出现办事拖沓，导致人家不满的情况，而不满到一定程度，就会用军事来威胁，进而会威胁大清帝国的安全，所以应该成立一个专门处理西方事务的部门。

咸丰皇帝于十二月十日（1月20日），发谕旨批准成立总理各国事务衙门，并让奕䜣和大学士桂良、户部左侍郎文祥管理，并着礼部颁给"钦命总理各国通商事务衙门"关防。

当时奕䜣对于"通商"这两个字颇为不快，于是奏请去掉，得到了咸丰皇帝批准。就这样在咸丰十一年二月一日（1861年3月11日），总理各国事务衙门在北京东堂子胡同旧铁线局正式成立，后来一般简称"总理衙门"，或"总署""译署"。

总理各国事务衙门的成立，意味着大清帝国结束了在面对洋务问题时，没有专理机构处置的局面。虽然这个机构的成立有咸丰皇帝"权宜之计"的想法在里边：等到洋人撤去，形势稳定后撤销这个机构。但或许谁也没想到，在此后的日子里，这个机构不仅没有撤销，反而成为决定大清帝国命运的关键机构，甚至可以说它的兴衰决定了诸多政治强人的命运。

从总理各国事务衙门的管理人员的结构来看，它颇有些朝廷"洋务内阁"的味道。而总理衙门大臣的名义，虽然规定三种，但所担任大臣曾用过不同名称共六种，分别是："管理大臣""管理总署事务""帮办大臣""在总署办事""在总署行走""在总署大臣上行走"，按照性质划分共有四种：

1.总署管理大臣，即总理衙门的首领，由皇帝特派亲王、郡王、贝勒充任。

2.兼总署大臣，特简大学士、军机大臣或封疆大臣兼任。

3.总署帮办大臣，由内阁部院满汉堂官中选派在总署办理一切事务。

4. 在总署大臣上行走，选派部院堂官或督抚大臣充任。

总理各国事务衙门成立之后，贯穿整个同治年间的总理衙门大臣共有十七人，除了奕䜣、文祥、桂良三个发起成立者之外，同治五年（1866）以前有七人，分别是崇纶、恒祺、宝鋆、董恂、薛焕、徐继畬、谭廷襄。同治六年以后有七人，分别是倭仁、毛昶熙、沈桂芬、成林、崇厚、夏永镐、沈葆桢。后十四人中，有以"总署帮办大臣"为名义，有以"在总署办理一切事务"为名义，有以"在总署行走"为名义等，实际上就是"总理衙门行走大臣"。

所谓的"行走"，即入值某衙门办事之意。清朝凡不设专官的机构和非走任的官职，都称为"行走"，凡有本来官职而受派到其他机构办事者也称为"行走"。

如果我们仔细留意总理各国事务衙门内的大臣身份，就会发现这个机构内的大臣大部分都是大学士或协办大学士。鉴于这个机构对外洋务的特殊性，我们或许会明白为什么朝廷要调整大学士人员——如果分析当时两宫太后和恭亲王的意图，可以得出一个论断，那就是大清帝国行进到那个历史关头，成立专门对外洋务部门是大势所趋，这个机构内的掌权者又必须是朝廷重臣，所以除了奕䜣这个本就倾向洋务的亲王之外，大学士进入这个机构也便顺理成章，因此大学士人员至少是赞成洋务或是"北京派"的官员。

应该说成立总理各国事务衙门，以及充实这个机构的人员，还是能够体现出朝廷的颇识时务，虽然当时很有些迫不得已而为之的意味，但总算是向世界体系靠拢了一步。不过从这个机构所走过的历程来看，它确实经受了一个社会考验的过程。

孟森在《总理各国事务衙门大臣年表》的序言中说：

初立之初，挟有忍辱含垢，大不得已之意……自有中外交涉以来，闭塞之状如此，名为特设衙门，日夜恨其不早裁撤，以为一日衙门尚存，即一日国光不复，此朝野上下当时之意识也。

孟森这段话的意思，除了上述我们说到的朝廷的迫不得已，还暗含说明了这个新设立的机构是英法联军洗劫、火烧圆明园的屈辱产物，同时也办了许多让国家蒙受更多屈辱的事情。

而以今日视角来看，总理各国事务衙门是后来洋务运动中，大清帝国与洋人打交道的专有部门，它的出现意味着大清帝国对外事务开始逐渐正规化，而此前二十年洋人之所以对大清帝国如此蛮横，外交事务方面的不正规也是理由之一。

5. 合作政策

调整班子之后的新朝廷，必定会寻找一种新的外交方式。咸丰皇帝在位时，对西方列强始终怀有戒心，即使对洋人妥协屈服，也并不接受洋人的合作政策，以两宫太后和恭亲王奕䜣为核心的新朝廷掌权后，尤其是恭亲王奕䜣的"洋味儿"背景，使得他们开始反思先前二十多年大清帝国所遭受的屈辱，而没有接受洋人抛出的合作橄榄枝，是其中一个重要的原因。也就是从这个时候起，大清帝国对外关系的理念开始出现重大转折，由对抗转变为有限合作。

西方列强很快就嗅到了大清帝国新朝廷转变的味道，他们依据大清帝国的政治形势变化，也决定采取新的对华政策，即共同支持新朝廷的"合作政策"。同时清政府也确定了在洋务问题上以抚为主的总方针，事实上这不仅是大清帝国对外关系的一个显著变化，也是中国近代对外关系的一个标志性事件。

面对清政府的示好，最先倡导对华"合作政策"的是美国国务卿西华德。1862年2月，西华德指示美国驻华公使蒲安臣说：

对于一切重大问题要协商合作；在维护我们的条约权利所必需的范

围内保卫条约口岸；在纯粹的行政方面，并在世界性的基础之上，支持在外国人管理下的那个海关；赞助中国政府在维持秩序方面的努力；在条约口岸内，既不要求，也不占用租界，不用任何方式干涉中国政府对于它自己的人民的管辖，也永不威胁中华帝国的领土完整。

需要说明的是，西华德的这段话虽然是积极寻求与清政府合作，由先前的对抗转变成双方对话，但总的原则依旧是在中国领土上维护其经济、通商利益，本质是用自认为公平的外交行动去掩盖武力掠夺中国的一种手段，从而达到控制清政府的目的。

当时英、法、俄等国都支持美国这个对华政策。事实上除了清政府的示好之外，西方列强之所以转变对华策略，也是源于各国的具体处境。例如美国资本主义工业在 19 世纪 50 年代有了显著发展，产品产量剧增，迫切需要海外市场，国务卿西华德甚至公开说："美国政治经济行动之更大的舞台，是太平洋区域。"

美国将中国市场作为主要目标，可是以当时美国的国力又无法动用武力强占中国，毕竟那个时候的美国还是一个发展中国家。尤其是大清帝国发生祺祥政变的同时，美国国内也爆发了南北战争，这场长达五年的内战，更让美国无法像英、法那样以武力争夺中国利益，但是美国又不甘心放弃在中国的利益，因此为了防止其他列强在中国无限制地扩大利益，其"合作政策"就顺势而出。这种策略既可以保证在中国的利益，又能分享新的特权，还可以改变双方对抗的心理，算是一种很狡猾的外交策略。美国学者丹涅特就评论说："蒲安臣在其驻华公使任内在中国对外关系方面的最大贡献，就是在 1863 至 1865 年这一困难时期实行了合作政策。"

同治三年（1864）七月，蒲安臣将传教士丁韪良翻译的韦登著作《万国律例》送给总理各国事务衙门作为制定对外事务条例的参考，其目的就是想改造清政府处理对外事务时的观念。奕䜣如获至宝，认为其中必定有大清帝国可以采纳的地方，于是奏请刊刻这本著作，得到了两宫太后的批准。

同治三年冬，京师同文馆正式出版木刻本的《万国公法》一书行世，虽然这本著作本质是用"和平""公正""主权"等虚伪的词汇来掩盖当时的弱肉强食，但以后世的观点看，那个时候西方列强因其自身强大的实力，构建了世界新体系，而且是一种不可逆转的态势，中国要想融入这个体系或者说在这种体系中寻找生存的空间，就必须首先承认"强权即公理"，继而在西方世界主导的国际公法下，寻找自身发展的机会。

美国提出的对华"合作政策"事实上对英国也十分有利。英国当时在对华贸易总值中占有70%，由于英国是最早打开中国国门，进入中国掠夺利益的国家，因此它控制了中国的海关管理权和沿海的航运业。在西方列强相继进入中国后，英国肯定不想失去其在中国经济方面的优势地位，但是又无法将其他列强从中国市场排挤出去，而英国商人同时要求政府扩大中国市场，所以英国政府要想满足商人们的利益，就必须维护好中国政府的现有局面，至少是不能让其崩溃。因此，英国驻华公使普鲁斯在美国提出对华"合作政策"后，首先表示最热烈的支持。

继美国为清政府送上《万国公法》后，英国政府遵循美国的控制策略，也为清政府送上了一份意见书。

1865年11月，海关总税务司赫德为总理衙门送上一份名为《局外旁观论》的意见书，劝告清政府制定和实施有利于西方列强的政策。赫德在这篇意见书中要求清政府必须遵守条约，按照条约章程办理一切对外事务。不过与美国人对清政府的态度不同的是，英国人虽然也是建议，但字里行间则透露出一股霸气。

现在某事当行，某事不当行，已有条约可凭，一经违约，即有问故之患……民间立有合同，即国中立有条约，民间如违合同，可以告官准理。国中违背条约，有万国公法，准至用兵，败者必认旧约，赔补兵费，约外加保方止。

若违章，有动兵之举，国乱之灾。违约者，或因不肯照约，或因不能照约。若不肯，必有出而勉强者；若因不能，必有起而代行者。

针对英国在华利益问题，赫德对清政府接下来该做哪些具体事情提出了明确的要求。他希望清政府在对外事务中不应该仅仅是上层的开放，而应该将这种开放态度应用到民生的各个领域，例如"水陆舟车、工织器具、寄信电机、银钱样式、军火兵法"等，事实上就等于在告诉清政府，未来洋人要在中国的土地上修铁路、开工厂、办电报、开银行等开创各项事业。

次年英国驻华公使阿礼国指示使馆参赞威妥玛写了一篇《新议略论》送给总理衙门，进一步要求清政府要顺从西洋列强的意志：

各国在华，都有要务不能弃置，系中华立约，许为相保。如果肯保，深惜力有不及，所言中外互结一也……如果不照条约行事，难免外国干预，各国见必受险，难免干预保全。一国干预，诸国从之。试问将来中华天下，仍能一统自主，抑或不免分属诸邦，此不待言而可知。

他甚至更为露骨地向清政府施压说：

各国大局，系中国一日不能保全，各国一日难免代为承保；而使外国代承其责，实难免外国代为做主，此中国失权危险之处。

他为清政府指出两条路可以选择：

嗣后中国不久必须择定两节之一，或自招外国协同去弊兴利，可以永保自主之权，或仍旧怀疑杜绝，外国亦以疑心相对。

相对于美国温和的"合作政策"，英国虽然原则上也对中国实行合作，但由于先前两次鸦片战争的胜利积累下了足够的信心，因此在对华合作问题上就比美国的态度更为强硬，用施加压力的方式，迫使中国走向合作道路。可以说两国不同的策略，是基于自身的国情以及先前二十年对华关系所做出的必然选择。同样，俄、法两国也是如此。

俄国在对华关系上，是唯一没有动用武力却获得了诸多实际利益的国家，尤其在第二次鸦片战争时期，利用中国与英、法两国的矛盾，占领了中国北部边疆一百多万平方公里领土。俄国人面对大清帝国的新政府，首要任务是巩固这种既得利益。因此驻华公使巴留杰克也对美国的"合作政策"表示支持，并且在此基础上，提出了俄国人对华关系的特有理念：

俄国不曾希图威胁中国的领土完整，若是能再把西方文明像接枝那样接在东方文明之上的政策中与他人合作，那么就觉得愉快了。

我们可以看到，俄国人也是希望用一种温和的方式，去逐渐"劝导"中国人接受西方列强的理念。我们没有证据表明，俄国人是在变相反对英国人的理念，但至少从这段话可以看出，作为和中国领土接壤的俄国，依旧不希望动用武力去解决问题，他们更善于在矛盾缝隙中寻找机会，这也是俄国在对华问题上的一贯作风。

法国当时正因为贵州的教父被杀事件，而与总理衙门进行交涉，这个问题已经交涉了很多年却悬而未决，法国使馆曾经由一位代办人负责商谈赔偿事宜而没有成功，法国人对这个问题十分苦恼。在这样一种背景下，法国新任驻华公使伯尔德密于 1863 年到任，作为一个有着丰富政治经验的政治家，在美、英、俄三国都表示对华合作的时候，他果断地调整策略，与列强们一起开始了新的对华关系。

应该说大清帝国之所以会在 19 世纪 60 年代开始洋务运动，除了因为新朝廷有主动求变的意愿之外，西方列强转变对华策略，也是一个重要的因素。而最先提出改变对华策略的美国，就充当了对华关系具体运作的先锋。

美国公使蒲安臣由于最先提出对华"合作政策"，因此得到了清政府的极大好感，甚至当同治六年（1867）蒲安臣卸任回国时，清政府委任他为"一统办理各国中外交涉事务"大臣，恭亲王奕䜣在《派美国蒲安臣权充办理中外交涉事务使臣的奏折》中宣称：

近来中国之虚实，外国无不洞悉，外国之情伪，中国一概茫然，其中隔阂之由，总因彼有使来，我无使往……臣等因遣使出洋，正苦无人，今蒲安臣意欲立名，毅然以此为任，其情洵非虚妄，臣等遂以送行为名，连日往其馆中，叠次晤谈，语极慷慨……臣等公同商酌，用中国人为使，诚不免于为难，用外国人为使，则概不为难……如蒙俞允，诸旨钦派蒲安臣权充办理中外交涉事务使臣。

两宫太后批准了奕䜣的奏折，为了避免让英法两国感觉朝廷厚此薄彼，又选了一个英国驻华使馆的官员和担任过中国海关官员的法国人充当蒲安臣的副手，又派礼部郎中孙家谷、海关道志刚会同蒲安臣办理中外交涉事务。

既然将对外交涉事务交给了美国人，那么以美国人为首的中国使团便很自然地先到了美国。蒲安臣在华盛顿代表清政府与美国国务卿西华德签署了《中美续增条约》，共有八项内容，其中最主要的就是关于两国人民自由往来的约定：

大清国与大美国切念民人前往各国，或愿常住入籍，或随时来往，总听其自便，不得禁阻，为是现在两国人民互相来往，或游历，或贸易，或久居，得以自由，方有利益。

事实上，这种表面看上去平等互惠的语言背后，掩盖了美国人在中国享有特权的事实，同时也为后来中国苦力大量赴美国做工铺平了道路。据统计，从1860年到1870年整整十年的时间里，中国人在美国的数量从三万五千人上升到了六万七千人，到了光绪初年，甚至达到了二十万人，进而掀起了一股中国人赴美热潮。

丹涅特在《美国人在东亚》一书中评论说：

西华德由于他的信念和贸易扩张主义者不谋而合，是一个主张廉价劳动的人，1868 年的《蒲安臣条约》，其实是一件廉价的劳动条约，写这个文件的西华德似乎对于劳动问题的兴趣也不亚于美国在太平洋彼岸的贸易伸张。当时，他特别关心于承包人无法招募劳工以致太平洋铁路迟迟不能完工这一件事。中国苦力可作为解决问题的办法，但是在供应上有两点危险。一则加利福尼亚的敌对态度日甚一日，一则中国政府虽然漠不关心，可是中国人的离去帝国实际上是违反中国古法的，条约意在一举使中国的移民从根本上正常化，并在美国给予保护。

由此我们可以看出，美国对中国的"合作"主要是出于本国劳动力的需求，而在那个中国刚刚认知世界的特殊时间段里，中国人想要走向世界，就必须首先放下姿态，用廉价来换取立足世界的空间。虽然当时清政府还只是停留在担心再次被洋人打败，而不得不寻求西方节奏的观念里，但《中美续增条约》却在客观结果上让中国人开始走向世界，即使是以苦力的方式，但也终究对中国几千年农耕文明观念开始进行破除，从这个角度来看，《中美续增条约》有其特殊意义。

6. 公使驻京

综观 19 世纪 60 年代初清政府寻求对外合作的显著标志，当属允许公使驻京。要知道在这个问题上，洋人和清政府已经纠缠了多年。前面我们曾经介绍过，1854 年的时候，英、法、美三国公使想与清政府进行修约，其中第一条便提出了公使驻京，结果遭到了咸丰皇帝的拒绝，而后英法两国虽然没能用外交手段解决这个问题，却用武力实现了公使驻京的目的，而且在 1858 年 6 月订立的《中英天津条约》第二条写道：

大清皇帝、大英君主意存睦好不绝，约定各大邦和好常规，亦可任意交派秉权大员，分诣大清、大英两国京师。

第三条规定：

大英钦差各等大员及各眷属可在京师，或长行居住，或能随时往来，总候奉本国谕旨遵行……

当时在英、法两国强大的军事压力下，清政府被迫承认了这两个条款。一直到《北京条约》签订后，公使驻京这个问题才最终确定下来。

如果说《北京条约》实现了公使驻京，那么祺祥政变后，随着清政府逐渐开明，洋人看到了可以利用公使驻京的方式从政治上控制清政府的希望。

对于公使驻京这个问题，当时恩格斯评论说："不难想象，在北京设立常驻使馆将有什么样的结果。请回想一下君士坦丁堡或德黑兰吧。"

评论指的是土耳其和伊朗都有过被外敌侵略的历史，外国公使意味着两个国家政府沦为驯服本国人民的工具，也就是说公使驻京这件事也会让清政府沦为洋人的工具。例如当时英国狂热的对外扩张分子阿思本就认为：公使驻京以后，清朝皇帝就可以代替英国士兵执行起警察任务，可以通过各级政治机构镇压具有反侵略思想的爱国人民，也可以用行政手段惩罚那些对外国人不完全驯服的官吏。

以今日视角看，当时公使驻京的确有上述观点和现象的存在，但这并不意味着公使驻京对于近代中国融入世界没有一点作用，要知道当时世界上任何一个被武力轰开国门的国家，都必须经历这种不对等的阵痛。公使驻京也可勉强算是清政府尽快融入世界的一种手段，或者说是一个必经过程，如何尽快度过不对等的阵痛期，才应该是一个政府所应该迫切思考的问题。从这个角度看，祺祥政变后新的清政府开了一个不错的头，但在实现对等的道路上，却走得过于缓慢。

《北京条约》的签订，让公使驻京变为现实，在祺祥政变发生之前，英、法等几个西方国家的公使便陆续来到北京，最早的是咸丰十一年二月（1861 年 3 月）到来的法国公使布尔布隆，次日英国公使普鲁斯也在北京建立了公使馆，四个月后俄国公使巴留捷克也到达北京。同治元年六月（1862 年 7 月），美国公使蒲安臣也到达北京，这四位外国公使便成了中国近代史上第一批驻京的外国使臣。

今天应该有人会认为公使驻京不过是两国正常的外交而已，但前边我们说过，当时清政府和西方列强处在一个不对等的地位，因此不仅清政府自己有一种让人强占地盘的感觉，那些公使们进入北京时也是趾高气扬。

关于西方列强公使进京的情形，恭亲王奕䜣的奏折里有着较详细的记载。例如英国专使额尔金在来到北京时，就强占了怡亲王府，奕䜣在奏折里详细写道：

该夷总以怡亲王府屋宇宽敞，必欲为将来驻京之馆。并称府内尚有隙地，伊欲自盖房屋等语……现在暂时居住，已属不成事体，设或任其久占，并添盖房屋，更非所宜。

最终还是奕䜣设法引导，让其另觅别地。英国人决定将使馆设在宗室奕梁的梁公府，面对英国人已经是"最大妥协"，奕䜣不得已奏请咸丰皇帝另赏奕梁一座府邸。

与英国人相似经历的是法国人。初到北京的法国公使，指定要居住在肃亲王府，而奕䜣则认为，征收亲王的府邸涉及大清的政体问题，肃亲王是大清的八大功勋之一，其所有府邸都是世袭，当时肃亲王正在出差，这个问题恐怕不好交代，最终在奕䜣的斡旋下，将法国公使安排在了东交民巷的景公府。

英、法两国公使刚到北京所表现出来的傲慢态度，让奕䜣意识到，公使驻京这个问题不仅仅只是让这些洋人进到北京这么简单，而后所牵涉的是如何通过这些公使与西洋列强合理地打交道，于是在我们前边提到的设立总理衙门的时候，奕䜣也将公使驻京的本质问题一并上奏：

无公所以为汇总之地，不足以示羁縻。该夷从前每借口于中国遇有外夷事件，推诿不办，任情狂悖，今设立衙门，该夷已为欣喜非常，自应迅速建立，以驯其性。

奕䜣的奏章其实主要想说明，只让公使进京并不是最终目的，通过朝廷的各种运作，让这些公使能够在与列强开展外交事务中，发挥重要作用。

于是在这样一种前期的铺垫下，英国公使布鲁斯、法国公使布尔布隆、俄国公使巴留捷克以及美国公使蒲安臣，正式意义上地成了第一批驻京公使。他们区别于曾经的专使，以一种职业化的姿态，开始充当了清政府外交活动的桥梁。

值得一提的是，外国公使进驻首都，在中国历史上还属首次，因此在那个特殊的时间段里，免不了会引起京城官民的恐慌。当时英国驻华使馆派人向总理衙门告状，据威妥玛的说法是：该国人出行街市，辄遇间杂人等围绕指辱。

威妥玛向清政府施压，要求对使馆进行保护，出入必须有兵丁保护，而且要随时清理闲杂人等。奕䜣接受了这个要求。

马克思说过：

西方殖民者在亚洲要完成双重使命：一个是破坏性使命，即消灭旧的亚洲式社会；另一个是建设性的使命，即在亚洲为西方式的社会奠定物质基础。

从这段评述的逻辑起点出发，我们可以得出一个结论：公使驻京是西方殖民者"建设性使命"的一个成果，虽然主观意识是为西方式的社会奠定物质基础，但客观结果也将守旧的大清帝国逐渐拉拽到世界体系之中，除了枪炮的武力威胁之外，和平演变意识形态才能真正持久。

7. 帮办海关税务

如果说清政府从鸦片战争时开放对外贸易，那么在经历了咸丰年间的大开之后，到了同治年间则开始由洋人"帮办海关税务"，这也是祺祥政变后，新的清政府融入世界体系所经历的一段路程。

从运行轨迹看，这段历程对于清政府而言颇为曲折。一开始列强们凭借强大的优势，逐渐在华扩大经济利益，而清政府由于还隔离于世界体系之外，对很多问题还认识不清，因此将财政收入最主要的来源部门——海关——让洋人把持。

为了控制中国海关，早在道光二十五年（1845）时，英国驻上海领事巴福尔就以便于外国商人缴纳税款、办理手续为由，向清政府上海海关道台提出将海关办事机构搬到英租界的中心区外滩，当时说"是为了能够对海关实施监督"。道光二十六年（1846），原上海海关改为"江海大关"，专办国内沿海航行船舶的税收事宜，另设"江海北关"专门办理外商征税事务。

到了咸丰三年（1853），上海由于发生小刀会起义，上海县城被占，海关一度处于瘫痪状态。当时英国领事阿礼国以"租界中立"为由，逼走江海北关的清政府官员，并动用军事力量占领了江海北关。不久英法两国共同协商后，公布了"船舶结关的临时规则"，宣称代行上海海关权力，向外国商人征收税款，即"领事代征制"。

对于英法两国这种蛮横的做法，时任上海道台的吴健章在极力与英国领事交涉无果后，于咸丰三年九月八日（1853 年 10 月 10 日），发出了《关税征收事宜仍按旧例办理》的通告，并找了两艘船，挂上了海关的旗帜，停泊在浦东陈家嘴。同时吴健章照会英、美、法等国领事，宣布两船为临时海关关址，预定在九月二十六日（10 月 28 日）正式征收商税。

然而让吴健章想不到的是，外国商船根本不理会他设立的这个临时海关，驾驶着商船扬长而去。吴健章并不甘心，于咸丰四年正月（1854 年 2 月）又在苏州河北岸租了一所房子，设立"海关办事处"，再次通知各国，可是得到的外国领事的回复是："要付税大家一起付，有谁不付，大家也不付。"

吴健章看到上海、苏州两地征税不通，于是北上在闵行镇、白鹤渚各设一道关卡，征收出口关税，再次照会各国领事。这一次各国领事开始对吴健章予以反击，认为这是违背条约的行为，绝不承认清政府这种行为，并通知外国商人一律不许向清政府交税。

吴健章看到洋人们的态度开始强硬起来，顿时无计可施。而就在这时候，洋人们看到夺取中国海关利益的时机已经成熟，于是以英国领事阿礼国为首，提出了一个所谓"海关引用外人帮办税务"的说法：人员由各国领事推荐，但是却为中国"服务"，由清政府付给薪金，并且在清政府官员的管理下工作。

咸丰四年五月（1854 年 6 月），由美国公使麦莲出面，向清政府正式提出成立一个由外籍人员组成的税务管理委员会，重设上海海关。清政府当时由于太平天国运动自顾不暇，只能接受洋人提出的这个方案。

六月五日（6 月 29 日），正在租界避难的上海道台吴健章与英国领事阿礼国、美国领事穆菲、法国代理领事伊担达成了相关协议：

兹因关监督深知难得诚敏干练熟悉外国语言之人员，执行约章关章上一切事务，唯有加入洋员，以资襄助。此项人员，应由道台慎选遴委，道台亦予以信任事权，俾资改良一切。

协议签订后，最初洋人打算只派出一名税务司，英、美领事推荐法国领事馆里的史密斯，但法国却不希望只由自己来承担这个任务，因此最后决定由英、美、法三国领事各推荐一人。咸丰四年六月（1854 年 7 月），正式组成"行动联合一致的关税管理委员会"，由法国人史密斯、美国人卡尔、英国人威妥玛组成，威妥玛全权负责一切事务。1855 年 6 月威妥玛辞职，李泰国接替了职务。

表面上看，清政府的海关似乎重建了起来，但却变了性质，成了西方列强敛财的工具。马士在《中华帝国对外关系史》中有过评论：

贸易是侨居在中国的外国商人的生命，保护贸易是驻在那个国家里少数外国官吏的第一职责；在上海口岸，经过这样长久的一种无政府状态时期，贸易终于受到管束。准确地说，中国海关是从李泰国接任后，开始逐渐变为西洋列强敛财的工具的。这是个极富有精力的领事，据说1858 年的《中英天津条约》和《通商章程》就是出自他手。他接任后，首先改组了上海海关，并于咸丰九年（1859）在广州又开办了一处海关，又在咸丰十年于汕头设置一处海关。

可以说从鸦片战争之后的 1854 年一直到清政府总理衙门成立之前，中国海关基本是由洋人把控，这种情况到了恭亲王奕訢主政之后，虽然现状并没有完全改变，但在奕訢的努力下，清政府正在从洋人把控的海关中逐渐分得一杯羹。

总理衙门成立后，针对关税事宜在上海设立了全国性质的总税务司署，这也就意味着关税问题将由政府来统一协调处理。咸丰十年十二月（1861年1月），江苏巡抚薛焕奏请授予英国人李泰国总税务司职务，并请求朝廷协助洋人海关官员尽快立法立规，严查偷税漏税现象。

奕䜣得到奏报后，立即上奏两宫太后，得到的批复是同意薛焕的意见。在他们看来，外国税务易于偷漏，如果仅是中国官员追查，很难做到周全，现在正好可以让洋人帮着做这件事，既然薛焕有此请求，可以发给李泰国执照令其帮办税务。

有了两宫太后的批准，李泰国等于合法正式的稽查各口关税，奕䜣在《札谕》中说：

查税务司李泰国，曾在江海等关帮办税务，诸臻妥协。今新增通商各口税务，尤宜实力经理，仍派令李泰国帮同总理稽查各口洋商完税事宜……至各口税务司及各项办公外国人等，中国不能知其好歹，如有不妥，惟李泰国是问……所有总税务司之任，原视何国人办理妥善，即责成何国人经理，其任至重。李泰国向来妥慎可靠，是以派令经理。此后该总税务司膺此重任，务宜秉公尽力，始终勤慎，不准该税务司及所用各项外国人自做买卖。倘有办理不善之处，即行裁撤，该总税务司其勿负本爵信任之至意可也……李泰国在上海等关办理税务多年，征收甚旺，且所得薪水极厚，尚不肯从中作祟，滋生弊端。

由此可以看出，清政府虽然依旧是让洋人帮办税务，但是相比于此前的做法，已经开始有了计划性和策略性，开始懂得利用洋人的特殊优势为本国谋利，这是清政府在海关税务问题上的一个进步。

事实上在咸丰皇帝病入膏肓的那段日子里，作为大清帝国代表的奕䜣就已经开始了海关税务的筹划和管理。咸丰十一年（1861）二月，他召李泰国到北京协商帮办税务问题，可是李泰国在返回上海后不久，在一次保卫租界的战斗中受伤，不得已停止了一切工作，请假回国休养，在离开之前他推荐赫德作为自己的接替者。

赫德曾经在广东海关担任过副税务司，性格比较谦和，在李泰国的极力推荐下，于咸丰十一年四月二十八日（1861 年 6 月 6 日）到达北京会晤奕䜣，正式于五月二十三日（6 月 30 日）任职中国海关总税务司。赫德上任伊始便将总税务司署由上海迁到了北京。

奕䜣同样十分赏识赫德，他认为赫德为人谨慎，而且在税务方面颇有经验。赫德在中国海关总税务司署任职长达四十八年之久，在他任职期间，又新增设海关三十余处，建立了一套符合大清帝国和洋人共同利益的海关制度，甚至可以说就是从赫德任职开始，中国的海关税务运作开始融入世界体系。

据《上海外贸史话》记载，赫德上任后，逐渐改造中国海关的人事体系。据统计，当时海关内班人员中，总税务司、副总税务司、各关税司、副税务司共计六十九人全部是洋人，帮办人员中洋人是二百九十一人，中国人二十五人；外班人员、总巡、验估、验货是二百八十二人，全部都是洋人；扦子手五十人中，中国人只有两个；海班人员中管驾官四十二人都是洋人，中国人员供职的大都是低级职位，例如水手、听差、轿夫、杂役等。而且在海关工作的中国人一律不许讲中国话，公文也不许出现中文。

从当时海关的职能看，虽然它是一个独立体系，但因为赫德的存在，也在幕后对清政府的政治决策有着重要影响，因为赫德还有另一个身份，那就是总理衙门的最高顾问。正像马士在《中华帝国对外关系史》中所说的：

总理衙门那时还没有经验，所以在一切国际问题上，从商议一个条约到解决一个土地纠纷，都经常听取在北京的总税务司的意见并要求他帮助，各省督抚、巡抚、道台也经常和各地的税务司商议，听取其意见而行动。

赫德后来回顾自己在中国的经历时，也说过：

我所主持的工作虽然叫作海关，但其范围甚广……而最重要的是它的领导权必须掌握在英国人手里。

赫德的话虽然反映了祺祥政变后新的清政府依旧没有摆脱让洋人控制海关的局面，但从另一个侧面也反映出，清政府的海关已经率先走在其他领域的前边，主动地融入世界体系之中。即使我们十分清楚在这个过程中，大清帝国由于长时间的闭关锁国，必须要交出"学费"，让洋人分得相关利益，甚至是拿走大部分利益，但这个步子是必须要迈出去的。后来的事实证明，清政府的各个领域已经腐败不堪，唯有海关保持着清正廉明，这不能不说与西方的制度影响有着重要的关系。

以今日视角看，祺祥政变后，以两宫太后和恭亲王奕䜣为首的清政府，改变以往道光、咸丰年间朝廷总是被洋人牵着鼻子走的被动状态，开始主动求变，主动向世界体系和法则靠拢，这是一个积极的信号，也是即将开始的洋务运动的一种心理准备和舆论导向。从某种角度而言，主动向洋人靠拢是"同光中兴"的基础，也是让洋人改变对清政府的印象，而寻求一种合作发展的一种策略。

第二章

洋兵助剿

　　主动求变向西方列强靠拢，是同治初年清政府对外政策的根本性转变，其带来的结果就是由先前的中外对立变成了"中外同心"，在经济上由盲目排外变成了热心洋务，这一切是清政府自鸦片战争以来的一个巨大进步。当然，清政府的这种转变除了有经济和政治上的好处之外，必不可少的还有军事上的好处——对于依旧处在太平天国运动之中的清政府，洋人的助力绝对是雪中送炭。而借助洋人的军事力量来镇压内乱，是同治一朝初年的一大特征……

1. 暗示助剿

　　当时间进入 19 世纪 60 年代，大清帝国虽然已经更换了最高决策者，但是太平天国依旧在南方声势浩大。尽管 1856 年 9 月在太平天国都城天京（南京）发生了一场诸王互相残杀的"天京事变"，使得东王杨秀清、北王韦昌辉身首异处，翼王石达开心灰意冷带领部众离开天京进行流动作战，但随着忠王李秀成、英王陈玉成等一批年轻将领逐渐成为支柱后，太平天国依旧可以与大清帝国分庭抗礼。

　　新的清政府在向洋人靠拢后，必不可少的就会想到利用洋人强大军事力量来镇压太平天国，早在咸丰十年十一月（1861 年 1 月），恭亲王奕䜣、大学士桂良、户部左侍郎文祥就联名上奏《统计全局折》，提出了"外敦信睦而隐示羁縻"的对外政策。

　　这份奏折首先认为，应该改变中国历代的"御夷之策"，转变武力对抗的策略，改变为利用对方的力量，当然奏折中也提到了清政府眼下面临的特殊局面，由于自身实力弱，如果借助洋人的力量，那么洋人一旦入城，就意味着城池也有可能受到洋人的侵占，但是目前国家形势危急，所以不得不用权宜之计，暂时借助洋人的力量来缓解危机。

奕䜣等人认为，目前局势下借用洋人的军事力量已经有可行性条件，甚至说选择这种策略的条件已经成熟：

> 自换约之后，该夷退回天津，纷纷南驶，而所请尚执条约为据。是该夷并不利我土地人民，犹可以信义笼络，驯服其性，自图振兴，似与前代之事稍异。

为了让两宫太后充分理解借助洋人力量的目的，奕䜣等人引用历史典故，进一步阐发应该与洋人和好的必要性：

> 臣等综计天下大局，是今日之御夷，譬如蜀之待吴。蜀与吴，仇敌也，而诸葛亮秉政，仍遣使通好，约共讨魏。彼其心岂一日而忘吞吴哉……此次夷情猖獗，凡有血气者，无不同声愤恨。臣等粗知义理，岂忘国家之大计。惟捻炽于北，发炽于南，饷竭兵疲，夷人乘我虚弱而为其所制。如不胜其忿而与之为仇，则有旦夕之变；若忘其为害而全不设备，则贻子孙之忧。古人有言："以和好为权宜。战守为实事。"洵不易之论也。

奕䜣等人写这封奏折的时候，正是他与英法军队达成和解，联军撤出北京不久的那段日子，作为亲手促成与洋人和解的奕䜣，一定是继续坚持与洋人共谋这个路线的，而且是费尽心机从历史中寻找经验来论证自己观点的。

奕䜣的这一大段说辞，虽然主要是表述了与洋人和解的观点，但其中也暗示了借师助剿，只是在那个特殊的时间段里，奕䜣并不清楚尚且健在的咸丰皇帝的真实态度，所以也只能是"暗示"。

但是在奏折的最后，奕䜣还是亮明了自己对今后清政府该走一条什么样的外交路线的一个观点：

> 臣等就今日之势论之，发捻交乘，心腹之害也；俄国壤地相接，有蚕食上国之志，肘腋之忧也；英国志在通商，暴虐无人理，不为限制则无以自立，肢体之患也。故灭发捻为先，治俄次之，治英又次之。若就

目前之计，按照条约，不使稍有侵越，外敦信睦，而隐示羁縻。数年间，即系偶有要求，尚不遽为大害。

这种对洋人和解的策略以及奕䜣等人提出的"羁縻"之策，当时在朝廷内反响不一，以曾国藩为代表的主张开展洋务运动的官员赞成奕䜣的提议。奕䜣等人上完《统计全局折》的半个月后，曾国藩也复奏朝廷，认为应该抓住眼下与洋人实现换约的大好机会，与列强搞好关系，不仅可以借助洋人的力量剿灭太平天国，未来也可以利用洋人学习他们的建造船炮的技术，以增强大清的军事实力。

除了认同奕䜣等人的观点之外，曾国藩将对洋人的"羁縻"之策又进一步进行了程序划分，他认为应该分为"借师助剿"和"借法自强"两个阶段，曾国藩的这种划分，通过后来的事实证明，是贯穿同治一朝洋务运动的总体法则。而且曾国藩还认为中国的洋务自强，应该以东南方为主，他认为北方地区趋于保守，南方因为近二十多年来一直处于和洋人打交道的前沿，所以容易接受新鲜事物，正像他对自己的学生李鸿章说的那样：

至备豫外洋，则不惟畿甸屏军骤难及此，即他省兵力数倍于直隶者亦断不足以敌洋人。鄙意北方数省因循已久，无良将劲卒足备任用，饷项又难筹措，设备之说，诚为毫无把握。东南新造之区，事事别开生面，百战将士，尚不乏有用之才，饷项足以济之，制器造船各事皆已办有端绪，自强之策，应以东南为主。

李鸿章也是洋务派的著名代表人物，更是奕䜣提出的"羁縻之策"的极力拥护者，曾国藩在对他说出"东南首要自强"的观点后，他在回复曾国藩的《复曾相书》中，也提出了自己的观点：

洋人所图我者利也，势也，非真欲夺我土地者。自周秦以后，驭外之法，征战者后必不继，羁縻者事必长久。今日各国，又岂有异。惟练兵、制器相去太远，正须苦做下学功夫，做到那处，说到那处。吾师弟在位一日，不得不于此致力一日耳。

值得一提的是，李鸿章是后来大清帝国的支柱，是实权派人物，后来在他的主持下，洋务运动进行得轰轰烈烈，而指导思想的源头就是奕䜣提出的"羁縻之策"。

对于清政府的助剿太平天国暗示，列强们也顺势接住了清政府抛出的橄榄枝，他们很清楚，大清帝国虽然腐朽不堪，但如果失去这个政府作为根基的话，洋人在华利益未必能够得到保证，因为他们看出了太平天国虽然是以基督的名义起事，但其价值取向却是完全与基督精神背道而驰。

当时英国驻广州领事罗伯逊在致英国印度领事部官员阿顿斯的一封密信中说：

局势一天比一天恶化，如果叛军再有很大进展，北京朝廷就会四处寻找外国援助。如果我有这个权力，我就给清政府以援助，直接的或间接的，看情形而定。事实上中国的前途是很黑暗的，除非外边给他强有力的援助，这座房子就会倒塌下来，而我们最好的利益也就就此埋入废墟。

从罗伯逊的话中可以看出，洋人是充分明白清政府的稳定对于他们在中国获取利益的重要意义，但是关于"借师助剿"的问题，在最初奕䜣向朝廷公开提出来时，朝廷内以袁三甲为首的保守派官员明确提出反对，英国政府得到消息后却并未立即表态，甚至还间接破坏法、美、俄三国有意接受"借师助剿"的政策，因此咸丰皇帝在世时，借师助剿的政策只能暂时搁置，不过奕䜣的变通能力倒是很强，为了让反对派们能够逐渐接受自己的意见，他在《统计全局折》中确立了"借师助剿"的几个基本原则：

1. 以利诱夷。用金钱购买外国武器。

2. 暂不借兵。先用大清自己的军队镇压太平天国。

3. 仅限于上海借兵。暂时不让外国军队进入内地。

4. 拒绝公使们提供军事增援的请求。

5. 雇船运粮。用外国的船向北方运送粮食，付给运费照章收税。

6. 仿造外国武器。请外国匠役指导制造，并在上海设立制造武器的场所。

奕诉总的指导思想是：给予洋人一些小利，以笼络洋人之心，便于清政府镇压匪患。应该说这是"借师助剿"在初次提出来后，他看到朝廷内有的人不能一下子理解后，暂时改头换面的一种过渡性措施，等于是分步骤地实施"借师助剿"的策略，等到祺祥政变后，他跻身大清帝国最高权力核心时，借师助剿策略开始以国策颁布施行。

2. 建立洋枪队

祺祥政变后的清政府在对外采取和解政策后，便将目光继续集中在内乱之上，当时间进入 1860 年的时候，大清帝国与太平天国的斗争在东南地带一直呈现胶着之势，当时太平军第二次打垮了以和春为钦差大臣的江南大营后，又继续东进，接连攻占了苏州、昆山、太仓、嘉定、青浦、松江，进而逼近上海。

上海当时作为江苏临海的一个县，属于松江府管辖范围之内，自开放通商之后，许多洋商纷纷而来，许多外国商行也由广州迁到上海，当时上海被称作"冒险家的乐园"，是中外贸易交通的总汇地。

对于这样一个富得流油的地方，太平天国当然不能放过，当太平军向上海进逼时，上海城内一片惊慌，无论是中国人还是外国人都犹如惊弓之鸟，路上行人绝迹，商铺相继关门，所有人都不知道上海城的未来究竟是个什么样子。

面对太平军的进逼，咸丰十年四月（1860 年 5 月），江苏布政使薛焕命令苏松太兵备道吴煦，向英国驻上海领事密迪乐要求提供军事增援，但是密迪乐的态度却有些暧昧不明，回复了句"只保护英国人的利益"，便不再有下文。

无奈之下吴煦只得转而向法国人发出请求，为了表示出诚意，他以"四明公所"董事候补道场坊向法国领事保证负担法军驻城的经费。

事实上法国人早有出兵助剿的意向，太平军在进攻上海之前进攻苏州时，法国陆军司令蒙塔班曾经建议英法两军派出两千人，协助清军驻守苏州，只是因为当时英国公使布鲁斯不同意而最终作罢。这次当吴煦单独向法国人请求增援时，立即得到了法国人的响应，而法军的介入也意味着"借师助剿"策略，开始进入实际运作层面。

咸丰十年四月六日（1860 年 5 月 26 日），在法国人的极力劝说下，英国公使普鲁斯和法国公使布尔布隆共同发出《通告》：

余等与驻军海陆军将领完全同意，不使上海遭受任何暴动与抢劫，同时上海内城亦在保护之列，不使遭受外来攻击。

另据英国人哈利的《太平天国革命亲历记》记载，英国公使普鲁斯有一个单独署名的《通告》：

特商请皇家海陆军当局采取适当措施，以防止上海居民遭到抢劫屠戮之苦，并协助弥平一切不法叛乱，保卫上海，抵抗任何攻击。

不能不说法国人的积极响应清政府"助剿"，让英国人也动了心思，毕竟上海城内洋人最大的利益是属于英国人的，当盟友法国人已经做出姿态要保护上海的法国人利益，那么英国也就不能坐视不管英国人在上海的利益。

次日，在上海的外国军队开始正式布防，二百名法军士兵防守董家渡，英军则保卫上海城西通往苏州的大路，当时一个访问太平天国的名字叫福特斯的牧师，在他的著作《在华十五年》中写道：

1860 年夏末，太平军已经完全控制了军事占领区，威胁着上海。毫无疑问，他们希望外国人不要从中干涉，而听任占领上海。但此时英国人已经开始不再倾向中立，也由于长期战争破坏了他们贸易而不耐烦起来。因此，当太平军开进南郊，英国战斗人员发出的炮弹向他们中间呼啸飞来时，他们感到惊讶懊恼，一枪未放就退了出去。

福斯特的这段记载，说明了太平军最初进攻上海并不顺利，至少对洋人的大炮感到陌生，由陌生进而产生慌乱，最终到败退，这是太平军攻占上海受阻的一个重要原因。

到了四月中旬，为了彻底将太平军拦在上海城之外，上海道台吴煦请求法军司令蒙塔班，出兵协助防守嘉定、太仓、昆山等地，法国人丝毫没有犹豫就答应了吴煦的请求，而且将英国人也拉了进来，共同在上述等地进行严密布防，其中三百名法军士兵驻守城隍庙、徐家汇，九百名英军士兵防守上海西门和及南城，两国租界则各自负责防守。

当时英法两国以英军参将卡思尼为上海联军司令，英国公使布鲁斯全面主持上海防务大计，双方共同制定了"只守不攻"的策略，为了实现成功保卫上海的大计，四月十三日（6月2日）经江苏巡抚薛焕的同意，上海道台吴煦和买办杨坊等人决定组建一支洋枪队，以美国人华尔为首领，来抵抗太平军的进攻。

华尔，1831年出生于美国康涅克州的沙林小镇，曾经希望进入陆军大学没有成功。于是从15岁起就开始流浪四方。咸丰元年（1851）来到上海，最初是一艘轮船上的大副，不久又成为中国轮船"孔夫子"号上的管带，咸丰十年（1860），经美国商人希尔介绍，认识了上海道台吴煦和买办杨坊，并建议成立洋枪队以保卫洋人在上海的利益。

得到了上海地方清政府的支持后，华尔便开始招募兵员，最初只得到了外国水手、浪人、流氓、无赖等社会底层三百人，华尔推荐美籍军人法尔思德、白齐文为洋枪队副统领，正式组成洋枪队，并于咸丰十年五月一日（6月19日）进驻松江的广福林。

五月十三日（6月22日），太平军卷土重来，一举攻克松江府，进而由松江进军上海，很快又攻下了七宝镇，但是由于太平军严重轻敌，留守松江的只有数百人，前苏州知府吴云看到太平军在松江防守薄弱后，便集结七千清军，联合华尔的洋枪队于深夜进攻松江，太平军难以抵挡被迫撤退。

六月十三日（7月30日），薛焕派吴云率领一万清军，与华尔的洋枪队开始向青浦进攻，太平天国忠王李秀成亲自统领大军前往增援，六月十六日（8月2日），双方展开交战，由于李秀成事先准备充分，结果清军大败，华尔的洋枪队也损失了将近三分之一，华尔本人身受五处伤。六月二十三日（8月9日），华尔招募到新队员后，与清军再次进攻青浦，结果又被李秀成打败，太平军乘胜再度攻克松江，并以最快的速度开始进攻上海。

当时，太平天国的高层们，对那些"洋兄弟"依旧抱有幻想，他们想减少进攻上海的阻力，希望利用时任太平天国总理大臣的干王洪仁玕在洋人中的一些名声，让传教士去影响正在保卫上海的英法联军，但是很多传教士却告诉洪仁玕，如果想利用他的影响，恐怕不会有什么效果。

事实上，干王洪仁玕在洋人中的声望比洪秀全要高，这源于洪仁玕早年在香港加入了基督教会，而且洪仁玕在1856年天京事变后到达天京，便颁布了《资政新篇》和《天朝田亩制度》，就理论而言是最有西方民主色彩的，因此至少在传教士中，洪仁玕是太平天国思想最具西化的一个人，而且他又是太平天国的总理大臣，因此当时很多传教士相继进入天京，希望深入地了解这个依旧保有神秘色彩的天国，以及它的最高领导者天王洪秀全。

可是让传教士们失望的是，他们所了解到的太平天国的真实情况，与他们想象的那个对基督深切崇拜不疑的天国完全不同，经过深入的了解，这个在形式上信仰基督的天国，事实上对西方人带有一种排斥的心理，而且内部组织机构依旧是以中国皇权制度为根基，建立了一个等级森严的封建朝廷，即使是洪仁玕这个天国中最具西方观念的人，骨子里也依旧没有摆脱皇权思想。最关键的是，太平天国并没有像西方人想象的那样，一个有着和自己同样信仰的新国家，会主动向自己靠拢，甚至这一点他们做的还不如清政府。

洋人们开始逐渐转变了对太平天国的态度，在他们看来谁能够保证洋人在华的利益，他们就会倾向谁，就这样太平天国等于将洋人推向了自己的敌对阵营——大清帝国。

不过，当时忠王李秀成还是比较具有战略眼光的，他知道上海是洋人驻扎的地方，而且先前打败洋枪队，可能会让列强的正规军参与进来，为了减少进攻上海的阻力，六月三十日（8月16日），李秀成统帅太平军进攻上海，他从苏州出发之前特意致书各国公使，告诉他们太平军即将进攻上海，凡是属于洋人的住宅和商店，要在战时悬挂国旗为标志，太平军见到国旗，会尽量避免损伤到洋人的利益。

七月二日（8月18日），李秀成率军到达七宝镇后，再次致书各国公使宣称：

本军已抵七宝，即将到达上海城下，所有贵国商民，烦贵公使转令其于门首悬挂黄旗，守候屋内，不必惊慌。余已令兵士等认明黄旗符号。不准侵扰。

李秀成当然尽可能地避免惹恼洋人，而且显示出了极大的诚意，但太平军进攻上海，本身就会破坏上海本地的经济，就已经侵犯了洋人的利益，这不是李秀成表示诚意就能解决的问题，事实证明英国公使普鲁斯对李秀成抛过来的橄榄枝根本置之不理，开始增兵加强对上海的防守，法国人对李秀成也是不置可否。

此时上海人口大约有三十万，驻防清军有万余人，英法联军有两千人左右，李秀成自认为事先已经致书公使，至少洋人应该保持中立，因此他只身带领护卫队和非正规军三千人马来到上海城下，但他当时一定没有想到英国人已经派出正规军进驻上海，当他带领那点少得可怜的军队进攻上海时，遭到了洋人枪炮的猛烈回击。

当时黄浦江中的两艘英国军舰向太平军开炮猛烈轰击，炮弹碎片甚至击伤了李秀成的脸颊，对洋人枪炮毫无防备的李秀成不得以下令撤退至徐家汇，与此同时他再次致书各国公使，斥责洋人们欺人太甚。

为何转向官兵，帮守上海城……我今有挑选勇将千余，勇兵数万，势如山岭之坚，若我有志来取上海，犹如囊中取物……汝中有人思及此情而悔汝前愆，仍与我等和好为美乎？贵国众人倘二毋梭心迷交官兵，莫怪日后难过我门。悬请汝等量之度之。

李秀成或许自己也清楚，对洋人说的这番话明显底气不足，而且他后来被俘后在《李秀成自述》里，也总结了进攻上海失利有多方面原因，但洋人的军事力量参与进来，是最重要的因素，此后在清政府和洋人的共同守卫下，太平军再也未能攻占上海。

3. 中外会防局

在洋人的协助下，清政府成功守住了上海，通过上海之战，清政府真正认识到了"借师助剿"的威力，而且此时华尔的洋枪队也并非正规军，为了进一步巩固"借师助剿"政策，清政府有了将华尔的洋枪队正式纳入正规军体系的想法，如果说当时洋枪队保卫上海还有地方武装的色彩，那么不久后它将以正规军的姿态出现在战场上，并且更名为"常胜军"。

咸丰十一年七月（1861 年 8 月），在清政府的主导下，华尔的洋枪队在松江改组，由原来以雇用外国士兵，改为以洋人为军官，中国人为士兵的"混合军"，配以新式武器，按照外国新式军事技术进行训练。水师提督英国人何伯正式承认了洋枪队，将其纳入了联军体系之内。后来在同治元年正月（1862 年 2 月），薛焕奏请增加洋枪队的人数，并委任中营参将李恒嵩协同管理洋枪队，同时赏华尔三品顶戴。

将华尔的洋枪队纳入正规军体系，不仅是军事意义重大，更是清政府当时对外国策的又一个转变，以奕䜣为首的新朝廷在"借师助剿"的基础上，开始注重"借技助剿"，也就是说借助洋人丰富的军事技能，来提高自身军队的作战能力，这也是清政府为什么要将洋枪队的士兵逐渐换成中国人的原因所在，可以算后来严复提出的"师夷长技以制夷"的雏形。

李秀成没有攻下上海，转而攻占了杭州，与此同时太平天国侍王李世贤也攻克了宁波，算是对没能占领上海的一种弥补。太平军攻克宁波后，清政府看到太平天国在浙江声势浩大，担心会对上海形成合围之势，于是就有了想要主动出击的想法，当时清政府的策略是，让军事实力更为强悍的英国人去打头阵。

水师提督何伯前往南京，意图让太平天国高层答应延长一年进攻上海，这个提议遭到了洪秀全的严厉拒绝，在天国的高层们看来，洋人已经沦为清政府对抗天国的工具，不再是自己眼中的"洋兄弟"，即使他们从心底从来没有把信仰基督的洋人当成兄弟，他们此刻的愤怒却也是"情真意切"。

天国高层的拒绝，让何伯找到了开战的理由，他以太平军即将进攻上海会损害洋商利益为由，建议英国政府向太平天国开战。

咸丰十一年十一月二十六日（1861 年 12 月 27 日），英国军舰"狐狸"号舰长宾汉奉命致太平天国照会，主要内容有四项：

1. 赔偿去年英国人在太平军管辖区的损失，共计七千五百两银。

2. 悬挂英国国旗的舰船，可以自由航行在长江上，不受检查。

3. 鉴于太平军并未遵守不进入上海吴淞一百里以内的诺言，要求太平天国高层要将这个命令再次转示想要进攻上海的军官。

4. 太平军禁止进入九江、汉口两地的英国贸易区一百里以内，禁止侵扰驻金山的英国领事馆。

事实上，在此之前太平天国确实和英国人有过不进入上海吴淞一百里的协定，但期限仅限于咸丰十一年（1861）这一年，而且当时由于太平天国内部不稳，对于李秀成、陈玉成这种长年在外征战的将领并没有绝对的控制力，李秀成第一次攻打上海的时候，太平天国高层也只能是默许，对于英国船只在长江上任意航行的要求，太平天国更是不能接受，所以这次英国人提出的这四项条件，太平天国高层在十二月二日（1862年1月1日）全部驳回。

李秀成看到高层态度如此强硬，便兵分五路第二次进攻上海，当时各路大军势如破竹，分别攻占了青浦、奉贤、南江、川沙等地，尤其是西路军到达了吴淞一带，东路军到达了太平镇，基本完成了对上海的包围。

可是让人想不到的是，在完成对上海的包围后，李秀成却只身回到驻地苏州过年，而且一连住了四个月之久，将上海前线军队交给了慕王谭绍光指挥，而谭绍光的军事指挥能力和李秀成完全不在一个档次，这就为太平军二次攻占上海失败埋下了隐患。

面对太平军对上海的包围，当时江苏巡抚薛焕虽然统领四万清军驻防上海，但是上海城内只有八千人，那个时候曾国藩的湘军想要直接进攻南京，也难以抽调兵力增援，因此上海的局势十分危急，那些身在上海城内的富商、地主们大为恐慌，都极力主张向英、法等国求助，并推举前宗人府府丞温葆深、前詹事殷兆庸等前往联络，在这种局面下，英国人积极响应，派参赞巴夏礼来到上海，准备彻底解决太平军对上海的威胁。

巴夏礼到达上海后，提出了一个协助清政府保卫上海，以及进攻太平天国都城南京的作战计划，由薛焕依据温葆深的呈请转奏朝廷，两宫太后以同治皇帝的名义谕复：

该绅等既与巴夏礼议及，本日已饬总理衙门与英法两国在京使臣妥为筹商，但该臣未必遽顺应，而英法向以商人为重，并畏百姓，著薛焕饬该绅等多集华商百姓剀切开导洋商，令其转求巴夏礼，以洋商货物在沪，须助剿除逆，方足以资保护。

从上述这段话来看，清政府当时似乎是学会了如何利用洋人，来达到自己的目的，而且是动用民间的力量实现以洋制洋，让英国人不得不答应，这不能不说是清政府的一个进步。

在清政府和巴夏礼以及上海当地士绅的共同努力下，凡是当时在上海纳税的洋商举行会议，筹商上海的防卫问题，他们共同主张组织"中外会防局"以保卫上海，这个主张得到了英、法驻华军队司令官的高度赞同。

十二月十三日（1月12日），英、法驻上海领事、驻沪陆海军指挥官，和上海道台吴煦等人召开扩大会议，决定在同太平军作战时采取中外一致行动，并允许清政府在英国租界内驻派人员，以便负责双方联络，次日正式成立"中外会防局"，又称为"中外会防公所"。

据《会防局开办章程》记载：

十二月十四日设立会防公所，会同英、法二国领事筹官，查明西南北大小经路十一处，各设侦探员董，酌派健丁，专探贼情，轮番驰报。如有大股贼至，即驰报发兵，会同英、法驻守兵丁，并力捕剿。其沪城东路，濒临黄浦，商民船只，聚泊至吴淞口三数十里，帆樯相接，其中难保不潜匿匪船，因派委员先禁各船，不许停泊近城处所，并查出迹涉可疑者，概行驱逐。另设立水师巡炮船，来往梭巡，复经英、法二国派大轮兵船，在黄浦、吴淞合流处驻泊，以防外江……

从章程的记载我们可以感觉到，清政府对于上海十分看重，这里不仅有洋人的利益，更有清政府自身的利益。从战略上看，上海向西不远处就是太平天国都城南京，守住上海就等于切断了太平军向东纵深的可能性，将太平军死死地圈在南京周围，同时也为即将围攻南京的湘军减少压力。

同治元年正月十日（1862年2月8日），随着上海中外会防局的成立，

清政府正式批准了"借师助剿",并用上谕的形式明确宣布了这个决策:

> 至借师助剿一节,业经总理衙门与英法驻京使臣商酌,上海为通商要地,自宜中外同为保卫。军务至紧,若必俟总理衙门在京商酌,转致稽迟。即著薛焕会同前次呈请各绅士,与英法两国迅速筹商,剋日办理。但于剿贼有裨,朕必不为遥指,其事后如有必须酬谢之说,亦可酌量定议,以资联络。

从奕䜣在咸丰末年暗示借师助剿,到清政府正式批准这个国策,中间也经历了不少曲折,如果没有太平天国进攻上海这个助推力,恐怕奕䜣的策略还无法这么快就能得到实施。事实上我们所说的洋务运动,就是从清政府借师助剿开始,从主动示好到互相合作,再到师夷长技,这是一个过程,而起点则是清政府放下曾经看不起洋人的架子,只有谦虚地低下头,对方才可以心甘情愿地给予,人与人是如此,国与国之间也是这样。

成立上海中外会防局,是清政府第一次以官方名义与洋人在军事上的正式合作,此后一直到 1900 年八国联军进入北京之前,清政府再也没有在本土和西方列强发生战争,大清帝国终于迎来了一个相对和平宽松的发展环境,可以仔细研究和学习曾经打败自己的这些"蛮夷",在各个领域究竟有何过人之处。

对于太平天国来讲,本可以团结那些"洋兄弟"为我所用,但由于自身意识形态的局限性,终于将这些"兄弟"推向了自己的死敌"清妖",随着曾国藩湘军不断向都城天京集结,以及上海中外的严密会防,太平天国的控制区越来越小,其前途愈发暗淡。

4. 安庆决战

　　奕䜣的"借师助剿"策略，实现了和洋人的成功联合，但清政府高层们也十分明白，指望列强们协助防守上海是可行的，但绝不能指望洋人进行大规模的军事增援，因此想要彻底镇压太平天国，还是要靠自己。

　　大清帝国立国二百年来，军事上一直都是依靠自家的八旗兵，但通过先前二十多年来看，无论和洋人还是太平天国作战，八旗兵的表现都令人大跌眼镜，可以说现在的八旗兵已经不再是当年入关那支虎虎生威的劲旅了，在他们身上表现出更多的则是慵懒、懈怠和无能。

　　因此清政府只能放权给地方，允许各地方自行招募军队来对抗太平天国，这其中曾国藩的湘军是最有名和能征善战的，也是清政府镇压太平天国的唯一希望，先前我们介绍过曾国藩的湘军和太平军的诸多较量，其中湘军胜少负多，但是自太平天国爆发天京事变之后，双方的形势开始此消彼长。

　　在咸丰十年四月（1860 年 6 月）的时候，清政府以曾国藩署理两江总督，加兵部尚书头衔，命令他统领所部，取道宁国、广德、建平一带奔赴苏州，寻找合适时机与太平军作战，以稳定帝国东南大局。

曾国藩当时认为安庆是战略要地，关系到淮南局势，如果拿下安庆，将来可以作为进攻南京的大本营，而且安庆是武昌、九江的门户，在这里驻扎水师，可以断绝南京城的粮草供应路线。

曾国藩当时虽然将大本营转移到了安徽南部的祁门，表面上要做出向苏州、常州一带进军的迹象，但实际上他把湘军主力仍然集中在安庆一带，由弟弟曾国荃指挥，时刻准备向安庆发起进攻。

不久后湘军攻陷枞阳，形成对安庆的合围之势，曾国藩部将李续宜、多隆阿统领湘军驻防在安庆与桐城间的挂车河一带，胡林翼部进驻潜山、太湖一带，鲍超部驻扎在安庆南岸，杨载福的水师把守沿江要地，曾国藩则坐镇祁门大营统一指挥。

事实上安庆对于曾国藩十分重要，对于太平天国更具有重要意义，因为它是都城天京上游的唯一屏障，如果丢了安庆，就意味着都城天京的西部为清军敞开了大门。现在清军已经对安庆形成合围之势，解救安庆之围是太平天国的当务之急，因此咸丰十年九月（1860年11月）的时候，太平天国高层召开了一次军事会议，洪秀全决定采用洪仁玕提出的"围魏救赵"之策，进军湖北攻取武昌，以牵动围攻安庆的清军。

依据会议的既定策略，太平军计划分为五路，英王陈玉成领军从长江北岸西进，经皖北进入鄂东；忠王李秀成从长江南岸西进，经皖南、江西进入鄂东南；辅王杨辅清领军沿长江南岸进兵赣北；侍王李侍贤领军经徽州进入赣东；襄王刘官芳进攻曾国藩的祁门大营。其中李秀成和陈玉成两路大军为主攻部队，定于转年三月陈、李两路大军会师武昌，其余三路部队尽量牵制清军。

当时陈玉成积极执行天国高层的军事决策，于八月十六日（9月30日）领军自都城天京渡江北上，先后攻占了炉桥、寿州、六安、桐城，直逼武昌城下。当时清军在武昌防守薄弱，急得湖北巡抚胡林翼病发吐血，悔恨自己"笨人下棋，死不顾家"增援上海的做法，虽然他事先急调彭玉麟、李续宜水陆两军回援武昌，但毕竟远水解不了近渴。

此时已经升任英国海军司令的何伯带领水师抵达汉口，急忙让参赞巴夏礼去黄州面见陈玉成，试图阻止陈玉成进攻武昌，当时巴夏礼告诉陈玉成，武昌是武汉三镇之一，三镇已经组成了一个巨大的贸易市场，太平军无论攻取哪个地方，都难免会破坏整个贸易市场，希望陈玉成能够远离武昌。

对于巴夏礼的这番说辞，陈玉成那时虽然知道洋人已经开始倾向清政府，但为了减少进攻武昌的阻力，他向巴夏礼解释说，进军武昌的目的是为了解安庆之围，并不是想要破坏武昌城内洋人的商业利益。但是巴夏礼却威胁陈玉成，说如果太平军执意进攻武昌，那么将由驻扎在长江的海军司令何伯来解决问题，巴夏礼特别强调，现在何伯正在回上海的途中，路过南京时会与天国高层针对武昌问题进行详细协商，到时天国高层会指示陈玉成该如何行动。最后巴夏礼还意味深长地告诉陈玉成，截至目前还没有太平天国其他诸王进兵的消息，希望陈玉成不要轻举妄动。

陈玉成十分明白巴夏礼说话的含义，那就是如果自己现在执意进攻武昌，有可能不仅会孤军陷入与武昌守军的激战，还有可能需要应对从背后偷袭的安徽本地清军。

听完巴夏礼的话后，陈玉成开始犹豫不决，不过陈玉成当时不知道的是，李秀成所属的南路军已经进入江西，正在进攻建昌，巴夏礼根本就是在忽悠陈玉成，可是陈玉成当时无法得知友军的动向，加上巴夏礼软硬兼施的话语，陈玉成终于下令停止向武昌进军。

据巴夏礼当时报告给英国政府的信中，可以证明陈玉成错失了进攻武昌的最好时机：

英王似乎完全同意我说的话，他估计自己的军队约十万人，但只有一小半到达黄州，因此他说：我将先巩固自己的占领区，然后看情形决定以后的进军方向，或许攻打黄州安庆之间的清军，或者攻打湖北北部。

由此可见，陈玉成对不能得到李秀成的支援也是心有余悸，他当时命令杰天义、赖文光驻守黄州，等候李秀成部队前来会合，其余部队进攻武汉周边的城镇，后来因为安庆危急，陈玉成急忙领兵东下，不仅让身在武汉的清军绝处逢生，更让他自己走上了一条不归之路。

就在陈玉成坚决执行太平天国高层西进的战略部署时，李秀成却有着自己的想法，很长时间以来，他作为少有的柱石，为太平天国在东部打下了不少地盘，建立了苏福省和天浙省，本身有着极大的自主权，而且他的大本营在苏州，他本能地想在东部发展自己的势力，这也是他要向上海进军的一个重要原因。

当时洪秀全对李秀成始终留恋江浙地区，迟迟未能西进而十分不满，可是前边我们说过，此时太平天国对在外征战的将领无法过多地节制，因此洪秀全也只能是不满，而无法对李秀成有任何节制措施。倒是洪仁玕的一番理论，让李秀成才得以缓慢地进入皖南：

自古取江山，屡先西北而后东南，盖自上而下，其势顺而易，因下而上，其势逆而难。况江之北，河之南，古称中州鱼米之地，前数年京内所恃以无恐者，实赖有此地屏藩资益也。今弃之不顾，徒以苏杭繁华之地，一经挫折，也不必久远，今殿下云有苏浙可以高枕无忧，此必有激之谈，谅殿下高才大志，必不出此也。夫长江者古号为长蛇，湖北为头，安省为中，而江南为尾。今湖北未得，倘安徽有失，则蛇既中折，其尾虽生不久，而殿下之言，非吾所敢共闻也。

洪仁玕的这番话虽然颇具战略高度，但践行者反而是对手曾国藩。李秀成直到咸丰十年九月下旬才领军进入皖南，当然这其中也有其第一次进攻上海失败的原因，不过他进入皖南后一路势如破竹，十月中旬攻占了羊栈岭，进兵黔县，距离曾国藩的祁门大营只有八十里的距离，当时曾国藩得知李秀成到来后，甚至已经将遗书寄回家乡，随时做好自杀的准备，然而不知道是李秀成的情报工作失误，还是始终摆脱不了经营江浙的私心，居然越过祁门，由休宁进入徽州，取道屯溪、婺源，返回了属于他的苏福省去过年。

李秀成的离去，终于让曾国藩松了口气，此后他可以专心致志地部署围攻南京事宜，等到咸丰十一年五月李秀成再次领兵进逼武汉时，距离原定三月与陈玉成会师的时间已经足足过去了两个月，而那时候的形势对太平天国已经极为不利。

李秀成的不战自退让曾国藩颇为不解，后来在同治四年（1864）湘军攻陷南京俘虏李秀成后，曾国藩的幕僚赵文烈问他为什么当时距离祁门大营如此之近，却没有进攻的原因时，李秀成终于给出了真正的答案：

时得苏州而无杭州，犹鸟无翼，故归图之。

而太平天国的昭王黄文英也曾经私下评价李秀成，说他是"顾己不顾人，顾私不顾公"。由此可以看出李秀成极端自私，可以称得上是一个出色的"战术家"，但绝对称不上"战略家"。从军事角度来看，如果李秀成能坚决执行太平天国高层西进的军事部署，或许都城南京至少不会在1864年就被清军攻陷，那么历史就会是另外一番模样。在我看来，1856年的天京事变是太平天国由盛转衰的一个转折点，那么1860年到1861年间的安庆之战则是决定太平天国前途的关键之战，遗憾的是作为天国支柱的忠王李秀成因为私心太重，破坏了高层的战略部署，最终不仅直接导致了太平天国的覆灭，也让自己走上了一条死路。

李秀成退去后，曾国藩孤注一掷，将湘军主力完全集中在安庆，誓死要将安庆掌握在手中，他在给二弟曾国潢的信中透露了自己渴望拿下安庆的心境：

此次安庆之得失，关系吾家之气运，即关系天下之安危，纵使江夏（武昌）或有疏失，安庆围失仍不可退。江夏纵失尚可旋得，安庆一驰，不可复围。

当时驻守安庆的太平军有一万余人，由谢天义、张潮爵等人防守。陈玉成在四月下旬领军三万人进驻集贤关，进逼围困安庆的湘军，由于李秀成还在路上，洪秀全决定由洪仁玕、林绍璋领兵西进援救安庆，前军主将吴如孝也领军从庐江、桐城增援。

坦白地讲，李秀成破坏了安庆"围魏救赵"的策略后，曾国藩认为这简直就是帮了自己一个大忙，太平天国等于将对安庆的围魏救赵变成了与清军争夺安庆之战。不过曾国藩倒是没想到太平军对安庆的增援速度会如此之快，他下定决心要与太平军在安庆拼个你死我活，在曾国藩看来，如果拿下了安庆，克复南京则指日可待。

从咸丰十一年三月（1861年5月）下旬一直到八月初，将近半年的时间里太平军与湘军为了争夺安庆，展开了一场大会战。

三月二十二日（5月1日），双方在菱湖展开了第一次较量，未分胜负。次日多隆阿分四路大军展开夹攻之势，太平军前后受敌伤亡惨重，被迫退守桐城。二十四日（5月3日），不甘心失败的太平军组织第二次进攻，黄文金带领七千太平军精锐联合当地捻军增援，驻守桐城天林庄。曾国藩眼见太平军声势浩大，也亲率劲旅驰援安庆，三月二十七日（5月6日），陈玉成会同捻军进攻新安渡、挂车河的清军阵地，但是恰逢连降暴雨，道路无法通行，陈玉成被迫返回安庆。

陈玉成的离去，让身在集贤关的太平军成为孤军，曾国藩趁机而入，集中全部兵力围攻集贤关，四千太平军精锐虽然奋起抵抗，终因寡不敌众全部阵亡，集贤关失守等于让安庆失去了大门。

七月十九日（8月24日），陈玉成会同洪仁玕、林绍璋、黄文金、杨辅清等太平军共计四万余人，再度进入集贤关，扎营四十余座。

安庆城内的太平军也出城在西门驻扎与陈玉成遥相呼应，次日太平军开始对湘军展开猛烈的进攻，但当时安庆城长期被围，城内粮食短缺，陈玉成试图用小船向城内运送粮食都被湘军用火炮拦截回来，让安庆的守军无法与陈玉成协同作战，这就使得陈玉成只能独自与湘军对抗。

八月一日（9月5日），经过将近半个月的厮杀，湘军终于用挖地道的方式，用地雷轰倒了安庆城墙后攻进城内，太平军士兵由于长期饥困而不能进行有效抵抗，守将叶芸来、吴定彩等一万多太平军阵亡，至此曾国藩终于拿下了安庆。

或许是因为安庆之战打得过于惨烈，湘军损失也不少，攻陷安庆后，湘军前线指挥官曾国藩的弟弟曾国荃下令大肆劫掠，据记载"城内凡可取之物扫地以尽，不可取者皆毁之"。

据统计在安庆之战中，阵亡的太平军士兵达到了三万人，可见这一战的惨烈程度，但是正像洪仁玕事后所评价的那样：

我军最重大之损失，乃是安庆落在清军之手，此诚实为天京之锁钥而保障其安全者。一落在妖手，即可为攻我之基础。安庆一失，沿途至天京之城，相继陷落，不可复守矣。

而当时清政府也认识到了拿下安庆是多么的重要：

东南军务一大转机，从此势若建瓴，攻若破竹。

拿下安庆意味着清军打通了通往南京的道路，而且从整个战略角度来看，曾国藩的湘军在西面已经对太平天国都城形成压制之势。

自古都有守江必守淮的说法，太平天国虽然认识到安徽这片土地对于自己的重要性，但自身诸多问题，没能将固守安徽的主动权掌握在自己手中，都城天京只能暴露在清军面前，而当时对太平天国更为不利的是，东面的江浙地区在李鸿章的不断打击下，其掌控的地区也是越来越狭小。

5. 激战江浙

李鸿章，字子黻，又字渐甫，号少荃，又号仪斋，安徽合肥人。道光三十四年（1844 年）开科，李鸿章参加顺天乡试，中第八十四名举人，次年到达北京，其父把他举荐给曾国藩。

从此李鸿章成了曾国藩的学生兼下属，一步步地登上了大清帝国的政治舞台。

在曾国藩和太平军作战的岁月里，李鸿章在家乡组建了淮军，积极协助老师屡立战功，官职也是不断晋升，一直到同治元年十月（1862 年 12 月），李鸿章由署理江苏巡抚改为实授，成了举足轻重的封疆大吏。

同治元年十一月（1863 年 1 月），因为"常胜军"首领华尔在与太平军作战中阵亡，命令代理统领白齐文领兵奔赴南京外围增援，结果不仅被白齐文拒绝，而且殴打总督杨坊，抢走了库银四万元。

李鸿章得到消息后立即大怒，他本就想对常胜军加以抑制，于是便利用这个机会与英军陆军司令迪佛订立"会定章程"，撤销了白齐文的领兵权，并且双方签订了《统带常胜军协议十六条款》，规定"常胜军"由名义上的李鸿章指挥，改为英国人戈登统领，清军副将李恒嵩会同管带，军队编制为三千人，参加上海外围作战，经费由中国海关调拨，购买军火由李鸿章负责派人办理，禁止私自购买。

我们没有证据表明李鸿章乘机限制"常胜军"，是源于当时清政府诸如曾国藩的湘军与李鸿章的淮军等，担心剿灭太平天国被洋人夺了首功，而故意掣肘朝廷的"借师助剿"，但李鸿章限制"常胜军"，确实在中外会防的大背景下，至少在江浙地区更能体现出类似湘军、淮军这样地方军队的作用。

李秀成二次进攻上海并没有吓到驻上海的清军和外国军队，当时在上海的英、法两军共有四千五百人，配备火炮三十座；英国军官指挥下的清军八百人以及"常胜军"一千五百人，在英国陆军司令官迪佛立统领下增援上海，准备对二次进攻上海不利而退却的太平军实施反击。

同治元年十二月（1863 年 2 月），常胜军自松江出发，开始渡江向太仓的太平军发起进攻。当时常胜军携带重炮、野战炮，并有一万名清军士兵协同作战，清军士兵则全部携带英国的来复枪和滑膛枪，从武器配备方面来讲，太平军已然落后。

为了有效阻止常胜军的进攻，太平军将一排排的木桩打到河底，因此运载常胜军炮兵的船，在进军太仓途中受阻，直到拔出木桩后才能前行，由于运送武器船只通行不畅，使得常胜军先锋部队遭到了太平军的猛烈打击，被迫撤到太仓外围。

十二月二十六日（2 月 13 日），常胜军的武器装备终于在夜间登陆，次日便利用火炮再次向太平军进攻，当时所有的大炮一起向太平军阵地发炮轰击，两个时辰后太仓城墙终于被轰开了一条可以通行的缺口，常胜军士兵立即冲上前去试图从缺口攻入城内，却被太平军一阵扫射逼退了回来。

不过还是有一少部分常胜军士兵进入了太仓城内，等待他们的只能是被就地歼灭的命运，绝大部分常胜军和清军士兵在太平军火枪的扫射下而无法前进，只能混乱地退回到自己大炮阵地。

常胜军在太仓吃了败仗，折损了三百余人，协同作战的清军也损失了两千人以上，当然太平军方面伤亡也不小，至少伤亡一千人。当时英国驻上海领事麦华陀认为，太仓之战是常胜军自其前身洋枪队组建以来遭受的损失最严重的一次战役。于是在同治二年正月（1863 年 3 月），清政府决定，撤掉李恒嵩的常胜军会同管带职务，由英国工程队的戈登少校正式继任"常胜军"统领。上任后，他将常胜军总部迁到了昆山。

据史料记载，戈登是一个冷静而有谋略的人，他从太仓一战中总结常胜军失败的教训，认为与太平军交战，尽量避免近距离地接战，而应该利用常胜军拥有远程大炮的优势，远距离地进行轰击，因为当时太平军没有大炮，他们作战方法大部分是逼近敌人交锋。

五月五日（6 月 20 日），鉴于曾国藩在西部对南京继续保持高压态势，而天国另一位柱石年仅二十六岁的英王陈玉成在安庆陷落后退守庐州时，因为叛徒的出卖，最终被清军俘虏处死，天王洪秀全急召忠王李秀成回防天京。为了安抚李秀成，洪秀全特意加封李秀成为真忠军师，但是此时江浙东部战场已经到了万分紧急关头，李秀成在返回天京匆匆向洪秀全汇报战况后，又急忙返回苏州。

李秀成回到苏州后忽然发现，大本营苏州似乎陷入了清军的包围中，戈登指挥常胜军开始向苏州进攻，而且太平军因为兵力分散，武器装备较差，不能有效地抵抗常胜军和清军，使得李秀成打下的江浙控制区急剧缩小。

经过五个月的拉锯战，清军和常胜军逐渐对苏州缩小包围圈，十月十七日（11 月 27 日）戈登终于带领常胜军打到了苏州娄门外的石垒栅寨，驻守在这里的太平天国慕王谭绍光亲自率领士兵利用近身接战的机会，迎头痛击常胜军，使其损失了二百多人。

值得一提的是，因为李秀成当时既要兼顾都城天京的防务，又要顾及江浙地区的战况，因此慕王谭绍光实际上是东部战场的主要统帅，虽然他的军事才能不如李秀成，但因为作战勇敢以及能够坚决贯彻李秀成的指示而颇受李秀成的信任。

罗尔纲在著作《太平天国史稿》中写道：

绍光守城布置既严，作战又英勇异常，他常常在敌人火线最炽盛的地方，站在最前列，奋勇作战，所以士卒用命，敌不能下。

可是正当谭绍光指挥太平军与清军激战时，纳王郜永宽等八个太平天国高级将领突然叛变投降清军，更让人费解的是，李秀成得知消息后，竟然采取了听之任之的态度。

现今我主上蒙尘，其势不久，尔是两湖人，此事由尔梗，尔我不必相害。现今之势，我亦不能留尔。

从李秀成的话中，我们可以体味到他的无奈与悲伤，也可以感觉出太平天国此时因为洪秀全的昏庸已呈现穷途末路之势，只是李秀成作为一个依旧没有丢弃理想的人，还在为这个他心中可以达到理想状态的天国而努力，但他已经不能要求别人和他一样。在我看来这是一个理想者在看到现实与期许严重背离的景象前徒有哀伤的悲叹，或者说他的身份以及此前的所作所为，让他明知道即使是覆灭，也要鼎力前行。

十月十九日（11 月 30 日），鉴于都城天京形势已经颇为危急，在洪秀全一连串"诏书"的催促下，李秀成不得不将前线指挥权再次交给了谭绍光，只身返回了天京。

与李秀成截然相反的是，谭绍光却在军事会议上对郜永宽等想要投降叛变的人试图采取措施，当然这也为他带来了杀身之祸。十月二十四日（12 月 4 日），郜永宽等人刺杀谭绍光后，将苏州城献给了清军。

苏州城的失陷让周边州县大为惶恐，不久后在李鸿章淮军的打击下，无锡、吴江等地相继被清军夺回。

李鸿章于十一月五日（12月15日）进驻无锡，而后便指挥清军进攻常州，但被驻守常州的太平天国护王陈坤书击退，一直到同治三年正月十二日（1864年2月19日），戈登带领常胜军到来，李鸿章才在战争中占有优势，但是此时常胜军因为来得匆忙，没有携带远程火炮，因此在逐渐与太平军近身接战时，开始暴露了短板。

从二月初一直到三月下旬，李鸿章的淮军、戈登的常胜军在常州与太平军展开了一场拉锯战，后世的史学家都认为，当时东部战场中，唯有驻守常州的太平军是最能拼死作战的队伍，不仅打退了清军的多次进攻，而且让常胜军损失也很大，打到最为惨烈的时候，太平军看到城墙被打出缺口后，用人墙堵住缺口，被常胜军的铁筒炮扫光后，第二批继续堵上去，没有一个人退缩。

李鸿章被迫终止了对常州的进攻，为了分化瓦解常州城内的太平军，他张贴布告，除了陈坤书之外，凡是自愿弃城投降的，一律免死。另一方面李鸿章和戈登商议，立即从苏州调来远程重炮，继续加大对常州城的轰击力度。

四月五日（5月10日），在远程重炮陆续就位后，李鸿章的淮军和戈登的常胜军再次对常州发动进攻。凭借着火炮的优势，清军很快打到了城内太平军府衙，护王陈坤书力战不敌被俘，最终被李鸿章下令处死。

值得一提的是，常州之战虽然被清军和常胜军联合拿下，但这一战却让戈登产生了心理阴影，戈登忘不了太平军对常胜军的重创，以至于在他的影响下，常胜军虽然以胜利者的姿态进入常州城，却表现的士气极为低落，他在给友人的一封信中就表现出了一种绝望的情绪：

这次战争，我所遭受的损失绝不是轻微的，一百军官中，有四十八人死伤，三千五百名士兵中，伤亡一千余人。

戈登甚至在给自己母亲的信中表示，将在五月十三日回昆山总部，从此不再作战。而他的这一举动，就给了李鸿章收编常胜军的机会。

前边我们说过，无论是曾国藩的湘军还是李鸿章的淮军，虽然总体上都是大清帝国的军队，但毕竟是他们亲自在家乡招募的，深深地打上了"私兵"的烙印，因此从性质上来讲和八旗兵并不同。在曾国藩和李鸿章的内心深处，始终想将镇压太平天国的功劳记在他们的私兵之下，当然八旗兵作为大清帝国的国家基石，"私兵"是无法与他们争功的，但是由"借师助剿"而产生的"常胜军"则是曾国藩、李鸿章争功的对象。作为大清的臣子，他们当然不能反对"借师助剿"这个国策，但是可以利用机会，将这些由洋人控制的军队分化瓦解，甚至是据为己有，而现在李鸿章就找到了这样的机会。

同治三年四月（1864 年 5 月），李鸿章看到太平军在苏南败局已定，而且戈登又退出了常胜军，于是以常胜军群龙无首为名，在昆山宣布其解散。经此，他收编了千余人的洋枪队和洋炮队，使自己的淮军实力大为提升。

就在李鸿章和太平军在苏州一带展开激战的同时，浙江地区双方的较量也是十分激烈。李秀成于咸丰十一年八月（1861 年 9 月）领军向浙江进军，试图拿下杭州，浙江巡抚王有龄看到太平军来势凶猛，立即向朝廷求救，于是清政府下令让左宗棠火速赶往杭州增援。

左宗棠年轻时颇不得志，屡试不第之后，转而回家务农，但他并没有自暴自弃。务农闲暇时，他博览群书，刻苦钻研兵法，咸丰初年太平天国起义爆发后，经人举荐先后入湖南巡抚张亮基、骆秉章幕赞襄军务。1856 年因接济曾国藩部军饷以夺取被太平军所占武昌之功，被加封为兵部郎中，也就是从这个时候起，左宗棠成了曾国藩湘军的人。

左宗棠很有能力，跟随曾国藩帮办军务期间，自己招募了二百人作为亲兵，并以此为基础，后来又扩充为五千人，名为"楚军"。他得到增援命令后，立即前往杭州，可是还在半路上时，太平军已经攻克了杭州，浙江巡抚王有龄战败自杀，左宗棠进而停止前进，当时曾国藩上奏朝廷，建议任命左宗棠为浙江巡抚，得到了两宫太后和恭亲王奕䜣的批准。

左宗棠于同治元年五月（1862 年 6 月）初进入浙江后，仔细分析了太平军当前的现状，认为仅是依靠自身力量恐怕难以与太平军抗衡，于是他将目光瞄向了宁波，准备在那里联合刚刚协助清军攻占此地的英国海军司令刁乐德克。

事实上，早在咸丰十一年十一月太平军进攻宁波的时候，英、法两国便派兵协助清军防守宁波。宁波被太平军占领后，同治元年四月十二日（1862 年 5 月 10 日），刁乐德克率领六艘军舰和四百多名英军士兵联合清军向宁波的太平军发起进攻。太平军当时虽然顽强抵抗，但因为没有重型火炮，终究没能抵挡住敌人的进攻而被迫撤出了宁波。

从上海之战到宁波之战，洋人重型火炮的威力给左宗棠留下了深刻的印象，于是在他进入浙江后，便前往宁波联合刁乐德克，并在当地招募兵员，以十二名英国军官为教练，定名为"常安军"和"定胜军"。而法国人看到英国人有所行动后也不甘落后，当时法国在宁波海关担任税务司的日意格，与海军军官勒伯勒东也同时在当地招募兵员，组成"常捷军"，准备和左宗棠一起肃清浙江境内的太平军。

当时法国驻华公使向清政府总理衙门照会，要求清政府任命勒伯勒东为署理浙江总兵，以突显法国军队在浙江的重要性，得到了清政府的批准，上谕的答复是：

该副将既归该省大员节制，即应有该省巡抚给付札凭，以一事权。

朝廷的答复等于是肯定了左宗棠与英、法的联合，虽然在此后进攻绍兴的战斗中，中法组成的"常捷军"，两任指挥官战死，但经过三个月的激战，还是迫使太平军退出绍兴，为清军攻占太平军在江浙地区的最后据点——杭州，创造了极为有利的形势。

在宁波、绍兴等地相继失守后，杭州对于太平军来讲事实上已经成为一座孤城，虽然北部的湖州名义上还在太平军的控制之下，但此时也已经被左宗棠派兵包围，形势不容乐观，如果杭州的太平军能够打退清军的进攻，还可以对湖州进行支援。同治二年八月（1863 年 9 月）。

左宗棠与"常捷军"联合，向杭州发起了进攻，太平军与清军展开了一场拉锯战，事实上如果没有洋人重型火炮的打击，就双方兵力而言是不相上下的，即使杭州城在洋人重型火炮的猛烈轰击之下，太平军依旧坚守城池长达六个月之久，最终因为寡不敌众，于同治三年二月（1864 年 3 月）退出杭州。

至此，李秀成打下的苏福、天浙二省已经基本彻底不存在，并在五个月后因抵抗不住清军的进攻而被迫撤出湖州，失去了自己地盘的李秀成，只能一心一意地在都城天京做好守卫工作，保住天国的最后一份土地。

6. 攻陷天京

　　时间进入 1864 年，大清帝国的政治形势逐渐发生变化，其主要对手太平天国因为各种各样的原因，实际控制区域已经仅限于都城天京（南京）。清政府和西方列强的关系也进入蜜月期，由军事上的"借师助剿"开始向经济领域逐渐扩展，当然所做一切的前提都必须以彻底镇压太平天国为目的。

　　曾国藩的湘军攻占安庆后，经过一段时间的训练和休整，于同治元年四月二十日（1862 年 5 月 18 日）由曾国藩的弟弟曾国荃领军渡江，开始向南京逼近。五月四日（5 月 31 日）湘军到达雨花台，此时彭玉麟的水师也已经兵临城下，水陆两军算是对南京形成包围之势。

　　可是曾国藩在祁门大营得到曾国荃领兵东进的消息后，却表现出了忧虑，他认为曾国荃孤军深入很危险，这一点通过《曾文正公家书》中他说的一段话可以明显看出来：

　　金陵地势宏敞，迥非他处可比。进兵之道，须于太平，采石南路一支，句客、淳化东路进一支，浦口、九洑洲隔江进一支。镇江北路纵无兵来，此三支必不可少；句客东路纵无兵来，隔江一支则断不可少。此次弟不候多军至九洑洲，而孤军独进，余深为焦虑。

从上述这段话中，我们看出曾国藩攻打南京的战术。他是想对南京首先形成三面合围，可是当时湘军的几支主力部队都未能及时配合跟进，李续宜攻打寿州的战事还没结束，鲍超行军迟缓，此时连宁国还未到达，多隆阿因为本身是满族八旗将领，和曾国藩的湘军有矛盾，虽然打败陈玉成占领了庐州，但是却始终按兵不动。

因此攻打南京的任务只能由湘军独自完成，曾国藩用兵一向谨慎稳妥，但是曾国荃则急功近利，曾国藩认为孤军深入雨花台是"轻踏死地"，而曾国荃则认为现在士气正旺，人人以拿下南京为荣，如果时间拖延太长，人心就会散掉。面对曾国藩的担心，曾国荃拒不退兵，搞得曾国藩一点办法没有。

曾国藩无奈之下只能向朝廷奏报，详细陈述了围攻南京的兵力过于分散，希望朝廷能征调多隆阿部队尽快进驻防地，共同协商进攻南京事宜。但朝廷的回复却是：进攻南京要慎之又慎，决不能出现闪失而毁掉目前大好形势，目前多隆阿要处理陕西叛乱的问题，无法协助曾国藩。

曾国藩最担心的就是这些满族八旗将领不肯与自己合作，从而引起朝廷对自己的猜忌。很长时间以来虽然朝廷因为自身能力有限，允许汉族官员从地方上招兵平叛，但朝廷一直在提防像他这些手握重兵的汉族官员，为了解除自己的后顾之忧，曾国藩当时试探性地向朝廷请求，能否派一员钦差大臣前来督战。

当时以慈禧太后为核心的朝廷，十分清楚曾国藩这个请求所蕴含的深意——为了尽快拿下南京，朝廷特意为曾国藩下旨，告诉他不必有后顾之忧，前方战事的指挥权完全属于他。可是朝廷的回复，并没有消除曾国藩的心理阴影，以至于在攻下南京后，始终对朝廷的疑虑，迫使他做出了惊人的决定。

　　无论怎样，目前情况下曾国藩可以一心一意地部署进攻南京事宜，但是对于洪秀全而言，此时却是心乱如麻。都城天京被湘军逐渐包围，洪秀全急调当时正在进攻上海的李秀成回救，此前庐州已经失守，英王陈玉成被俘身死，长江北岸已经没有太平军主力。李秀成在接到洪秀全的旨意后，在苏州召开军事会议，他当时还没意识到都城天京已经陷入重围，主张继续攻打上海，等到两年后再去解救都城天京。但洪秀全接连催促他回京救援，甚至说出了限期不来定当治罪的话，李秀成只好带领二十万人马赶赴天京。

　　从同治元年闰八月二十日（1862 年 10 月 13 日）起，李秀成的主力部队对曾国荃的雨花台大营围攻了四十六天，这次战役进行得相当惨烈，王定安在《湘军记》中记载说：

　　国荃孤军居围中，战守四十六日，杀贼五万。我军亦伤亡五千，将士皮肉几尽，军兴以来未有如此之苦战也。

　　九月十二日（11 月 3 日），太平军轰塌了雨花台两处湘军军营，李秀成想利用这个缺口冲进湘军大营，一鼓作气将其打散。可是湘军以内壕相阻，不断抛掷火球，使得太平军难以进入，李秀成指挥太平军挖地道，想要决长江水也未能成功，鉴于从苏州远道而来粮草出现短缺的情况，李秀成在十月五日（11 月 26 日）终于下了撤退令。

　　虽然太平军没能攻陷曾国荃的雨花台湘军大营，但其猛烈的进攻，还是让身在祁门大营的曾国藩着实吓了一跳，为了确保曾国荃的安全，曾国藩让幕僚赵文烈去上海向李鸿章求助，可是那个时候李鸿章正在肃清江浙地区的太平军，因此他只答应抽调白齐文的"洋枪队"一部分人，协助曾国荃防守雨花台大营。

　　事实上李鸿章借机调走白齐文的洋枪队，就是怕他们抢了功劳，而曾国藩也同样有这种想法。白齐文到了曾国荃那里后，曾国藩立即致信曾国荃，告诉弟弟只让白齐文领军进攻九洑洲、下关或者上游的太平军，结果白齐文不愿出战，曾国藩以此为借口将其解职，等于无形中将洋枪队收归己有。

由于李鸿章无法给予大力支援，曾国藩催促曾国荃从雨花台撤兵，当时前线众将也纷纷请求撤兵，却遭到了曾国荃的严厉拒绝，他坚持认为如果不在此时乘胜拿下南京，就会让那些"长毛"们得到了喘息机会。

曾国藩无奈之下，只好亲自前往南京前线去视察，在二十多天的视察中，曾国藩最深的感触就是，只靠湘军想要打下南京，实在比登天还难，因此他上奏朝廷，希望能够得到支援，但奏疏递上去却石沉大海。

面对朝廷的不予回复，曾国藩深深地明白，自己不仅要独自面对城墙高大的南京，而且稍有不慎就会掉进朝廷为自己挖下的坑中。

反观太平天国这边，李秀成和湘军交战四十六天，最终撤兵而走。洪秀全也明白李秀成明面上是力战不能取胜，实际上有隐含保存实力的想法，因此采取了一个折中的方式，让李秀成向安徽进军，以经略安徽的方式，解除湘军对天京的包围。

从同治二年正月（1863 年 2 月）到四月（6 月）下旬，两个多月的时间里，李秀成派出部队试图前往安徽，甚至在洪秀全的催促下，亲自带领太平军向安徽进兵，曾国荃看出了太平天国的战略意图，于是他决定攻打南京，以对李秀成实现反牵制。

曾国荃当时决定攻打雨花台石城和聚宝门，并在四月二十七日（6 月 13 日）成功占领了石门，南京城内的太平军虽然试图努力夺回石门，但未能如愿，洪秀全急召李秀成回援，五月五日（6 月 20 日）李秀成带领人马冒雨渡江，前边我们也提到过，洪秀全为了激励李秀成，特意加封他为"真忠军师"，但是李秀成却因为遭到清军的拦截，而损失不小，最终李秀成还是无法放下他的江浙地盘而返回上海。

李秀成撤兵两天后，五月十五日（6月30日）湘军攻下了九洑洲，至此天京城失去了最为重要的防线阵地，而终于成为一座孤城。

此时，戈登到南京城外观察湘军的阵地后，建议曾国藩攻打南京必须要调用李鸿章进攻苏州时使用的西洋重型火炮，只有这种炮才能轰塌南京城墙。曾国藩虽然担心会被李鸿章的淮军抢了功劳，但此时也认为如果不能尽快拿下南京，恐怕更会引起朝廷对自己的猜忌，于是他写信给身在雨花台前线的曾国荃，告诉他不要排斥李鸿章对前线的援助。

事实上，或许曾国藩可能也没有想到，他的这个做法，反而激励了曾国荃在短时间内拿下南京城的决心，同治三年六月十五日（1864年7月18日）当曾国荃得知李鸿章派一万四千名淮军士兵前来助战时，正像他对部下所说的那样：

他人至矣，艰苦二年以与人耶？

不甘心被别人抢走头功的这种心理，促使曾国荃要抢在李鸿章带领淮军到来之前，对南京发起了总攻令。

当时鉴于南京城城墙高大，采取直接攻城恐怕会伤亡巨大，因此在曾国荃的指挥下，湘军日夜不停地开挖地道，想从地底埋上炸药，一举炸开城墙。应该说，当时湘军十分幸运，在他们连夜开挖地道时，守城的太平军并未给予足够的重视，虽然也几次试图破坏湘军的行动，但都无功而返，最关键的是，当时太平军因为缺少火药类型的武器，对炸药的威力认识并不充分，在他们看来，就算湘军挖通了地道，也妄想能撼动高大的南京城墙，因此太平军的主要目标是集中在了试图直接攻城的湘军。

六月十六日（1864年7月19日），湘军终于挖通了南京城墙下的最后一段通道，经过一个上午的准备，成功在南京城墙下埋好了炸药。正午时分，随着曾国荃的一声令下，巨大的轰鸣声在南京城外响起，而后只见城墙被炸开了二十余丈的口子，曾国荃立即指挥湘军一拥而上，冲进了向往多日的南京城。

据史料记载，当时南京城有太平军军民十万余人，虽然城内极端缺少粮食，导致太平军饥饿而无力抵抗，但却没有一个人投降，面对冲进南京城的湘军，还进行了顽强的抵抗，不过最终还是没能堵住缺口。傍晚时分湘军占领了南京城，而后大肆劫掠，使得这个历史感十足的古都沦为一片废墟。

值得一提的是，湘军占领南京后，却没有找到洪秀全，后来一个宫女告诉湘军头目，说洪秀全早在城破之前已经死去，但不知道是自然死亡还是自杀。这个宫女带着湘军找到了埋在天王府后花园的洪秀全尸首，而后在得到朝廷的允许后，其尸首被焚烧。而忠王李秀成虽然装扮成百姓侥幸逃出城外，却因为携带大量金银财宝而被人告发，最终被俘斩首。洪仁玕和洪秀全之子洪天贵福逃出城在前往江西准备会合侍王李世贤的半路上也被清军俘虏后赐死。

虽然在此之后的五年之内，北方还有太平军的盟军捻军坚持战斗，江西有李世贤依旧在盘踞，但在清军的强力围剿下，最终归于覆灭。至此，从公元1851年金田起义开始的太平天国运动最终以失败而告终。

太平天国已然成为历史名词，但对于大清帝国而言，它的影响力却正是在它覆灭之时开始。

曾国藩虽然在拿下南京后担心自己手握重兵会让朝廷有尾大不掉的感觉而交出了统兵权，但是朝廷却因为以曾国藩、李鸿章为代表的汉族官员在镇压太平天国中的出色表现，开始倚重这些汉族官员以及他们统领的军队。

　　事实上，从后来大清帝国四十余年的发展历程来看，汉族官员开始在政治舞台上唱主角，就是从曾国藩、李鸿章等人镇压太平天国开始，而这些汉族精英们也是利用历史赋予他们的机会，为晚清历史的发展涂抹上了浓重的色彩。

　　太平天国差一点成为大清帝国的埋葬人，当然他们失败的原因有很多，高层的目光短浅、自私自利、相互争斗等等都是失败的原因。

　　从大历史观的角度来讲，太平天国应该是中国历史行进到要融入世界体系的关头时，一次与当时世界先进的思想体系靠拢和融合的过程，当然从最终的结果来看，其融合的过程是幼稚和充满理想色彩的，因此最终的结果只能是失败，原因就在于上层建筑必须建构在经济基础之上，在那个还对大变革有些排斥的时代里，指望从穷山沟走出的几个造反者，去认识经济基础与上层建筑的深刻问题实在是不现实的。

　　但不能否认的是，正是他们这种富于理想色彩与世界体系的融合过程，为他们的对手，同时也是正统带领中国行路的大清帝国带来了不少启示，例如"借师助剿"，如果不是太平天国高层建构了不成熟的思想体系，又怎么可能将本来可以成为兄弟的西洋列强，推向了他们的敌对阵营大清帝国，而且也间接促成了大清帝国接受洋人的部分事物，例如先进的武器和先进的军队训练手段。

　　前边我们说过，大清帝国洋务运动的萌芽发端于"借师助剿"。如果没有太平天国席卷中国，大清帝国的统治者们即使经历了鸦片战争和英法联军火烧圆明园的惨痛，也还会抬着高傲的头颅，继续以天朝上国的心态去指点江山。

　　正是太平天国让大清帝国的统治者们认识到了八旗终于不再有当年入住中原的彪悍，原来汉人在关键时刻是可以挽救这个国家的，面对洋人只要方法对路，也可以为我所用。这一切大清帝国在此前不曾想到过，从这些结果来看，以洪秀全为核心的太平天国对近代中国前行的推动作用不可小视，但不是像某些书上写的那样，对腐朽的封建清王朝给予了沉重打击这么简单。

他们的功劳其实是以另外一种形式呈现出来！

第三章 亲政与再听政

祺祥政变后，由于即位的同治皇帝年龄幼小，于是形成了以两宫太后与恭亲王奕訢联合执政的局面，奕訢就成了大清帝国的总管家。对于奕訢来讲，上有两宫太后、同治皇帝，下有满汉众多大臣，他处于一种敏感位置，对于朝廷的整体决策他不能否定，但又不能过多地给予建议，对祖宗家法改变了不对，不更改也不对，原因就在于随着太平天国被成功镇压，曾经不太熟悉朝廷政务的皇太后，已经不再完全依赖于奕訢，这其中尤其以慈禧太后为甚……

1. 叔嫂失和

同治皇帝即位后的三年内，是大清帝国命运攸关之时，皇帝年幼无知，不断涌现的内忧外患让两宫太后承受了极大的压力，而两个女人又对军事完全不懂，因此在这种特殊的政治形势下，需要一个举足轻重的人物，将拯救大清帝国的责任勇敢地扛在肩上。

恭亲王奕䜣于是就顺理成章地扮演了那个"英雄人物"。

由于朝廷亟须用人，奕䜣又在祺祥政变中充当了两宫太后的盟友，因此在太平天国覆灭之前，两宫太后对奕䜣一直是拉拢的态势，当时朝廷内没有一个人的头衔能够超过奕䜣，这也充分说明了在那个时间段里叔嫂之间的真诚合作。

当时奕䜣除了亲王头衔之外，还有议政王、军机大臣、宗人府宗令、总管内务府大臣、管理宗人府库银、管理总理各国事务衙门大臣等众多头衔。亲王世袭罔替虽然在奕䜣的强烈要求下暂时缓议，但是他却得到了赏食亲王双俸的头衔，虽然政治上没占到什么便宜，但从经济角度看并不吃亏。

在两宫太后垂帘听政伊始，为了回报和拉拢奕䜣这个盟友，两宫太后特意提高其女儿的地位，进封其女儿为固伦公主，因为按照《大清会典》的规定，亲王的女儿只能被封为郡主。两宫太后这么做很明显对奕䜣是一种政治拉拢，而奕䜣心里十分清楚，如果接受了这个册封，那将是大逆不道，于是他再三请求收回成命，而两宫太后坚持己见，最终采取折中方案加封为"荣寿公主"。

同治元年，小皇帝载淳在弘德殿学习读书，两宫太后任命奕䜣为"弘德殿行走""稽查课程"，事实上这不仅仅是一个任务，还是一项最为荣耀的职务，而且突显奕䜣在众多亲王中最重要的地位。

同治三年攻陷南京后，两宫太后认为奕䜣坐镇后方运筹帷幄，立下剿灭"长毛"的首功，特意发布上谕，奕䜣本人除了加军功三级之外，特准进入紫禁城可用四人肩舆，两宫太后如此对待奕䜣可以称得上是"皇恩浩荡"和"至尊至荣"，对奕䜣的荣誉授到了无以复加的地步，算是达到了极限。

然而，在两宫太后与奕䜣联合执政，刚刚渡过大清帝国历史上最大的一次"难关"，政治危机略有转机的时刻，他们叔嫂之间便产生了矛盾。

事情的发生是从一份弹劾奕䜣的奏折开始。

同治四年三月四日（1865 年 3 月 21 日），两宫太后召见军机大臣，慈禧太后告诉奕䜣有人上疏弹劾他。关于这件事，王闿运载《祺祥故事》里的记载很是详细：

它日，诏王曰：有人劾汝，示以奏。

王不谢，固问何人？孝钦言！蔡寿祺。

王失声曰：蔡寿祺非好人。于是后积前事，遂发怒，罪状恭亲王，有暧昧不明难深述之语。

蔡寿祺是四川人，以前是胜保的好朋友，当时刚刚由翰林院编修补为日讲起居注官。由于职务之便，可以接近内廷，容易了解政治高层们的内幕，因此也可以依据两宫太后的意图行事，从蔡寿祺的官职来看，他这样的"芝麻官"敢于弹劾地位显赫的恭亲王奕䜣，如果不是受了两宫太后，尤其是慈禧太后的授意或者暗示，就算他吃了豹子胆也不敢主动向恭亲王挑衅。

从奕䜣的回答来看，他显然没有思想准备，甚至是有些慌乱，而"蔡寿祺非好人"这句话，显然表达了对太后轻信他的话有些不满，当然他的这句话也让自己瞬间陷入困境，"于是后积前事，遂发怒"就印证了这一点。

当时两宫太后颇为震怒，命令所有的军机大臣退下，然后召见内阁大臣，主要有大学士周祖培、瑞常；吏部尚书朱凤标、户部侍郎吴廷栋、刑部侍郎王发柱、内阁学士桑春荣、殷兆镛等人。

两宫太后当着这些内阁大臣的面，开始历数奕䜣的诸多过错，尤其是慈禧太后，当时她拿出女人善用的武器——眼泪，哭诉奕䜣在过往的时间里专横跋扈、结党营私。

当时两个女人一致认为：奕䜣越来越不堪，必须治其重罪。

两宫太后的表现，让内阁大臣们始料不及，在此之前这些人根本就不会想到，两宫太后对奕䜣的态度会如此一百八十度大转弯，面对这突如其来的变化，很多人开始进退两难，因为他们无法预知自己的态度一旦亮明后，前方等待自己的将是什么，无论从哪个角度来讲，大臣们都难以找到适当的方法来应对这种尴尬的场面。

从个人关系角度来看，两宫太后和奕䜣是叔嫂关系，算是一家子，中国有句古话叫清官难断家务事，大臣们绝不会冒着风险去干涉皇家内部事务，更何况事发突然，一时间也分不清谁是谁非。

从政治地位角度来看，奕䜣是两宫太后、皇帝之下，群臣百姓之上，在朝廷内具有举足轻重的地位，大臣们在不明内幕、不知底细、不辨风向的情况下，谁能轻易去表明自己的见解和立场，谁都明白有时政治上的沉默是一种明智之举。

因此尽管两宫太后试图争取大臣们舆论上的支持，但却并未打破群臣沉默的状态，甚至在慈禧太后说出"诸臣当念先帝，无畏王！王罪不可恕，宜速议"的话时，大臣们也没有立即表态。

不过大臣们也都明白，目前这种情况下，如果只是沉默不语肯定无法就此收场，对于这些官场老油条来讲，最好的办法就是"金蝉脱壳"，于是大学士周祖培首先站出来，说这件事是两宫太后应该裁决的，做臣子的不应该过问。

周祖培的意思很明白，那就是你们皇家内部的事务，不是我们这些奴才能够参与的。他希望两宫太后能够明白自己的意思，让他们这些大臣赶快退下，没想到刚一说完，便遭到了慈禧太后的严厉斥责：什么事情都要两宫拿主意，那要你们这些大臣有何用处，未来有一天皇帝长大了，你们这些大臣难道也不参政吗？

周祖培十分清楚，既然自己已经站了出来，就只能沉着应对，于是在片刻思考后，他冷静地应对，说这件事情必须要有真凭实据，容臣等回去后详细审查，同时也需要找大学士倭仁商议该如何处理此事。

周祖培的这番话，倒是让两宫太后说不出什么，于是便允许大臣退下，据记载当时大臣们全都是"流汗沾衣"。

事实上，周祖培虽然说需要找倭仁商议，但很明显态度已经倾向奕䜣，而倭仁当时作为文渊阁大学士、同治皇帝的老师，地位也是举足轻重，换句话说周祖培知道自己替奕䜣辩护的分量不够，他需要找一个强力的外援。

事实证明，周祖培的运作算是比较成功，三月六日（4月1日）周祖培和倭仁共同询问蔡寿祺，让他说明上奏弹劾恭亲王奕䜣的根据，或许是受到了某种压力。

蔡寿祺的回答是"均系风闻"，也就是说拿不出证据，于是周祖培和倭仁决定如实上奏两宫太后，认为蔡寿祺诬陷恭亲王奕䜣。

周祖培等人当然明白，如果只是替奕䜣辩护，很难会让两宫太后不认为他们这些人是奕䜣的党羽，于是在奏疏的最后，他们加上了这样一句话：

黜涉大权，操之自上，应如何将恭亲王裁减事权以示保全懿亲之处，恭候宸断！

周祖培、倭仁等人不愧是饱经政治风波的官场老手，他们思前想后、绞尽脑汁，终于想出了一个折中的办法，将两宫太后传过来的难接球又传了回去，说来说去其实就想表达一句话：既然查无实据，但想必事出有因，那就请两宫太后裁决吧！

我们先不说最终的结果如何，从蔡寿祺的弹劾开始，两宫太后与恭亲王奕䜣的矛盾已经公开化，甚至都传到了洋人的耳朵里，引用王闿运《祺祥故事》中的话："朝论大惊疑，而外国使臣亦询军机事所由，用事得解。"

所有人都不知道接下来形势将往哪个方向发展，但每一个人又很清楚，开弓没有回头箭，注定会有一场轩然大波在大清朝堂掀起。

2. 潜伏的矛盾

事实上如果抛开两宫太后不谈，单看奕䜣方面，他这几年自身也确实存在一些问题。古人云："居安思危。""见微知著。"奕䜣在得意的时候，大概忽略了这些古训，在政治上不严格要求自己，在我看来这是他与皇太后之间矛盾的主观原因。

奕䜣天资聪明，能力超群，如果一个人本身精明能干，又谦虚谨慎，可能就会走得比较顺畅，就会避免灾祸。但纵观奕䜣的所作所为，他并不是这样的人，事实上奕䜣从小就锋芒毕露、举止高傲，这也是为什么咸丰皇帝在即位之前，要将他作为竞争对手的一个重要原因。

祺祥政变之后，奕䜣集宫廷大小事务于一身，虽然他不像顺治初年的摄政王多尔衮那样位高权重。但是据记载，每天向他请示公事的官员得在军机处的门前排队等候，可谓是显赫一时。

奕䜣在那个时候如果能够牢记"功高震主"的古训，以多尔衮为前车之鉴，能够收敛下自己，或许还不会引起两宫太后的反感。遗憾的是，奕䜣如此精明的人，竟没有在意这些，在言语和行动方面，有很多不检点的地方，甚至是居功自傲，遇事流于专断。

例如王闿运的《祺祥故事》记载了两个事例：

然宫监婪索，亲王密迩，时有交接，辄加犒赉，则不足于用。而国制王贝勒不亲出纳，奉给庄产，皆有典出者，率盗侵以自给。及入枢廷，需索尤繁，王恒忧之。福晋父，故总督也，颇习外事，则以提门包为充用常例。王试行之，而财足用。于是府中贿赂公行，珍货狠积，流言颇闻，福晋亦患之，而不能止矣。

时当军务未竣，用度撙节之际，王兼领总管内务府，近侍舆台所属，过取无厌。不遂所欲者，怨谤顿兴，于是苟蒉贪冒之议起焉。

清代的官场上，贿赂与徇私是公开的秘密，奕䜣身份如此显赫，收受些红包也在所难免，在当时来讲并非不寻常之事，但是正所谓树大招风，奕䜣权倾一时，其所作所为必定会被人放大效果去评论。

奕䜣处事不慎，不仅表现在王府家中，而且还表现在内廷之中，依旧是王闿运的《祺祥故事》中，就记载了奕䜣在内廷的不检点行为：

王既被亲用，每日朝，辄立谈移晷，宫监进茗饮，两宫必曰：给六爷茶。一日召对颇久，王立御案前，举瓯将饮，忽悟此御茶也，仍还置故处，两宫哂焉。盖是日偶忘命茶。

朝堂之上，两宫太后面前，礼仪严格，君臣分明，奕䜣居然如此不慎失礼，绝对是犯了大忌，正所谓细节决定成败，更何况慈禧太后本身就不是什么豁达之辈。

事实上，对于奕䜣的一些不慎做法，其下属也曾经提醒过他，例如同治三年秋，通政使王拯就曾经很婉转地以古人谨慎之法向奕䜣进言，不久后监察御史丁浩又劝告奕䜣勿骄盈，勿徇私，但是奕䜣却终究没有听进去。

在我国传统的政治环境中，疏忽、粗心的行为，往往会成为"小人"挑拨造谣的理由，当时当红太监安德海在奕䜣与两宫太后之间搬弄是非，他利用奕䜣在与太平军作战的艰难日子里，不拨给内务府钱财为由，在两宫太后面前诋毁奕䜣，这也是两宫太后越来越讨厌奕䜣的一个不可忽视的重要原因。

当然，奕䜣作为当时朝廷举足轻重者，无论是谁弹劾他，都不是要将他置于死地，即使两宫太后也没有这样的想法，只是想让他交出大权，回归自己该站的位置上去，甚至是下台或让位。

那么我们或许会产生疑问，奕䜣虽然有种种错误，实事求是地讲，并不像当初肃顺那样要将两宫太后架空，也就是说奕䜣只是言语和行为上不检点，并没有排斥两宫太后的想法，那么他们叔嫂之间关系的恶化，就不能简单地用权力之争来解释，如果从当时的政治背景来看待他们的关系，或许更为客观一些。

据《清史稿》记载：

方是时文宗升暇，载垣等赞襄政务，两宫越在数百里外，又当英法联军内犯京师播荡之后，内忧外患，一时交作，所恃以支持危局者，厥惟奕䜣一人。

《近代稗海》中也有一段话：

当文宗崩，穆宗孩提，天下又不靖，慈安柔顺不敢负重任，慈禧位卑又恐不孚人望，思得一重望之亲贵佐理之，于是廷议推奕䜣为议政王，总理军机大臣。此本为权宜之计，非永远定制也。

结合上述两段话来看，奕䜣在特殊的政治局面下登上政治前台，进而形成了与两宫太后联合执政的局面，这本身就不是一种正常的政治状态，算是一种过渡政权性质，等到政治局势安稳之后，皇权的唯一性决定了这种联合执政的方式，注定将会走向破裂，也就是说"权宜之计"与"非永远定制"是导致双方走向对抗的根本原因。

而且双方的合作执政基础是以祺祥政变为起点，在这场政变中，奕诉是两宫太后最终取得胜利的助推力，但是历史上以政治利益为合作基础，本身就不是一件牢靠的事情，或许在祺祥政变之后不久的时间里，两宫太后对奕䜣确实有一种感恩的心理，但这种感恩的心理并不能作为政治合作的保障，一旦感恩之心随着时间的推移消失殆尽的时候，也就是奕䜣该交出权力的时候。

如果考量双方的政治水平和处理政务的能力，奕䜣比两宫太后不知要强多少倍。与洋人签订《北京条约》后，大清帝国更需要一个洋人能够信服的人来主持中外合作，这个人非奕䜣莫属，总理各国衙门当时是个新生部门，如果没有一定的外交经验，是无法驾驭的，无论从朝廷面对的实际政局以及洋人们的脸色来看，两宫太后都不得不重用奕䜣，正所谓"采听其口齿以为从违"。

或许正像肖一山在《近代通史》中所说的：

慈禧敬重奕䜣，恩礼有加，非出由衷之诚，特不过利用之而已。既久而经验已熟，人望渐孚，自欲集大权于己身，乃窥其隙以惩抑之，亦势所必至者也。

恭亲王奕䜣从他在祺祥政变崭露头角开始，就注定了他的前途将会走向暗淡，皇权的唯一性不能允许他人酣睡在侧。

我们不能否认奕䜣是个英雄人物，但当大清帝国终于渡过最艰难的岁月，守得拨云见日时，奕䜣的使命也就终于完成，他的高光身份反而成了他最终退出政治舞台的助推力，记得汉初三杰之一的韩信，当年被缚于车时曾经仰天长叹：

果若人言，狡兔死，良狗烹，高鸟尽，良弓藏；敌国破，谋臣亡。天下已定，我固当烹。

韩信最终被吕后所杀，奕䜣被慈禧所贬，历史真是有惊人的相似之处，甚至说这是集权制度下，政治领域英雄人物的一种发展轨迹，和吕后比

起来，两宫太后虽然没有置奕䜣于死地，但我们不能就此感谢她们对奕
䜣的不杀之恩，毕竟大清帝国当时的政治生态与汉朝初年不同，需要说
明的是，从国家政体角度看，虽然名义上是两宫太后与奕䜣产生矛盾，
事实上慈安太后由于相对比较温和，所以只是充当搞倒奕䜣的一个服从
或者跟从者，慈禧太后才是真正冲锋在前的人，很多记载都是说慈禧与
奕䜣之间的斗争，这是比较准确的。

当然我们已经点出了奕䜣最终在这场斗争中的结局，事实上让奕䜣
交出权力必须要动用很多政治技巧，矛盾虽然已经公开，但接下来在实
际运作层面，慈禧还必须要动些脑筋，她十分清楚将一个庞然大物从自
己的眼前搬开，注定要撸起袖子费些气力。

3. 轩然大波

中国无数的历史事实已经证明，凡是阴谋打击政敌，从来都是不顾事实，既然慈禧太后已经公开她和奕䜣之间的矛盾，即使没有蔡寿祺的弹劾奏章，慈禧也总要找到其他理由，最终的目的是要让奕䜣交出权力。

同治四年三月七日（1864 年 4 月 2 日），两宫太后召见大学士倭仁、周祖培等内阁大臣，宣布事先已经写好的手书一诏，内容大体是如何处理奕䜣。由于慈禧太后文化水平不高，诏书中错字很多，甚至她自己在这些大臣面前都很不好意思，让倭仁和周祖培修改润色一下，两个人本就认为恭亲王奕䜣有些冤枉，于是趁机进奏，认为应该在诏书中加上"议政之初，尚属勤慎"这句话，也就是说对奕䜣至少要有一个客观公正的评价，当然如果未来有机会，这句话也可以当作为奕䜣求情埋下伏笔，同时也是证明在祺祥政变之后的那个时间段里，两宫太后任用奕䜣是没有错误的。

诏书修改之后，两宫太后命令下发到内阁迅速公布，不必经过军机处，诏书宣布"恭亲王罢军机，撤议政，命文详等办总理各国事务衙门事宜"。以后召见群臣，由惇亲王奕誴、醇郡王奕𫍯、钟郡王奕詥、孚郡王奕䜣等四人轮流带领。于是，军机处突然失去了恭亲王奕䜣作为主导，很多工作难以进行，枢廷几乎处于瘫痪状态。

当时对于两宫太后的这个决定，朝廷之内掀起轩然大波，奕誴立即上疏，希望朝廷能够再详细考虑一下处理奕䜣的决定，最好让王公大臣们集体讨论这个事情，在他看来，自古帝王要用人不疑，就算不用一个人也必须要有充分的理由，奕䜣自从实行议政权之后，虽然言行上有些失当，但被弹劾的那些罪名是查无实据的，如果强行罢免治罪，会引起朝廷内外的非议，更何况还有顾及洋人的感受，为了慎重起见，最好让王公大臣们集体决策。

按照辈分，奕誴是咸丰皇帝的兄弟，他的话在当时的朝廷中分量很足，因此，一天早朝之后，两宫太后召见孚郡王奕惠、军机大臣文祥等人，传令召集王公大臣，包括翰、詹、科、道到内阁开会，向众大臣传阅奕誴的奏疏和蔡寿祺的奏疏，一并进行讨论。当时很多人都认为，两宫太后召集大臣重新讨论奕䜣的问题，或许是回心转意，而且在朝堂之内讨论的时候，慈禧太后也表示要慎重对待此事，那些日子朝廷上下也传闻奕䜣有可能会继续辅政，可是就在大臣们认为会柳暗花明的时候，慈禧太后忽然改变了态度发布上谕：

恭王狂肆已甚，必不可复用，即如载龄人材，岂任尚书者乎？而王必予之。惇王今为疏争，前年在热河言恭王欲反者，非惇王耶？汝曹为我平治之！

当时谁都没想到，慈禧太后居然会想起几年前惇亲王怀疑奕䜣时所说的话，一时间所有人全都不知所措，大学士倭仁等人奉谕后，到内阁与六部九卿等大臣开会，不过让群臣十分不理解的是，此时文祥也带来了头一天面奉两宫太后时给军机处发布的懿旨：

恭亲王于召见时一切过失，恐误正事，因蔡寿祺折，不能降旨示惩。

悖亲王折，亦不能不交议，均无成见，总以国事为重。朝廷用舍，一秉
大公，从谏如流，固所不吝。君等固谓国家非王不治，但与外廷共议之，
合疏请复任王，我听许焉可也。

文祥传达的旨意居然与倭仁传达的旨意内容完全相反，当时所有大
臣相顾愕然，无所适从，纷纷议论到底两宫太后的葫芦里卖的什么药，
大臣们意见相左，谁都拿不定主意，于是只能决定暂时散会，次日再行
研究。

事实上，两道意见不同的懿旨，反映了两宫太后尤其是慈禧太后的
一种矛盾心理，李慈铭在《越缦堂日记》中，分析了这种矛盾的心理状态：

窃揣两宫之意，衔隙相王，已非一日，退不复用，中旨决然。徒以
枢臣比留，亲藩疏请，骤易执政，既恐危中外之心；屡黜宗臣，又虑解
天潢之体。攻讦出自庶僚，参治未明罪状，劫于启请，惭于更改，欲借
大臣以镇众议。且王凤主和约，颇得夷情，万一戎狄生心，乘端要劫，
朝无可倚，事实难图。故屡集诸臣审求廷辩，冀得公忠之佐，以绝二三
之疑。

在李慈铭看来，两宫太后与恭亲王奕䜣之间的矛盾并非一天，站在
她们的角度来看，绝不想再继续任用。可是由于许多大臣要求留任奕䜣，
如果马上撤职恐怕会失去人心，奕䜣又熟悉外交事务，如果立即罢免他，
担心洋人会借机生事，而且蔡寿祺弹劾奕䜣的罪状又查无实据，总要给
自己找个台阶下，因此发给倭仁和军机处的懿旨，表达出了相反的意思
也就可以理解了，这是想借大臣之请顺水推舟。

此时醇郡王奕譞从东陵赶回北京，听到两宫太后颁布懿旨的消息后，
立即上书为奕䜣求情，他认为奕䜣这么多年劳苦功高，即使言语行为上
有不检点之处，也不应该全部否定他的功绩，尤其是要防范某些人用别
人的疏漏之处，来制造政治事件，这是朝廷特别需要警惕的。

奕譞的话似乎有所指，但是说得确实在理，而且作为慈禧太后的小叔，同时又是妹夫，奕譞颇受慈禧太后的信任，可以说他的意见慈禧太后肯定会慎重对待。

奕譞上书的次日，内阁重新举行了王公大臣会议，对于奕诉的问题争论十分激烈。有的观点认为，家庭之事，人所难争；有的观点认为，奕诉屡次遭到非议，难道都是子虚乌有吗；还有观点认为：既然两宫太后已经颁布懿旨，万不可朝令夕改，反正当时参会的人都是议论纷纷，莫衷一是。

倭仁是一个道学先生，自认为亲受两宫太后手诏，便拿出自己写好的疏稿给大家看，并认为奕譞的奏疏可以不必讨论，可是倭仁的态度依旧是模棱两可，什么"以后如何施恩之处，圣心自有权衡，臣等不敢置议"，这种拉抽屉的话，让在场的人颇为反感。于是王公大臣推举肃亲王隆懃领衔重新起草一份奏疏，这封奏疏虽然言辞委婉，但是态度却十分明确，而且字里行间还有颇为坚决之意，让大臣们十分满意。当时奏疏写完后，签名的大臣达到七十余人。

这样一封颇有重量的奏疏递上去后，慈禧太后一下子被其中的肺腑之言所打动，当然作为一个精明的政治家，慈禧太后是不可能"以情为先"的。在她看来，扳倒奕诉需要一个长时间的过程，要顾忌的东西有很多，大臣们的意见就是其中之一，眼下既打击了奕诉，又为两宫争得了面子，暂时收手未尝不是一个好的选择，于是在三月十六日（4月11日），慈禧太后以两宫的名义发布谕旨。

谕旨中只恢复了奕诉"在内廷行走""管理总理各国事务衙门事务"的政治地位和职务，将"议政王""军机大臣"的实权革去，也就意味着奕诉不能进入枢廷参与国家机密事宜的讨论和决策，这算是慈禧太后开始独揽大权所施展的政治手腕。

　　对此，王公大臣们心中不服，次日奕譞上奏弹劾倭仁，并利用这个机会指桑骂槐，说某些人是不顾国体，任性妄为，公论俱在，明显带有讽谏的意味。军机处也查询了蔡寿祺的奏折系三月四日呈递，而两宫太后的手诏却说是三月五日呈递的，军机处提出了是不是还有一个折子的疑问，事实上是指出了内阁在行事上的其中漏洞所在，因为手诏言语不通，又将日期弄错，军机处根本无法存档。

　　军机大臣文祥、宝鋆、曹毓英等人也极力为奕䜣官复原职而奔走，他们想出两个主意，一是把慈禧安排奕䜣的内务府大总管的职位让出来，以取悦两宫太后，便于她们安插亲信，用度不受限制。另一个是由曹毓英代替奕䜣起草一份《请安折》，其实就是一份向两宫太后认错的悔过书。

　　众人当时都用韩信的例子来劝说奕䜣，告诉他大丈夫能屈能伸，忍耐和让步往往不失为成功的一种策略，奕䜣是何等精明之人，立刻同意了大臣们的建议，决定试一试。四月十四日（5月8日），奕䜣进宫向两宫太后谢恩，值得一提的是，见到两宫太后之后，奕䜣便流下了泪水，此时谁也无法说清他到底是怎样一种心情，究竟是悔过还是太委屈，也许是兼而有之，总之哭得恰到好处，而两宫太后也认为在奕䜣这里赚到了面子，在两个女人看来，这是奕䜣认输的表现，内心得到满足之后，两个女人发布上谕：

　　命恭亲王仍直军机，毋复议政。

　　两宫太后将奕䜣的"议政王"头衔拿掉，对于奕䜣而言等于是为他敲响了警钟，认识到自己和两宫太后的差距。据史料记载：此后恭亲王自是益谨。同时他也对两宫太后，尤其是慈禧太后的政治手腕有了更深刻的认识。对于奕䜣来讲，在政治逆境中，增长政治智慧的速度要超过顺境，此时的奕䜣比过往要更加通透，但是扳倒他的轩然大波虽然就此暂时平息，然而政治斗争的排他性，决定了这场斗争会再掀波澜。

4. 同治亲政

　　两宫太后与恭亲王奕䜣的斗争暂时告一段落，但是奕䜣从此每天都是战战兢兢，随着同治小皇帝渐渐长大，皇帝亲政事宜将逐渐提上日程，但当时朝廷上下全都看得出来，渐渐长大的同治皇帝对于学习、政务等问题并不感兴趣，相反对于玩乐倒是十分热衷，这不禁让朝臣们暗暗担心。

　　其实在同治皇帝的教育问题上，两宫太后是十分关心的，曾经在懿旨中明确指出皇帝学习的目的和原则，认为皇帝的学习不在于咬文嚼字，而在于修身养性，讲究总结历代治乱得失，进而惠及天下民生。当时由奕䜣向两宫太后奏准同治皇帝日常作息时间和功课内容，都有着一整套的完整方案，例如诵读与讨论，骑马练箭，祭祀事宜……都有着严格的规定。

　　在中国历代皇帝中，如果仅从个人素质角度来看，清朝的皇帝可以说算是比较勤政的，从努尔哈赤起兵，一直到咸丰皇帝，虽然国家一再衰败，但皇帝个人对于国事还是十分用心的，他们每天都召集军机大臣，要求亲自批阅内外大臣的奏章。为了能够胜任这些烦琐的事务，就得需要一定的文化知识和政治素养，因此清朝皇帝对皇子的教育也比较严格，对即位时年龄较小皇帝的要求就更为严格，由于即位的小皇帝不是像皇子那样可能当皇帝，而是已经当上了皇帝，不学会这些功课是不可能当好皇帝的，因此学习任务十分繁重，一年中可以放假不上学的日子只有年假、灯节、寿诞、端午、中秋等三十多天，最多加上暑假的半月假，共计也就四十多天。

同治皇帝即位的时候，大清帝国已经江河日下，因此一年四十多天的假期也仅仅是一种美好的愿望，当时对于同治小皇帝要求严格的不止两宫太后，还有亲王和各位师父，例如同治二年十月小皇帝刚满八岁的时候，大学士李鸿藻与祁寯藻、倭仁等联合上疏：

皇上冲令御极，智慧渐开。当此释服之初，吉礼举行，圣心之敬肆于此分，风会之转移于此始。玩好之渐可虑也，游观之渐可虑也，兴作之渐可虑也。嗜好之端一开，不惟有以分诵读之心，而海内之仰窥意旨者，且将从风而靡，安慰治乱之机，其端甚微，而所关至矩，可无慎乎？伏愿皇上恪遵慈训，时时以忧勤惕厉为心，事事以逸乐便安为戒。屏玩好以节嗜欲，慎游观以定心志，省兴作以惜物力……

从这篇奏疏我们可以嗅出一丝大臣们对当时小皇帝厌烦读书的一种担心味道，不过那个时候皇帝毕竟年龄还小，李鸿藻等人的上疏也只是稍加提醒，包括两宫太后在内的所有人都坚信，在严格的教育下，小皇帝未来一定会成为一个合格的守成君主。

然而随着时间的推移，人们渐渐发现同治皇帝的心思似乎并不在学习上，虽然也在十四岁的时候写下过一篇"任贤图治"的好文章，里边有"治天下之道，莫大于用人"等精彩论述，但总体来看，同治皇帝的学习效果比较差劲，史书上的记载是："语言寒吃，诗亦无成诵，论文多别字，读折不成句，讲《左传》则不了了之，背《大学》皆不能熟。"

皇帝陛下这种糟糕的学习状况，当然引起了两宫太后的注意，作为生母，慈禧太后虽然多次当面严厉训诫，但并没有什么效果，对于已经过了十四岁，即将要亲政的皇帝来讲绝对不是什么好事。

今天我们一提起同治皇帝，似乎总有一种纨绔子弟、贪玩厌学的印象，但仔细分析史料，评判同治皇帝并不能仅从他的个人素质去评价，翁同龢在同治皇帝的教育问题上，曾经有过这样一句话：

盖督责过严，诸事拘泥，其实不至如是也。

丁国钧在《荷香馆琐言》中也有一段记载：

毅皇帝尝与翁师傅言，自谓当差劳苦，盖每日须至太后前问安侍善，太后召见臣工必同临朝，又须至弘德殿读书也。

由此可见，同治皇帝将读书学习比作"劳苦当差"，说明他对读书学习已经很是厌烦，导致他这种厌烦的很可能是师父们的教育过于严苛，而这种严苛又一定是遵从两宫太后尤其是慈禧太后的旨意。宫廷的各种礼仪就已经严重束缚了人的天性，再加上严苛的教育手段，使得同治皇帝过早地失去了玩耍的自由，不得不受到宫廷种种清规戒律的束缚。

据《清史列传·徐桐传》记载：

穆宗每日黎明御弘德殿，讲读不逾二时，膳后满、汉功课一时可毕。桐与倭仁等奏以为一日之中，晷刻方长，宜兼习政事，现在召对内外诸臣，皇上御殿入座，嗣后拟于召对军机时，并请皇上入座，从之。

这段记载可以看出，同治皇帝当时虽然贵为皇帝，每天上朝时虽然居中而坐，但因为两宫太后身在两侧，所以不敢有丝毫不合乎礼数的行为，以免有失人君的风度。

这样一来，在皇宫之内同治皇帝就彻底失去了自我，学习中要按照两宫太后严苛的教育手段做，面对大臣时又要顾忌两宫太后的感受，无论在行为上还是精神上，同治皇帝都没有一点自由的空间，让他更加厌烦自己所处的环境，更不要说读书学习。这就形成了一种恶性循环，我们也就能够理解，同治皇帝为什么在渐懂"人事"之后，总喜欢跑去狎邪之地的原因所在。

同治皇帝就是在这样一种状态下，于同治十二年正月（1873 年 2 月）开始实行了亲政，在此前一年，慈禧太后亲自为儿子选妃立后，不过同治皇帝似乎对母后选择的人并不感兴趣，以至于到他去世时，都没有自己的子嗣。

同治皇帝亲政对于西方列强来讲，也算是告别了一个旧时代，在实行亲政大典的第二天，俄、德、美、英、法公使联合照会总理衙门，请求觐见皇帝陛下，以表示对皇帝亲政的祝贺，面对洋人的主动示好，清政府也表现出了极大的诚意，但是双方因为礼仪问题再次产生了分歧，焦点就在于是否要行跪拜礼。

总理衙门大臣代表文祥认为公使们一定要行跪拜礼，而各国公使则坚持行免冠鞠躬礼，双方为此争执不下，最终同治皇帝让李鸿章想办法解决此事。李鸿章的态度是，目前朝廷正值发展之际，不能得罪洋人，各国使臣觐见，朝廷不要拘泥于礼节问题，以显示朝廷的大度。当时面对李鸿章的建议，朝廷内很多人表示不能理解，天朝上国自应该有其威严，怎么可以随便迁就西夷？

就在大臣们争论不休的时候，日本派外相副岛种臣作为全权大臣，来中国交涉生番杀害琉球百姓的事件，在天津与李鸿章见过面后，日本代表团便前往北京，副岛种臣命副使柳前原光与总署大臣商议觐见皇帝陛下事宜。当听到要实行跪拜礼的时候，副岛种臣立即拒绝，最终经过双方的一番交涉，免除跪拜礼，日本代表与各国使臣一道觐见皇帝陛下。

同治皇帝亲政后的这次各国使臣觐见，其实是一次彰显新朝廷威严的绝好时机，但是因为觐见的礼节问题，在很多人看来朝廷似乎没有挣得脸面，大臣们私下议论纷纷，认为这是皇帝陛下听信李鸿章意见的结果，而之所以皇帝陛下会听信，是因为他还欠缺皇帝的威严，换句话说同治皇帝欠缺亲政的能力。

与此同时，朝廷上下开始不由自主地倾向皇帝的生母慈禧太后。事实上同治皇帝大婚之后，慈禧太后就已经开始考虑归政事宜，这个精明的女人十分清楚，自己之所以要走到朝廷政治前台，算是临危受命，丈夫死得早，儿子又小，慈安太后是个好人，但是欠缺政治能力，朝廷上下只能是自己独自撑着，现在好不容易皇帝长大成人，自己也上了年纪，所以慈禧太后开始考虑还政。

对于慈禧而言，这些年她每时每刻紧绷着神经，现在皇帝已经亲政，她想为自己找个清静的、风景秀丽的地方彻底放松一下，为此慈禧太后面谕军机大臣，想要搬出此前的住处乾宁宫，为皇帝理政创造一个自由的空间，甚至提议重修被英法联军烧毁的圆明园。慈禧的这个想法恰恰正中同治皇帝的下怀，这样可以尽快摆脱母后对自己的束缚，倒不是说他可以完全甩开膀子按照自己的设想去处理政务，而是可以随时不再受母后的监督悄悄出宫……

为此同治皇帝特意下了重修圆明园的诏令，而且也身体力行筹措了不少银子，但是朝廷上下很多人却不以为然，认为重修圆明园太浪费人力物力，而亲王奕訢就是其中的代表。当时很多人都看着奕訢的脸色行事，虽然奕訢没有公开表态反对重修圆明园，但是他对皇帝陛下交办自己筹措银子这件事，态度并不积极，因此很多人开始议论纷纷，认为重修圆明园是多此一举。

大臣们议论纷纷，重修圆明园的事遇到了阻力，这让同治皇帝很是来气，不过这个当时十八岁的年轻皇帝虽然血气方刚，但听到大臣们对重修园子的事有意见时，还是耐着性子召见了奕訢、奕譞以及御史等众多亲王大臣，试图以礼来说服这些人。

"你们都是有父母的人，在你们中间会出现父母想要做什么，你们故意反抗什么吗？"同治皇帝开门见山，话语十分尖刻。

没等亲王们开口，御史游百川回应道："皇太后想要颐养天年，不如就近将西苑装修一番，作为太后经常临幸之地，这样也不用耗费多少银子，操作起来也比较简便。"

显然游百川是在变相回击同治皇帝，然而让人想不到的是，同治皇帝居然不知道西苑在什么地方。

"西苑？在哪里？"

"就是南、北、中三海。"游百川连忙解释道。

"哦！好啊！这样吧，你写个折子呈上来吧。不，你现在就写，写完当即交给朕。"同治皇帝显然是在叫板。

"臣不敢！"

"让你写你就写，难道你在朕面前说的话想收回去不成？"同治皇帝怒道。

最终游百川不得已，只得硬着头皮写了几句呈递了上去，同治看罢将奏折狠狠地扔在了龙书案上，然后厉声说道："游百川的奏折就算是你们提建议尽忠的证据了，今后不得再有人提兴修三海之事。"

其实谁都明白，这次君臣间的对话，同治皇帝态度如此强硬，并不是针对游百川，而是针对那些亲王，尤其是恭亲王奕䜣。同治皇帝心里也十分清楚，先前两宫太后和奕䜣之间已经产生了矛盾，现在他正好可以利用重修圆明园这件事来进一步打压奕䜣这个朝廷大佬，只要摆平了奕䜣，就可以顺势让那些阻止自己摆脱太后的大臣闭上嘴巴，但是他或许想不到，此后的做法却与他的初衷背道而驰。

同治十三年正月（1874 年 3 月），在同治皇帝的催促下，重修圆明园的各处工程正式开工。慈禧太后与同治皇帝亲自执笔绘图，并时常亲临各处工地进行视察。虽然工程已经开始，但朝廷内的反对之声并未平息，而且在五月的时候，又发生了"木材案"。广东商人李光昭贿赂内务府大臣贵宝、文锡，并勾结相关太监，声称从四川采运很多好木材要用于重修圆明园，其实这些木材都是从洋人那里购买，总共花费五万多洋元，却虚假报价为三十余万，而且也根本没有付给洋人。洋人向朝廷控告这件事，经四川总督核查此事，从没有商人在四川采购木材，于是案发牵连出来很多贪官。

木材案的发生说明重修圆明园这件事存在很多弊端，不仅仅是耗费钱财这么简单，当时恭亲王奕訢和醇亲王奕譞利用"木材案"，约集御前大臣和军机大臣十余人联名上疏，提出八项主张，即：停园工、戒微行、远宦寺、绝小人、警宴朝、开言路、惩夷患、去玩好。

事实上，奕訢等人提出的主张，已经超出了重修园子一事的范围，同治皇帝也看出来这是亲王大臣们在自己亲政后对新朝廷提出的要求。他明白这八条说得都对，但利用重修园子一事说出来，这让他十分不高兴。

因此同治皇帝当着奕訢等人的面，没等看完奏折便大声说道："我不停工又如何？你们哪那么多废话？"

奕訢耐着性子道："奏折的内容还有很多，不仅仅是停工一件事，还请皇上容臣宣诵……"

"朕这个位置让给你如何？"没等奕訢说完，同治皇帝怒不可遏地高声喊道。

同治皇帝的这句话顿时让奕訢倍感尴尬，一时间瞠目结舌。站在一旁的大学士文祥见状，灵机一动立即站出来解围，哭着跪在地上请求同治皇帝下令停止重修圆明园，试图以此转移同治皇帝的视线。

但是同治皇帝似乎不为所动，虽然当即让这些人暂时散去，不过还是在几天后召集亲王大臣，以恭亲王奕訢"无人臣礼"为理由，下诏要严加惩处，要将他降为不入八分辅国公，并撤去军机，开去一切差使，交宗人府严议，同时也免去奕䜣之子载澂的贝勒郡王头衔，免去其御前大臣上行走，只是因为惇亲王、醇亲王苦苦相劝，才同意恢复奕䜣的军机大臣职务。

在同治皇帝看来，自己不断打压恭亲王奕䜣，其实就是在替两宫太后出气，自己做了两宫太后想做却不能明做的事情，而且借机又能消除反对重修圆明园的声音，进而摆脱太后的管束，这可真是一举三得。于是在这种思想支配下，同治皇帝在稍晚些时候，发布了一道朱谕：

传谕在廷诸王大臣等，朕自去岁正月二十六日亲政以来，每逢召对恭亲王时，语言之间，诸多失礼。著加恩改为革去亲王世袭罔替，降为郡王，仍在军机大臣上行走，并载澂革去贝勒郡王衔，以示惩儆。

惩处完奕䜣，同治皇帝依旧觉得不解气，次日又拟定召见群臣，宣布将建议停止重修圆明园的十多名亲王大臣尽皆革职。做完这一切，同治皇帝才算是舒心了，他认为此举一定会称两宫太后的心思，但是他万万没想到，就在他即将召见群臣的时候，两宫太后来到他这里，对他进行了严厉的教训，并撤销了他此前宣布的上谕。

《清史稿·穆宗本纪》对这个过程有一段记载：

秋七月庚午谕责恭亲王召对失仪，夺亲王世袭，降郡王，仍为军机大臣，并革载澂贝勒郡王衔。

八月辛未朔，懿旨复恭亲王世袭及载澂爵衔，训勉之。谕修葺三海工程，力求撙节。

这个记载证明了重修圆明园事件以暂时停工而结束，可以看出，同治皇帝并没有真正的权力。虽然两宫太后此前与恭亲王奕䜣的矛盾很深，但还没有想打破朝廷人事格局的想法，不过这样一来就不可避免地产生了新的矛盾，那就是同治皇帝与两宫太后主要是慈禧太后的矛盾。

5. 两宫再听政

同治皇帝亲政以后，与生母慈禧太后的关系十分微妙。一方面他要尊重自己这个强势的母亲，另一方面作为皇帝他又必须处理好与母亲的权力分配问题。两宫太后最终否决了他处理奕䜣等朝臣的决定，同治皇帝意识到自己虽然已经亲政，但并没有实权，自己身后的强势母亲才是最有权力的人，也就是从此时开始，同治皇帝与慈禧太后的关系开始恶化，据史料记载，她们母子之间的恶化关系已经成为朝廷内公开的秘密，甚至到了同治皇帝向两宫太后请安时，和慈安太后很聊得来，但和生母慈禧却无言以对的地步。

这种现状从英国人普兰德、白克好司所写的《慈禧外纪》中也能得到证实：同治皇帝执政之初，往往不愿意将自己处理的所有政务都向慈禧报告，虽然慈禧名义上也已经归政，但出于母亲关心儿子的角度，慈禧依旧对同治皇帝亲政不放心，因此很多事情还是自己做主，这样一来就让同治皇帝明白一个道理，凡是慈禧太后有旨意，不能反对只能顺从，只能得其欢心。

由于自幼就被管教束缚，加上亲政后也只是个傀儡，久而久之本就兴趣广泛的同治皇帝，开始厌倦处理政事，将注意力转向了如何玩乐。据史料记载，当时太监中有人看到同治皇帝似乎闷闷不乐，便出主意说化装悄悄出皇宫，到京城民巷里去玩耍，其实谁都知道所谓的"民巷"到底是个什么场所。

当时大学士李鸿藻发现了同治皇帝悄悄出宫的问题，对于他这个秉承两宫太后旨意，负责教育皇帝陛下的老臣而言，堪称责任重大。他发现问题后立即直言进谏，提出了"屏无益之游观"的观点，就是希望同治皇帝不要私自出宫，拒绝那些低级庸俗的犰邪，而且为了让同治皇帝彻底能够警醒，李鸿藻在同治十三年特意为两宫太后上了一份奏折，字里行间透露出皇帝陛下现在不务正业，并暗示同治皇帝可能进行某些低级庸俗的活动。

如果仅仅从本国人的只言片语，我们或许对同治皇帝当时的生活状况认识得较为片面，但是洋人的一些描述中也可以得到证实。马士在《中华帝国对外关系史》一书中写到同治皇帝时说：对于他自己宫廷的欢娱还不满足的同治皇帝，曾同一伙挑选出来的年轻满洲贵族，养成了一个浪迹北京的野游习惯，而在这些宵游夜宴之中，他耽缅于饮宴，并且伴游于中国城（南城）的最下等的欢乐。

而且在朱寿朋的《光绪朝东华录》里也记载了，在同治皇帝病逝后，慈禧太后一连发了几道诏书，严惩了曾与同治皇帝一起野游的官员和太监，进而更加印证了同治皇帝生前野游行为的荒诞不经。

当时包括两宫太后在内的很多人都只想到，皇帝这样野游对他的思想和心理会产生极为不利的影响，换句话说肩负着中兴大清帝国重任的皇帝可不是这样当的，但事实证明，谁都没有想到对于同治皇帝而言野游所带来的对思想和心理的影响，倒还处在次要地位，最重要的是这位正处在风华正茂年纪的皇帝陛下，居然突然病倒了。

同治十三年十月（1874 年 12 月），同治皇帝突然一病不起，完全不能处理政务，只好宣布由军机大臣李鸿藻代理批答奏章。李鸿藻是帝师，是同治皇帝十分信任的人，但他毕竟是汉人，在那个看重满汉之分的时代里，让一个汉人代理朝政是不合乎体制的，因此同治皇帝只得让最具威望的恭亲王奕䜣暂时代理。奕䜣虽然此前受到同治皇帝的打压，但他依旧是朝廷内不可或缺的人，让他主持朝中政务倒是顺理成章，但让人不解的是，五天后同治皇帝发上谕：内外陈奏事件均由皇太后批揽裁定。

没有证据能够证明慈禧太后在其中有什么运作，但是联想起此前慈禧太后与恭亲王奕䜣的矛盾，以及她与儿子之间的隔阂，再审视这个女人的强势性格，我们猜测同治皇帝病重期间趁机收回权力很可能是慈禧的本意。

不过当时并没人太在意这件事，人们都认为等皇帝陛下康复了，一切还会恢复原样，但就在同治皇帝发布归政慈禧的二十五天后，他在养心殿东暖阁忽然驾崩，年仅十九岁。

关于同治皇帝之死，史料是有着各种记载，从卧病不起到一命呜呼共计三十六天。有的说死于天花，有的说死于梅毒，但从同治皇帝得病之初御医李德立和庄守和的诊断来看，确实是天花的症状，至于说是因梅毒而死，大多是因为同治皇帝在外野游而产生的联想，史料上并没有明确的记载。

而且历来为史家所重视的晚清重要史料《崇陵传信录》，也记载了同治皇帝得的是天花：

惠陵山仙，实系患痘，外传花柳梅毒者非也。甲戌十二月初四日，痘已结痂，宫中循旧例谢痘神娘娘，幡盖香花鼓乐，送诸大清门外。是日太医院判李德立入请脉，已报大安，两宫且许以厚赏矣。夜半，忽急诏促入诊，踉跄至乾清宫，则见帝颜色大变，痘疮溃陷，其气甚恶。德立大惊，知事已不可为，而莫解其故，未久即传帝崩矣。

很多人都不明白当时同治皇帝病情为什么会突然恶化，依旧是《崇陵传信录》中，还有着这样一段记载：

孝哲毅皇后为侍郎崇绮之女，明慧得帝心，而不见悦于姑，慈禧太后待之苛虐。初四日不知何事复受谴责，后省帝疾于乾清宫，泣愬冤苦。帝宿宫之暖阁，屋深邃，苦寒，中以幕隔之。慈禧侦后诣帝所，适闻后语，帝慰之曰："卿暂忍耐，终有出头日也。"慈禧大怒，揭幕入，牵后发以出，且行且痛挟之，传内廷备大杖。帝惊恐且悲，坠于地，昏晕移时始甦，痘遂变。慈禧闻帝疾剧，始释后，而诬以房帏不谨，至圣躬骤危云。

由此可见，同治皇帝病情突然恶化，与慈禧太后在其病重期间虐待皇后有着很大关系，而且通过上述记载来看，同治皇帝的养病环境堪称恶劣，这也印证了母子二人在权力分配问题上有着很深的矛盾。

我们不能否认慈禧太后确实有归政之心，但是同治皇帝亲政后的所作所为，尤其在处理因重修圆明园一事所引发的人事问题上，同治皇帝的鲁莽与幼稚，让慈禧太后并不放心这个思想还不成熟的儿子来亲自处理政务，所以同治皇帝病倒伊始，她便将大权收归于己，对于这一点翁同龢也在日记中记述了同治皇帝病情恶化之后，同一天慈禧太后是如何将权力收归己有的过程。

同治皇帝是在十一月八日病情开始恶化的，当天慈禧太后在同治皇帝的病房里召见军机大臣、御前大臣，先让大家看看同治皇帝的病情，然后让大家讨论皇帝陛下不能批阅奏章该怎么办，当时有人提出让慈禧太后代为批阅时，就让大臣们回去写奏折，没等大臣们走出去，慈禧太后又召见大臣，让这些人去逼着同治皇帝表态。

次日两宫太后又在同治皇帝的病房里召开军机大臣、御前大臣会议，同治皇帝病重之下无暇顾及其他，只得更改此前让奕䜣代批奏章的决定，谕令奕䜣：天下事不可一日稍懈，拟求太后代阅折报，一切折件，俟百日之喜，余即照常好生办事。

由此慈禧太后重新收归大权，刚刚亲政不到两年的同治皇帝，内心是痛恨与悲伤、焦躁与不安交织在一起，使得病情越发严重，最终走向了死亡。

同治十三年十二月五日（1875年1月12日）同治皇帝驾崩于养心殿，这位只有十九岁的青年皇帝，还没来得及施展拳脚便驾鹤西去，值得一提的是，同治皇帝是清朝皇帝中最短命的一个，但与此对应的却是重新接替他掌握大清帝国实权的慈禧太后，此后却执掌帝国三十多年，实在让人唏嘘不已。

当然，慈禧太后掌握大清实权，却不能拥有实权的"皇帝"头衔，毕竟大清帝国不是开放包容的大唐，可以孕育出武则天那样的女主，现在摆在慈禧太后面前的，是尽快寻找一个合适的皇位继承人。

6. 重掌大权

两宫太后尤其是慈禧太后在同治皇帝病重后，已经开始着手寻找继承人，毕竟同治皇帝没有子嗣，只能从旁系子弟中寻找，但就是这个继承人的问题，在晚清的历史上还是留下一桩悬案。

据说同治皇帝临死时，让帝师李鸿藻起草了一份《遗诏》，其中就涉及继承人问题，想让载澍继承大位，这一点《满清外史》《清宫遗闻》《崇陵传信录》里都有记载。不过生于同治九年十月的载澍，本名载楫，改名叫载澍是因为在后来光绪四年的时候，孚郡王奕譓之子载沛去世，两宫太后发下懿旨，将奕瞻之子载楫改名为载澍，过继给奕譓为子。

但是我们不能就此否定同治皇帝遗诏中没有提到传位载澍，有论者认为遗诏传位载澍失实，在我看来未免显得过于武断，而且记载载楫改名载澍的《满清外史》和《清宫遗闻》等史料都是后人所写，里边的错误只是人名用词不当，并不能直接证明确无其事，事实上称呼载澍也并不能说完全错误，这就好像称呼同治皇帝生前为穆宗、咸丰皇帝为文宗一样，只是史家的习惯用语，虽然并不精确，但不影响大局，因此同治皇帝遗诏传位载澍是有可能的，关键就在于这份《遗诏》在当时的政治环境下，有没有可能立下。

同治皇帝并不是暴病身亡，他在养心殿东暖阁内的病房里，从十月三十日下午发病到十二月五日病死，前后三十六天的时间里，病情不断反复，时而加重时而好转，作为一个皇帝，同治皇帝是不可能想不到继承人问题的，而且也完全有充裕的时间和精力去亲自起草或者口授遗诏。

从清朝的传位家法角度来看，十九岁的同治皇帝虽然不爱学习，但毕竟受了那么多年的教育，而且教他的人都是帝国的顶尖大学问家，同治皇帝至少说算是个有文化的人，他不可能不懂得祖训家法，也绝不可能忽视继承人问题，更何况当时他的身边还有皇后和大臣，完全可以及时提醒他。

朱寿朋的《光绪东华朝实录》中记载了这样两条信息：

穆宗毅皇帝弥留时，遗诏以嗣皇帝仁孝聪明必能仰承付托。

（同治十三年十二月辛巳）颁大行皇帝遗诏。

既然同治皇帝弥留时有遗诏，那么《满清外史》《清宫遗闻》《崇陵传信录》等史料，里边写到的同治皇帝留有遗诏是可信的，遗诏中或许说的内容不同，但是遗诏文本确实应该存在，可是后来的事实却证明了皇位的实际继承人并不是同治皇帝生前心仪的人。

从当时慈禧太后收归权力为己有的情况来看，这个精明的女人十分明白立一个易于把控的继承人是独揽大权的关键所在，所以选择一个什么样的继承人，是慈禧太后必须要谨慎面对的，而且从当时的情况和舆论来看，同治皇帝的皇后阿鲁特氏即将要出生的孩子最有可能成为继承人。

问题的关键是，阿鲁特氏与慈禧太后婆媳之间矛盾很深。

导致这种矛盾产生的渊源，是源于阿鲁特氏本就不是慈禧太后心中的理想皇后人选，她的理想人选是慧妃，阿鲁特氏之所以最终能成为皇后，是因为慈安太后和同治皇帝意见一致，慈禧太后不好太反对，但婆媳之间从爱好到作风都不合拍，皇后对慈禧太后也不是特别尊重，现在同治皇帝已经去世，慈禧太后大权独揽，阿鲁特氏的命运可想而知。

如果阿鲁特氏没有怀孕，或许她的命运会好一些，但就是因为肚子里的孩子，所以慈禧太后想要置她于死地，因为这个孩子一旦成为继承人，阿鲁特氏将成为太后，继而成为听政者，这样一来慈禧太后就会失去染指权力的机会。

《近代稗海》中记载：

时皇后虽有孕，尚无他皇嗣。两宫皇太后议立新帝于养心殿，王公大臣宗室等咸在，慈安本属意恭王之子，欲于会议发表己意，然讷于口，期期未可也。慈禧即谗言曰："皇后虽已有孕，不知何日诞生，皇位不能久悬，宜即议立嗣君。"恭王抗声曰："皇后诞生期当不久，应暂秘不发丧，如生皇子，自当嗣立，如生女，议立新帝未晚也。"众似赞同此议。慈禧曰："不可，今南方未靖，中朝无主，何以安镇人心？国本动摇，良非细故。"军机大臣皆称是。

通过这段记载可以看出，慈禧太后为了以防万一，阻止这个孩子即位是事实，而且后来光绪五年吏部主事吴可读在惠陵奉安时，上疏以死谏为同治皇帝争嗣，就是针对慈禧太后不为同治皇帝立嗣的抗议。

那么，既然同治皇帝留有遗诏，而且在其死后朝廷也涉及立遗腹子为继承人，但结果却是继承人另有其人，唯一的可能就是慈禧太后利用自己的权威，毁掉了遗诏，然后成功阻止了立同治皇帝遗腹子为继承人，而且通过史料记载来看，在确定继承人后，阿鲁特氏的死很可能与慈禧太后脱不了干系。

《满清外史》记载：

及载淳殂，载湉立，阿鲁特氏以与所草之遗诏不符，剧悲痛。事为那拉氏所知，急召至。遽批其颊曰："尔既害吾子，尚思作皇太后耶？"阿鲁那特氏跪于地，泣不止。久之始还宫，益痛不欲生。旦夕悲啼目尽肿。一日，崇绮入视，知其状，奏闻。那拉氏曰："皇后如此悲痛，即可行随大行皇帝去罢。"崇绮出，未移晷，而阿鲁特氏之凶耗至，年仅二十有二。

《满清外史》虽然明为"外史"，但正所谓"无风不起浪"，虽然史料上没有明确记载阿鲁特氏是慈禧太后所害，但正统史料上则记载了她是自杀，综合多种史料来看，慈禧太后即使不是杀害阿鲁特氏的凶手，也有逼迫其自杀之嫌。

在同治皇帝去世后，关于继承人的问题，并不是像此前的那些皇帝比较容易解决。两宫太后、王公大臣都从自身利益出发，对继承人都有不同的心仪对象，以至于在争论同治皇帝遗腹子是否应该继承大统的同时，还有很多种声音，例如有说立恭亲王奕䜣之子载澂的，甚至有希望奕䜣继承大统的，但最终在慈禧太后的主张和坚持下，继承人选定了当时只有四岁的载湉。

载湉是醇亲王奕譞之子，慈禧太后之所以会选定这个孩子为继承人，原因在于他首先是咸丰皇帝的亲侄子，从血统来看属于近支，比旁支要占有优势，而且载湉的母亲是慈禧太后的亲妹妹，从关系上载湉又是慈禧太后的内侄，这种特殊的双重身份是其他人所不具备的。

从政治角度来看，奕譞既是慈禧太后的妹夫又是小叔，奕譞在祺祥政变中为慈禧太后立下过汗马功劳，这种政治上的可靠性让慈禧太后很有安全感，而载湉只有四岁的年龄，正适合慈禧太后继续听政的要求，于是在慈禧太后的坚持下，正式以两宫太后的名义发布懿旨，宣布立载湉为皇帝。

由此两宫太后得以继续垂帘听政，慈禧太后则继续掌握大清帝国的实际权力，载湉继承皇位的 1875 年慈禧太后三十九岁，慈安太后三十八岁，人到中年正是政治经验日渐增多，走向成熟的时候，为了掩饰自己听政的本质，慈禧太后不久后又发布懿旨，宣布垂帘听政实属迫不得已，完全是因为皇帝年龄幼小，等到皇帝长大成人，学有所成之时，一定会立即归政。

当时所有人虽然表面称赞慈禧太后英明至极，但内心全都明白，这个将权力视为神一样印记的女人，是断然不会轻易放弃已经得到的权力，人们只寄希望于小载湉早日长大，同时不要像他的堂兄同治皇帝那样纨绔不堪，能够承担起皇帝的责任，待太后逐渐老去，皇帝陛下能够顺利掌握本属于他的权力。

第四章

洋务自强

当历史的车轮行进到1840年时，以天朝上国自居的大清帝国终于迎来了比它更强的洋枪洋炮，大清帝国迫不得已开始睁眼看世界。随着时间的推移，高层统治者越来越认识到，原来自己并不是世界的中心，这个国家想要生存下去，甚至融入世界体系之内，就必须遵循弱肉强食的丛林法则，那些早已生锈的刀剑，那些暮气沉沉的八旗子弟，已经无法继续承载大清帝国富强的梦想，而一场太平天国风暴更是让高层统治者认识到，如果再不变法自强，大清帝国恐怕会永远走进历史，最终成为历史名词……

1. 洋务倾向

　　同治皇帝在位十三年，虽然因为年龄的关系，没有等到真正承担责任便早早去世，却并没有妨碍清帝国从国家层面开始一场洋务自强的运动。当同治皇帝和身边的太监们在北京的那些烟花柳巷中"野游"时，朝廷中那些有志的大臣们正在努力地向西方学习，当然以今日视角来看，他们仅仅学到了皮毛，但毕竟负担沉重的老大帝国，还是迈出了"谦虚把头低下来"的一步。

　　既然是向西方学习，那么主张学习的人就必须有倾向西方的观念，或者说有认识学习西方必要性的思想。当时恭亲王奕䜣是典型的代表，李鸿章、左宗棠紧随其后，但仅仅依靠奕䜣和李鸿章等人也实现不了一场洋务运动，这样的一场国家行为必须是有一个集体所为，或者说是一个派别，今天我们称之为"洋务派"，而与之对应的则是保守派。

　　当时除了奕䜣、李鸿章、左宗棠之外，沈宝桢、刘铭传、丁日昌等一批封疆大吏都是倾向洋务运动的人，而与之观念对立的则是倭仁、徐桐、李鸿藻等人，甚至包括后来也倒向洋务的张之洞。

　　从形势对比来看，当时高层内洋务派的人明显少于保守派，毕竟在那个还没有完全脱离老大帝国陈旧思想的时代里，产生向西方学习思想的人，在朝廷内还是有些异类色彩，毕竟这些人和国内传统的思想有些偏离，个别思想超前的官员，例如郭嵩焘由于长年做外交官的经历，对世界体系和大势走向，看得肯定比国内的人要明白得多，但如果定力稍为不足，就很快会被保守腐朽的官场所同化，所以真正在洋务运动中起作用的还是李鸿章、左宗棠等中兴之臣，这些人有权势、有威望，即使是慈禧太后，在国家发展的问题上，对这些人也得礼让三分。

但是，洋务运动的背景毕竟是一个封闭已久的帝国在经过不断被外夷羞辱，以及内部动乱不堪之后才有的举动，带着一种不得已求变的色彩，因此李鸿章、左宗棠等人虽然也意识到国家需要变革，需要放下身段学习西方，但骨子里更多的只是权宜之计，其思想深处并没有摆脱"师夷长技以制夷"的局限，这就决定了洋务运动在实际操作层面不可能有一个全面系统的战略发展规划，充满了盲目和蛮干的特点。

大清帝国经历两次鸦片战争，领教洋人的厉害之处是从洋枪洋炮开始，因此洋务运动的起点也是从购买洋枪洋炮开始。有了洋枪洋炮的大清帝国本以为可以让洋人收敛起锋芒，但是经历了一次又一次战争之后，他们才明白原来只拥有洋枪洋炮还不行，还必须拥有一支配得上洋枪洋炮的勇猛军队。因此李鸿章等人的洋务观念开始拓展，在自己组建的军队中，请洋人充当军队顾问教习洋操，向他们学习如何使用洋枪洋炮。

如果说两次鸦片战争让洋务派们首先认识了洋枪洋炮对于大清帝国的重要性，那么经历了太平天国的风暴之后，洋务派们开始形成一致的观点——购买洋枪洋炮不如自己生产。

大清帝国的高层们对于在镇压太平天国的过程中，洋人们摇摆不定的态度可谓是记忆深刻，如果不是"长毛"匪首们自断与"洋兄弟"的情谊，洋人究竟倾向于哪一方真是未可知。如果洋人真的倾向了太平天国，那么也就不会再有清政府借师助剿的出现，更加谈不上近距离感受到洋人军队的战斗力，所以前边我们也说过，从某种角度而言，是太平天国这场风暴，让清政府下定决心变革。

成功镇压了太平天国之后，洋务派的首领们达成一致意见，开始尝试兴办军工企业，就是希望大清帝国能够自己制造先进的枪炮，不再依赖洋人。例如当时的曾国藩创办的安庆军械所、李鸿章创办的江南制造总局、左宗棠的福州船政局都是军工企业的代表。一开始这些企业都是热情似火，如火如荼地进行生产，但随着时间的推移，除了李鸿章的江南制造总局一直存在，大部分的军工企业逐渐走向衰败和枯萎，原因就在于当时的中国没有工业基础。

西方的军工制造业是建立在强大的工业基础之上，而那个时候的大清帝国还不知道工业为何物，对西方的制造业更是一无所知，建立军工企业制造武器，等于是在一个只知道农业的国家里，走捷径取得西方尖端的工业成果，这简直就是天方夜谭。

当时李鸿章、左宗棠们并不知道洋人的军工制造业其实是科技和工业结合作用下的金字塔尖，其中需要各种门类作为支撑，例如钢铁、火药、矿产，甚至是人才方面的教育等。建立企业并不难，但建立企业的目的是要源源不断地进行生产，等真正开始运行企业时，洋务派的高层们才明白，所需要的一切还得从洋人手中购买。

当时李鸿章、左宗棠等洋务派领袖，在中国的范围之内算是对西方比较了解的人，但即使是他们也没有心思坐下来深入地去研究了解西方。这些人在朝廷内的本质是官僚，我们不能否认他们实行洋务的目的是想中兴大清帝国，但其内心就未必没有"弄潮儿"的心思，毕竟久受满人排斥的这些汉族官员终于能有出头之日，他们在朝廷内想要立足，就必须拿出与满人不同的治国手段，而"洋务"就是这些人的资本和筹码。

因此以曾国藩、李鸿章、左宗棠为首的洋务派们，在运作相关企业经营的时候，就不可能是一种市场商业化的管理，只能是官僚系统的那套管理方法。可以想象的是，用官僚的方法去管理企业，最终会是一种什么样的结果，福州船政局虽然造出了军舰，也装备了福建水师，江南制造总局造出来了一些民用船只，但后来的北洋舰队，其船只依旧是从洋人那里购买的。

但值得注意的是，后来江南制造总局发生的腐败窝案，却是一起让人触目惊心的大案，这就说明官办企业如果没有一整套面向市场的管理方法，最终的结果只能是走向破产。当时洋务派中也只有李鸿章走得稍微远一些，相比于他同时代的那些洋务派们，李鸿章最大的不同是除了兴办企业之外，他还将西方的教育引入中国，甚至是派留学生留洋，而且在经营企业时，逐渐将官僚经营式转变为官督商办的形式，这种方式在当时的中国来讲，已经算是极为超前的兴办方式，所以洋务派们兴办的企业中，只有李鸿章的轮船招商局和开平矿务局盈利。

但是大清帝国的洋务不能只依靠李鸿章。即使是李鸿章，也犹如盲人摸象，在兴办企业的过程中，花钱不少，浪费同样不少，最终误打误撞出个盈利的企业，也仅仅是个案而已。从结果来看，洋务运动之所以最终没有达到最初设想的效果，其中一个重要的原因就在于，中国的企业是官办，李鸿章凭借个人能力运作到了官督商办，但最终没有民营化，没有民营化，也就意味着没有真正走向市场，充其量就是官僚主要是汉族官僚，借以扩张权势的一个工具。

所以，回顾大清帝国当年的洋务运动，我们不能否认高层确实意识到了大清需要向西方学习，需要变革自强，慈禧太后包括皇族的人，在看到满洲亲贵因为自身意志消磨殆尽，已经无法承担起洋务的重任，而以曾国藩为代表的汉族官员在镇压太平天国的过程中大显身手时，于是便将洋务运动的重任主要交给了这些汉族官员，但是在洋务运动的实际运作层面，这些汉族官员的主观动机值得商榷。

如果以中国传统政治环境为背景来分析，那么在现实利益面前，事实上并没有什么真正的洋务者。李鸿章、左宗棠们虽然兴办企业没有什么经验，但官场经验告诉他们，汉族官员想要在满族官员中立足，就必须要有特立独行的手段，而洋务就是他们的资本。其实以李鸿章、左宗棠们的素质，想要静下心来认真学习西方的精髓并不是一件难事，要知道当时《万国公法》都已经翻译过来了，想要得到西方的一些相关资料并不难，关键就在于想学与否。

事实证明，晚清洋务兴办企业，是官僚们为了立足朝廷而进行的一次事业，主观动机并不是真正踏实下心想学习西方，思想深处也没有为大清帝国长盛不衰而奋斗的想法。企业只是他们自己的事业，而这种事业想要真正地把控自己手里，就必须官办官营才能实现，以此逻辑为起点，就可以推断出晚清的洋务运动其实是一场热热闹闹的"西方模仿秀"，随着时间的推移，绝大部分的模仿者被淘汰出局，只有李鸿章负重前行跑完了全程，最终也是累死在终点线。这就是后来为什么伊藤博文说中日之间的战争，是李鸿章一人与日本一国之间的战争的原因。

2. 总理衙门很无奈

如果没有两次鸦片战争，大清帝国和洋人打交道的方式，或许依旧停留在将洋人事务交给某个部门代管的层面。两次鸦片战争的失败，加上洋人的不断逼迫，在奕䜣的主导下，清政府被迫成立了一个专门应对洋人事务的机构，这就是总理各国事务衙门的由来。

最初咸丰皇帝批准成立总理衙门，是准备应对洋人针对本国通商事宜的，毕竟洋人一路打过来，目的就是通商，但是奕䜣在实际运作总理衙门事务的时候，除了通商事务之外，也摆脱不了处理和洋人之间的其他事务，例如各种纠纷、供应之类的问题，所以总理衙门随着时间的推移，就不仅仅限于处理通商事务，逐渐演变成类似"外交部"一样的性质，凡是涉及洋人的一切事务，都由总理衙门去应对。

总理衙门的成立，改变了中国处理对外事务的观念和方法，虽然这个机构成立的本意只是高层的一个权宜之计，是为了让打进北京的英法联军赶快撤军，但是成立简单，能不能再撤掉就是另外一回事了。

前边我们说过，奕䜣身上是有些"洋味儿"的，所以他内心是不愿意裁撤总理衙门的，而且随着洋人的事务越来越多，总理衙门似乎只能是一个劲儿地往前奔，加上咸丰皇帝已经去世，同治皇帝即位后的新政府又开始了洋务运动，总理衙门反而成了朝廷最为重要的部门，不知道咸丰皇帝如果地下有知，对这种局势的变化该做何感想。

总理衙门最初因为只是个临时机构，所以里边的工作人员包括奕䜣在内，都是兼职人员，不像朝廷其他部门都有满汉定额之分，负责人称为总理衙门大臣。由于都是兼职人员，洋务运动开始后，朝廷大量启用汉族官员，所以总理衙门内汉族官员逐渐增多，例如李鸿章、左宗棠都在总理衙门内兼任职务。

由于对外事务的逐渐增多，总理衙门由一开始的单独机构不得不开始分设机构。分设的机构名叫"股"，就是将最初总理各国事务，按照国家分配到具体的股，例如"英国股""法国股"等等，后来又完善到按照事务不同的类别增加部门，例如"海防股""总税务司""司务厅（类似一个单位的办公室）"等，随着科技逐渐的进步，又产生了与时代相对应的"电报处"等。

可以说，随着时间的推移总理衙门机构设置越来越完善，而且也还算是与时俱进。但实事求是地讲，机构设置只是涉及了分工，对外事务是否有效率的关键在于"人"，很多史料记载，当时洋人最怵头的就是和总理衙门的人打交道，倒不是说洋人看不起大清帝国的官员，而是受不了衙门的工作作风。

总理衙门虽然承担了处理洋人事务的责任，但工作效率如何实在有待商榷，很多史料记载说总理衙门办事拖沓、言不及义、效率低下，甚至是在处理事务的过程中，产生许多很奇怪的逻辑。例如负责保护传教工作的法国公使代表就经常会因为中国境内发生教案而频繁地与总理衙门官员进行交涉，随后忍受不了其行事作风，而不顾外交礼节，高声叫嚷，甚至威胁要派兵来解决。

事实上，中国是礼仪之邦，总理衙门那些官员们都是饱读圣贤之书的人，跟老外们打交道的时候，外表是很有礼数的，每次外国公使来，都是上等酒席款待，言语之间也颇为谦和。但客气归客气，等说到正事时，往往就是虚与委蛇，互相推诿，总之就是不办正事。例如英国公使威妥玛在日记里就写道，总理衙门从上到下的大臣与他会面时，都是他首先说正事，从没有总理衙门大臣先说正事，等到自己说完后，总理衙门大臣上看下看，左看右看，大眼瞪小眼，下属看上级，上级看更上级，半天没有一句话，最终总是出席会面的级别最高的那个人说话，也只有这个人一说话，其他人才会群起而呼应，也不知道他们听没听懂那些话。

通过威妥玛的记录，我们就可以理解，为什么当年那些公使们说总理衙门的人有很多奇怪的逻辑。其实这些所谓的奇怪逻辑并不奇怪，只是洋人大多不了解大清的官场思维，下级并不关心上级领导说话的内容和含义，关心的是上级的感受，而人本身是需要存在感的，所以呼应上级的话，其实是让上级有存在感、有权威感，至于对错与否无关紧要。所以洋人所说的那些正事在总理衙门一方的官员来看并不是最重要的，正所谓态度决定一切，官员们的这种无所谓的态度，也就决定了处理洋人事务的效率必然低下。

总理衙门官员的这种办事作风，让洋人刚刚产生的，对大清帝国的好感一点点地失去。在洋人们看来总理衙门徒具其形，而无外交风范之实，因此也就更加谈不上赢得他们的尊重，所以外国公使后来再到总理衙门交涉事务时，也不再彬彬有礼，经常吵吵闹闹，完全不把总理衙门的官员甚至是王公大臣放在眼里。

不过，总理衙门内还是有一个部门很讲究效率，那就是海关总税务司，而其之所以讲究效率，是因为总理衙门将这个部门的事务完全交给了洋人，准确地说是包给了英国人。之所以这么做，前边我们也说过是因为在成立之初，上海地方当局在辖区内的海关收不到关税，不得已让英国人李泰国来接管。李泰国接管后收获颇丰，这对于当时正深陷太平天国肆虐的大清帝国来说在财政上是一个极大的支持。清政府当时也无暇顾及是不是应该让洋人来管的问题，只要有钱赚就行，所以于1861年成立了海关总税务司，同时规划到总理衙门管辖。主管海关税收，李泰国顺势就担任了第一任总税务司，后来因为阿思本舰队存在严重分歧，李泰国最终和清政府不欢而散，由清政府更加亲近的英国人赫德接任总税务司的职务。

其实总税务司从成立之日起，清政府就没有插手过其具体事务，这个部门甚至都没有中国人，后来吸收进去的中国人也只是做些文员、服务等低级别的职务，虽然各地的分税务司也有清政府的海关监督，但是因为压根就没有深入其中的业务，所以基本插不上手，形同虚设。

但恰恰是这个基本上由外国人组成的部门反而是总理衙门内最讲究效率的部门。当时这个外包部门源源不断地为清政府提供财源支持，即使是在镇压太平天国战争进行期间，还能每年为清政府提供四百多万两白银，到了1871年，清政府的海关收入居然突破千万两大关，占当时清政府财政收入的七分之一，六年后又突破了两千万两，占清政府财政收入的四分之一，让清政府赚得钵满盆足。

不过，总税务司这个外援虽然给力，但终究仅仅是外援，不能说它的上级主管部门总理衙门领导有方。这种"三产"式的运作，与总理衙门其实是互相隔绝的，虽然这种隔绝在客观结果上起到了很好的作用，但它实质是一个独立的机构，而与之对应的其他部门总理衙门管理得并不成功，例如当时的同文馆完全属于总理衙门管理，结果乱七八糟，因人设岗，因人生事，人浮于事的情况比比皆是。

以今日视角来看，总理衙门的成立是当时清政府被逼无奈的产物，但也是顺应世界体系潮流的产物，内部管理不善，人员思维僵化是这个机构的显著特点，不过它的作用是让当时中国融入世界体系，有了一个可以专门接纳西方事务的窗口，例如外交礼仪、外交思维以及各种活动的规矩等。只有从接纳开始，才能谈得上未来走出去，前边我们也说过，1867年蒲安臣自告奋勇愿意替清政府出使各国，由此组成了第一个清政府出访外国的使团，等到了1875年，经过了十几年的磨炼，清政府终于开始走出去，其标志就是郭嵩焘被任命为中国第一任驻外使节，至此中国与外面的世界才刚刚建立了真正的联系。

从1861年到1875年，总理衙门历经十五年，由被动成立、不知所措到初步接纳乃至最终融入。可以说总理衙门的经历就是中国近代洋务运动的一个缩影，虽然期间也有无知与蒙昧，有混乱与无奈，但当时的中国毕竟已经开始由睁眼看世界，逐渐走向亲身感受世界，虽然最终的融入以今天的眼光来看也是徒具其形，但没有其形又怎么可能会有其质呢？要知道质变往往是从量变开始。

3. 军火事业

晚清洋务运动的典型代表就是军火事业，经历了两次鸦片战争惨败后，清政府的高层们认识到想要拥有一支能够和洋人一样的军队，就必须要有坚船利炮，有了这些东西洋人不再敢欺负，再出了"长毛匪"也不用再怕，大清帝国的中兴指日可待。

清政府的高层们最初想拥有坚船利炮时，是李鸿章、左宗棠等洋务派从外国人手中购买，但和洋人做军火生意，大清帝国没几个人在行，洋人不仅处处刁难，而且给的货也不是最上等的，久而久之就让洋务派们感受到颇为受制，于是自己制造的想法便涌现在洋务派们的心头。

当年洋务派们能够认识到坚船利炮的好处，可是朝廷内不是所有人都有这个见识，洋务派们必须要让最高决策者慈禧太后明白富国强兵的道理，其实主要的是认识到强兵的重要性。从客观上来看，慈禧太后虽然没有什么文化，但对洋务派们制造军火这件事并没有设置什么障碍，大概她也明白有了洋人那些玩意儿，或许今后就不会再发生当年跟随咸丰皇帝一路跑到热河的闹心事，只要有利于她安安稳稳地坐在紫禁城里享福，什么事情都可以去办。

　　所以，当年的洋务运动，以慈禧太后为首的满族高层们，想得更多的是强兵，而不是富国，强兵的目的是为了满族人的利益，最终导致同治中兴的"国富"是客观结果。

　　下定了自己制造的决心后，第一个付诸实践的人是曾国藩，不过今天看起来，曾国藩的出发点很好，但有些矫枉过正，他的思路是完全不依靠洋人，不受洋人的制约，自己动手丰衣足食。所以他创办的安庆军械所一个洋人也没有，只有一些喜欢数学技艺的人，但也谈不上专业，还有一些能工巧匠，曾国藩就是依靠这些人开始制造军火。

　　当时不仅是洋人，就连洋务派的领袖们，也对曾国藩的这种干法不屑一顾，认为他是闭门造车。但事实上曾国藩确实依靠那些能工巧匠制造出了一台蒸汽机，甚至利用这台蒸汽机，还制造出了一艘小轮船"黄鹄"号。但这种玩意儿只能当玩具，不能实用，就连曾国藩自己都说，"黄鹄"号不甚得法，后来左宗棠也用自己的工匠制造出来一艘小轮船，在西湖试航的时候，只能勉强开动。

　　事实证明，那个时候的中国人还没有能力生产国货，但与之对应的另一种思路也行不通，这就是奕䜣的满人制造论。

　　奕䜣虽然当时也主张中国制造，但他的想法是将军火事业牢牢掌控在满族人手里，毕竟这个大清帝国是满族人的天下，强兵也应该强的是八旗兵，所以奕䜣派满族人到各个兵工厂去学习。但遗憾的是，二百多年锦衣玉食的生活已经严重消磨了满族人的进取心，奕䜣派出去的人没有一个能够学有所成，让他的想法不得不落空。

　　但那个时候洋务派的汉族官员们却干劲十足，虽然他们所做的不一定对路，但不能否认他们的钻研精神。几乎与奕䜣派满族人出去学习的同一时间里，李鸿章就建了三个洋炮局，专门用来制造开花大炮，虽然只有一个工匠通过购买洋人机器造出的炮弹凑合能用，但还是那句话——

没有量变怎么可能会有质变，这种局面在李鸿章后来兴办江南制造总局的时候开始有所改观。

事实上，意识到洋人重要性这一点，曾国藩比李鸿章要早，他曾经派出容闳去国外购买机器，不过等到回来时，负责人变成了李鸿章，因此这些生产军火的机器就被李鸿章搬进了江南制造总局。

江南制造总局成立时，李鸿章受老师曾国藩的启发开窍了很多，不再固执地只用中国工匠，而是虚心地聘请洋人工程技术人员，甚至花大价钱购买洋人机器和生产材料。

李鸿章在洋务运动的军火事业上，是个十足的幸运儿，很多人认为李鸿章之所以能在太平天国之后发迹，是因为他创办了淮军，朝廷顾忌他手里的枪杆子，所以委以重用。但我们只要看看曾国藩在太平天国之后交出兵权、解散湘军的做法，就会明白李鸿章绝不是依靠淮军而发迹，他的成就是办洋务，是洋务运动成就了李鸿章晚清四十年的权威地位，毕竟那个时候的大清帝国还没有到"有枪便是草头王"的地步。

李鸿章 1865 年在上海开办江南制造总局的时候，大清帝国还没有现代制造业，也就是说没有工业基础，上海还算是接触洋人的前沿地区尚且如此，更何况是内地。平地建起一个厂房不难，难的是厂房建起后，如何保证正常的生产，从当时的情况来看，暂且不说技术和材料面临窘境，仅仅是劳动力问题就让李鸿章颇为挠头。

当时的老百姓不知道工业为何物，所以也就谈不上到工厂做工，虽然做工人比种地、打杂待遇要好很多，但因为意识形态问题，江南制造总局就是招不到做工的人，比如人们看到工厂里烟囱中冒出的浓烟，认为人进入工厂后会被烤得化为灰烬，所以全都躲得远远的。

江南制造总局中第一批劳动力是广东地区的一些流浪者，也就是说如果不进工厂做工，这些人就会被饿死，进工厂纯粹是破罐子破摔，还有一些劳动力是来自海外的工人，这些人见识过洋人的机器和烟囱，所以很愿意去工作，但毕竟数量有限。直到后来太平天国遗留下来的一部分孤儿被强行运到工厂做工，江南制造总局才勉强可以维持运转。

可以想象，这种勉强维持运转的工厂究竟能够生产出什么有质量的东西。当时在西方，一个生产军火的企业，其背后是由整个工业体系作为支撑的，生产军火所需要的原料、燃料、零件等都可以从市场购买，但是江南制造总局是要什么没什么，想买都没有，解决这个问题一方面需要进口，另一方面是在军火企业周围再建立生产材料、零件、燃料的工厂，可以称作是军火企业的附属企业，无形当中就增加了巨大成本。

当时出现一种颇为奇特的景观，军火企业往往停工歇业，周围的附属企业反而如火如荼地进行生产，为最终军火企业生产进行材料和燃料上的准备，所以江南制造总局除了燃料需要从国外进口之外，还建起了机器厂、木工厂、熟铁厂、汽锤厂、汽炉厂等相关企业。

江南制造总局建立之后勉强维持运转，等到左宗棠在 1866 年创建福州船政局时，情况也好不了多少，也是在造船厂周边建立了许多企业，例如大铁厂、小铁厂、纸模厂、枪子厂等等。当时这些厂子为了不耽误造船厂造船，为了保质保量地进行生产，又设置了大量的附属服务机构，等于一个造船厂附带许多生产企业，生产企业又附带附属服务机构，这算是三环套月的造船厂。

不过福州船政局比起江南制造总局的目标更为宏大，当时出于大清帝国的实际需要，福州船政局一开始就以制造大型军舰为目标，江南制造总局是以造船为主体，兼造一些枪炮和弹药，后来由于部件供应不到位，造船业停滞，进而变成枪炮厂。值得一提的是，江南制造总局和福州船政局是当年洋务运动军火企业的两个代表，虽然其自身的命运最终都淹没在历史的苍茫中，但我们不能否认这两个企业的创办者和主事人都是相当敬业的。李鸿章和左宗棠不必说，江南制造总局的主事丁日昌和福州船政局的主事沈保桢都是办洋务的官员中一等一的人物，无论是责任心、威望、能力都是一流的，而且还都是清官，只是因为受时代的局限性，经营的不得法，所以浪费和成本十分巨大。

当年这两个企业，为大清帝国造出了排水量成千吨的军舰，福州船政局后来还在 1880 年的时候造出了排水量在两千吨的军舰。但是这些军舰只是好看而不中用，没有经受住战争的考验，无论是速度、火力、航速全都不如洋人的军舰，花费的钱数可是一点也不少，甚至比买军舰还要高，主事人还耗费了很多心血。

所以，当年洋务运动的这种现象，说明在那个环境下想要制造出西方尖端的科技成果，中国人不是做不到，而是要耗费巨大的成本。

洋务运动是一场模仿西方的一场模仿秀，中国当年想要有自己的真正成果，还有很长的一段路要走。

4. 铁路命运

今天中国的高铁已经享誉全世界，极大地方便了人们的出行，幅员辽阔的中华各地也被穿梭在铁路上的高速列车而连接得更加紧密。但是遥想当年洋务运动时，在中国的土地上修建一条简易的铁路，都是那样的困难时，我们便会感叹，历史真是让人唏嘘。

同治十一年（1872）是十七岁同治皇帝的大婚之年。在那个时间段里，不仅大清帝国上下想着怎样为皇帝陛下大婚进行祝贺，在华的外国商人们也正为这件事情开动脑筋，不过与中国人思维方式不同的是，洋商们想的并不是向皇帝陛下进献什么珍贵礼物，而是准备在中国修建一条铁路，方便人们的出行和贸易往来，进而作为皇帝陛下大婚的礼物，相信皇帝陛下一定会龙颜大悦。

当时铁路虽然对中国人来说是新鲜事物，但并不是没有修建的呼声，当然这种呼声来自民间，朝廷对此是没有任何声音的，洋商们就是想利用同治皇帝大婚的机会，提出修建铁路，以此让大清帝国的高层们开始重视修铁路。洋商们的计划是，在中国修建二三十里的铁路，造价六万英镑，火车头两个，客车货车各三辆，枕木和砂石就地取材。

计划制订后，洋商们委托英国驻华公使威妥玛与总理衙门进行协商，希望总理衙门能够把这份"大礼"送到朝廷那里。威妥玛在华多年，是个中国通，他知道在这个问题上该用什么样的方式去和清廷高层沟通，因为大清帝国的实际当家人慈禧太后对修铁路这件事并不感兴趣。

尽管威妥玛小心谨慎沟通，总理衙门对修铁路的事情还是不置可否。威妥玛知道这件事走到了终点，也就没再努力，于是中国人就这样与拥有历史上第一条铁路擦肩而过。

威妥玛之所以没有继续努力，是因为在此之前，修铁路的这件事情已经和清政府沟通过很多次，例如 1863 年在太平天国战争还没结束时，上海二十七家洋行就给时任江苏巡抚的李鸿章写过一封信，希望能修建一条从上海到苏州的铁路。这封信送到李鸿章手里的时候，苏州还在李秀成手里，但是洋商们却信心十足，告诉李鸿章苏州早晚会夺回来，他们甚至已经勘测了路线，并初步做了预算。

但是李鸿章却否定了这个提议，他明确地告诉英国领事，修铁路中国人可以干，不希望洋人插手。

坦白地讲，李鸿章想得很远，洋人修铁路绝不是发扬国际主义精神，而是在追求自己的商业利益，大清政府一旦将修铁路的权力交给洋人，就意味着主权的丧失，毕竟修铁路是需要土地的。

但是李鸿章那个时候还不明白修铁路到底是怎样一回事，就像创建江南制造总局一样，建起来之后才知道原来不仅仅是修个厂房那么简单，那么修铁路也同样如此，准确地说李鸿章初衷是好的，但在当时的中国，中国人自己修铁路完全不可能。

我们不能否认李鸿章当年的想法，但是如果那个时候中国有了铁路，加上未来不断地完善，或许洋务运动会更加显现效果，至少江南制造局和福州船政局等军火企业不会因为运输不便，而造成机器、材料等运进来困难，进而增加极大成本，甚至是亏损。事实上以中国人的实用精神来看，如果那时有了铁路，至少从老百姓层面不会排斥，真正排斥火车的是高层的人，或许李鸿章当时拒绝洋商的时候，内心所想的就是高层的排斥，才导致他也必须要紧跟"形势"。

在此后的很多年里，关于在中国修建铁路，洋人们并没有放弃努力，多次给总理衙门写信，希望大清朝廷能够放开手脚，不要总固执己见，哪怕建成之后中国人如果没有感觉带来好处，还可以再拆掉。但清廷的高层们始终置若罔闻，一直到和奕䜣、李鸿章关系很好的总税务司赫德写了一篇《局外旁观论》来劝说总理衙门学习西方的时候，清廷高层才有所触动，但是很快又被反对的声音所压制。

值得一提的是，李鸿章的老师曾国藩算是洋务派的先驱，他是最先反对修铁路的，他的理由是如果修了铁路，脚夫之类的小民就会大批失业。当然更多的反对者还是来自保守派，例如官文和刘坤一说得更为直接——计划修铁路是洋鬼子们的阴谋，目的是想搞大清的银子，破了险要关口，是一种"帝国主义亡我之心不死"的体现，甚至在这些人的影响下，李鸿章也认为，修铁路势必要毁掉不少田地，很可能会激起民变。

所以，修铁路这件事当年在中国就这样悄无声息地被淹没，虽然在1865年时，英国商人杜兰德在北京的永宁门外修建了一条一里长的小铁路，但是被清政府立即下令拆掉，1870年身在上海的洋商擅自修建了一条全长14.5公里的铁路，也被清政府以轧死一个士兵为理由，将铁路买下后拆掉。

所以，一直到了1872年同治皇帝大婚时，大清帝国依旧没有一条自己的铁路，天津租界里倒是有英国人的火车，但那完全属于英国人，铁路火车身在租界里，清政府也是鞭长莫及，但是大清帝国本身因为高层的短视，保守派的反对，甚至贯以赞成修铁路的人以汉奸的罪名，因此朝野上下逐渐形成一种声音，那就是拒绝修铁路，拒绝火车这个光怪陆离的东西肆意轧过祖宗留下来的土地，就算是李鸿章等一些开明的人，在高层的压力下也不得不改变想法。于是铁路这个当时代表着世界先进科技的产物，暂时与古老的中国擦肩而过，谁也想不到的是，这一错过竟是二十年的时间。

现在让我们暂时跨越时间的节点，去看看二十年后大清帝国铁路的命运。英国人计划以送给同治皇帝新婚礼物的形式进而打开在中国修铁路的大门失败后，西方世界并没有就此放弃，等到 1885 年时，美国人想出了一个更为适合的方法来打动清廷高层，这就是以玩具火车勾起满族权贵的好奇心。

这个设想最初是由当时美国驻华公使田贝写信向美国国务卿贝雅建议的。田贝的想法是制造一个超大的火车模型，但是组成体系很完善，也有铁轨、机车、车站以及信号系统，由专门的工程技术人员操作，开动起来和真火车一样。

田贝建议美国政府将这种仿真的火车送给大清的满族权贵，让这些坐在深宫里的权贵亲眼看见实物，或许能勾起他们的好奇心，进而让他们意识到铁路对这个国家的重要性。田贝的建议很快被采纳，于是美国人以最快的速度造出了一整套火车仿真模型，很快便运到了中国。

当时清政府已经成立了海军衙门，负责人是李鸿章，美国人将火车模型运到中国后，立即交给了接触西方世界最多的李鸿章。正好醇亲王奕譞奉命点校海军，李鸿章就利用这个机会，不仅让奕譞见识了自己亲手建立的北洋水师，而且又向奕譞展示了这套火车模型。

事实证明，美国人的策略很成功，奕譞生长在深宫，很少见识到外边的世界，但八旗子弟那种好玩、好奇的天性还是没丢，再加上李鸿章不断地灌输，详细讲解火车的具体功能，以及可以富国强兵的诸多好处，终于使得比较保守的奕譞瞬间成了铁路的粉丝。

于是奕譞将这套火车模型带回北京，特意在乾清宫前边的空地上，腾出一块地方，向慈禧太后和当时在位的光绪皇帝进行展示，结果所有人都对这套火车表现出了极大的兴趣，老太后和小皇帝玩了又玩，很是尽兴。

喜欢新奇的东西是人的天性，太后和皇帝虽然高高在上，但他们毕竟是人，所以人性的东西在他们身上不可能不体现，通过让慈禧太后和光绪皇帝玩儿火车模型，美国人确实消除了在中国修铁路的障碍，于是在紫禁城里就多了一条从中海到北海的小铁路，从这条小铁路开始，火车这种高科技产物开始在中国现身。

美国人可能自己都没有想到，用玩具的方式居然打通了在中国修铁路的障碍，这在他们本国简直不可思议，当然他们更没有想到，虽然是自己打开了在中国修铁路的大门，但是当中国真正轰轰烈烈地修铁路时，美国得到的份额却不多，却让英国人占了先。

以今日视角来看，在一个集权制国家里，统治者的好恶甚至一念之间，完全可以改变国家的命运，而一个集权制国家如果走向堕落不堪，一定是最高决策者出了问题，除此之外无他。

5. 从水师到海军

如果没有鸦片战争带来的失败，大清帝国的高层们或许依旧认为洋人的舰船不过就是个玩意儿，就像当年马嘎尔尼使团到中国来访问时一样，乾隆皇帝和大臣们只是对着洋人带来的舰船模型哈哈大笑。

饱受两次鸦片战争之苦的大清帝国，一准认准了之所以让洋人得逞，就是因为他们海里的那个庞然大物。从参战士兵到指挥官，只要见过洋人舰船的，都印象极为深刻，或许那时候这些人心理就盘算着：咱大清帝国要是也有这玩意儿，洋鬼子还敢逞能？

坦白地讲，大清帝国不是没有水战的军队，在鸦片战争之前，绿营水师一直都让高层们引以为傲，但鸦片战争让他们认识到，大清帝国的绿营水师和洋人舰船相比，就真的成了玩具。

本来道光皇帝在战后还想整顿水师，重整旗鼓以得再战，但是绿营水师早已经是腐朽不堪，他们和八旗兵一样，完全失去了当年刚进关时的进取之心，甚至有的人将自己的船假充战损卖给了洋人，让洋人展出到自己的博物馆里来满足本国人的好奇心。

1840 年发生的第一次鸦片战争，清政府对英国人舰船印象还不是那么深刻，毕竟那个时候英国人的轮船还只是辅助作用，但是到了第二次鸦片战争，英国人舰船已经成了主战武器，这就给中国人留下了深深的印象。

海里的庞然大物，打出来的炮弹居然能让陆地上的东西瞬间崩溃，所以当时的中国人对洋人舰船首先是恐惧，见多了后就慢慢变成了新奇，由新奇最终转变为想拥有。不过真正促使清政府高层要建立一支更加能征善战的水师军队，是差一点推翻自己的太平军。

当年太平军总是截断清政府的漕运路线，使得清政府不得不改漕运为海运，而海运又得预防海盗，所以承办漕运的商人就凑钱从洋人那里购买小型舰船，作为防御海盗之用，这应该算是大清帝国海军的一个雏形。

后来太平天国和清政府主要争夺长江中下游地区，凭借着当时关系还算不错的部分传教士的帮助，太平军购买了很多小型兵船来对抗清军水师，当时有传言说太平天国高层已经为美国人汇款，要购买大型舰船，以彻底摧毁清军水师部队，于是清政府终于坐不住了，开始寻求洋人的支持。

在众多要求购买舰船镇压太平天国的建议下，当时英、法、俄三个国家为了拿到清政府的订单你争我夺，不过真正让清政府下定决心要改水师为海军的决心，是源于1862年太平军进攻浙江。

当时浙江是清政府的财赋供给之地，丢了浙江等于丢了大清帝国的钱袋子和饭碗子，这让清政府下定决心必须要夺回浙江，而当地是水网地带，想要和太平军在浙江一较高低，就必须有一支过硬的水军，因为先前见识到了洋人海军的威力，清政府决定效仿洋人建立一支大清海军。

最初清军就是为了对抗太平军，所以建立海军的模式也是针对太平军的长江水师，其实就是一只内河舰队。而对于海防清政府高层依旧没有意识到其重要性。

当时英国在华势力最大，在协防上海时英国人又出力最多，总理衙门的海关也是英国人打包管理，所以在各国争抢订单的过程中取得胜利。1862 年 10 月，在赫德与李泰国的共同努力下，英国人得到了总理衙门的委托书，协助大清办理成立海军事宜。

赫德首先针对内河舰队的特点制订了一个计划，共计购买十艘舰船，其中不超过二百五十吨的小型兵舰六艘，七百五十吨的中型舰船四艘，造价八十万两。应该说这个规模和造价清政府还是能承受的，但是到了李泰国那里，计划完全走样，这个沾染了中国官僚习气的总税务司一心只想捞钱，针对当时中国人不懂行的短板，先花高价购买了五艘旧舰船，其中只有一艘还算比较新，排水量一千吨，并购买了两艘补给舰，造价共计一百零七万，比赫德的计划多出了二十七万，而且李泰国对为何选择旧舰船，也没有一个合理的解释。

即使这样，清政府为了尽快镇压太平天国，不敢得罪英国人，还是忍下了这口气，而且为了得到英国人的支持，总理衙门特意指示，允许李泰国自己招募水手和炮手，于是阿斯本舰队应运而生。当时李泰国和阿思本签了四年合同，阿思本全权负责这只舰队，事实上等于是清政府将这只舰队包给了李泰国，李泰国又转手包给了阿思本，清政府成了"大房东"，李泰国是"二房东"。

对于清政府来讲，可以花冤枉钱，但不能当这么个冤大头，经过李泰国这种变戏法的手段，大清国的舰队就成了李泰国的私人舰队，这是清政府高层无论如何也不能接受的，最终总理衙门出面交涉，经过美国公使蒲安臣从中调解，清政府退回了舰船，又花钱解散了阿思本的雇佣军，撤掉了李泰国的总税务司职务，前后折腾进去一百一十多万两银子，落得一场空，这就是我们前边提到的阿思本舰队事件。

一个落后的国家，想要凭空建成一支海军，自己创建是不可能的事情，最初都是从购买开始，然后钻研技术，最终达到自己制造的目的，在购买的环节中被坑被骗也是常有的事儿。但在善后事宜的处置上却折射出了很多问题，假如清政府要是知道国际法，最终也可能不会赔进去这么多银子，撤换掉李泰国是正确的，但不必推翻原来的合同，只要去掉李泰国这个中间环节，重新修订一下合同，问题就可以得到解决，毕竟如果没有阿思本，清政府也得自行招募水手和炮手，就像华尔洋枪队的雇佣军一样，可以雇佣华尔，为什么就不能雇佣阿思本呢？

当然招募雇佣军也只是权宜之计，最终还是要培养大清自己的海军人才来逐渐替代雇佣军。但是在自己还不能胜任的时候，就必须要找到一种合适的方法，让外国人替自己打工出力，甚至找一个外国人代理也未尝不可，总理衙门的海关都可以是英国人代理，建设海军也当然可以，前提是负责代理的外国人要有一种责任感。

遗憾的是，当时清政府既没遇到适合的代理人，也没有处理好因矛盾产生纠纷的善后事宜，因此大清帝国的海军建设就只能和当时的铁路一样，暂时搁浅下来。

虽然退回了舰船，解散了雇佣军，洋务派的首领们并没有就此失去建立海军的信心。没有了英国人的帮助，那就自己制造舰船，于是江南制造总局和福州船政局这两大军火企业就承担起了这份责任。

江南制造总局最初在李鸿章的主持下，确实制造出了一些木制和少量铁皮的舰船，但实用效果很差，相比之下左宗棠创办的福州船政局，由于得到了法国人的帮助，倒制造出了大量舰船。其中最大的"扬武"号轻型巡洋舰，排水量达到了一千五百吨。清政府当时为了尽快镇压太平天国，也顾不得什么质量，让江南制造总局和福州船政局只要制造出了舰船，就尽快成立一支舰队，无论大小、材质全都可以装备。

舰船可以随时装备，但操作舰船的一干人才可不好找，还得需要洋人的帮助，于是清政府又开始向洋人求助，等到人员经过筛选都配备齐全了，太平天国已近覆灭。所以清政府成立的这只内河舰队，当时的主要功能依旧没有摆脱稽查盗贼，救援水灾等，对于大股的盗贼也还算有些威慑作用，但是用于和洋人舰船真刀实枪地对战，依旧是金毛狗遇到斑点狗——差很多点儿。

纵观整个大清海军的发展历程，最初的主要目的还是对内，还没有意识到海洋的重要性，当然也就更谈不上海洋战略，大清的海军也还是停留在"水师"阶段，最多也就是扩大了些规模，还没有达到海军的标准，毕竟当年满族权贵们最大的担心还是内忧而不是外患。

时间走到了公元 1874 年，也就是同治皇帝去世的前一年，这一年大清帝国得到了一个震惊的消息，日本因为冲绳渔民在台湾被当地原住民杀害，派铁甲舰入侵台湾。这个消息之所以很让清政府高层震惊，其中一个原因是弹丸小国日本居然也开始不将大清国放在眼里，另一个就是根本没入大清法眼的日本，什么时候有了铁甲舰？

在此之前，清政府高层们一直认为铁甲舰只是西洋人的玩意儿。现在落后偏僻的小日本都有了铁甲舰，而且凭借这个成功入侵了台湾，让清政府高层受到了极大刺激。最先有动作的是那些地方上的洋务派大员，他们开始尝试制造铁甲舰，但连建造小型舰船都费劲的清政府，最终还是得依靠购买来实现目的。

本以为会很快就能建设成一只可以和日本铁甲舰相抗衡的海军，但让清政府想不到的是，在建设的过程中还是走了很多弯路，洋务派的领袖们还是受到了洋人的很多坑骗，不仅耗费了很多钱财，也让大清帝国的海军诞生的时间一再往后顺延，一直到十年后的 1884 年，才建成了四只颇具规模的舰队，其中最为著名的就是北洋水师。

然而，那个时候的世界已经是更进一步，大清帝国的海军对于世界而言，只能算是勉强拥有而已。

6. 瘸足的洋务

前边我们介绍了自同治皇帝即位后，一直到这位少年天子去世时，将近十五年的时间里，大清帝国开展洋务运动后，在各个领域的"学习成果"以及诸多因自身问题而留下的遗憾。展外交、造军火、修铁路、建海军等等一系列动作，不能说大清帝国从 1840 年开始，在被洋人欺压了二十多年后一点动作也没有，仔细深入这十五年的洋务运动进行具体的分析，如果将这场运动比喻成一场竞走比赛的话，清政府算是个瘸足。

自 1860 年《北京条约》签订后，清政府便开始了新气象，这种新气象具体说就是洋务运动，其背景是以祺祥政变，同治皇帝即位，慈禧太后掌握实际权力以及诸多汉族官员开始掌握国家命脉为依托，但是其过程却远没有达到预想的效果。

以今日视角来看，洋务运动做得最成功的一件事，是很好地回应了西洋列强对中国的期待，那就是列强资本进入中国，列强商品进入中国，中国的市场面向西方世界开放，这些事情都是签订《北京条约》之后就可以实现的事情。

但是当年中国的洋务运动又有着鲜明的中国特色，就是用国家资本的力量高速发展起来，但最终却没有形成美国那样的自由体制，交给民营机构。我们不能否认自洋务运动开始之后，清政府用国家资本发展军工事业的速度也很快，例如江南造船厂可以制造出和德国人生产质量差不多的枪、炮以及舰船，这也让当时的清政府高层颇为自豪，但终究没能形成自己的发展体系，而让洋务运动最终暴露出了瘸足产生的弊端。

后来在 1884 年日本和中国针对台湾问题谈判时，日本首相伊藤博文就劝说李鸿章，认为清政府应该改变一下发展思路，国家资本可以运用，但不应该遏制自由经济的发展。那个时候日本明治维新也已经走过了将近十五个年头，给予了自由经济充分发展的空间，所以日本取得了长足的进步。可是李鸿章面对伊藤博文的提醒，以文化根基不同为理由，拒绝了伊藤博文的提醒。

我们不能否认清政府当年这种国家投资的确可以很快地增长财富，但同时创造财富的都是身居高位、权力巨大的人，这些人可以创造财富，同时也可以消耗财富而无人能左右。事实也证明，当年清政府在某种程度上也默许了这种高消费，前边我们也说过，当年江南制造总局的腐败窝案是一起惊天动地的大案，但最终的结果却是大事化小，小事化了。

原因就在于，这种创造财富的胜利，不是某个人的胜利，是代表一种体制的胜利，所以我们说无论是造军火、修铁路、建海军等，遇到了很多比较难办的问题，而且很难找到解决问题的方法，归根结底就在于这些企业虽然名为企业，但实质上却是官僚衙门。衙门化的管理方法来管理企业，特点就是行政级别官僚化，所导致的后果就是运行僵化、经济结构畸形。

应该说洋务运动为后来中国的发展只是搭建了一个框架，或者说初步进行了架构，形成了江南制造总局、福州船政局等一些生产基地，但并没有在全国进行充分的开展，当然更谈不上开发资源利用资源进行发展，因此当洋务运动发展到一定程度时，局限性便开始展现，无法将中国的产业带到一个新的台阶，只是这一切直到 1894 年甲午战争结束签订《马关条约》后，清政府才醒悟过来。

需要特别说明的是，前边我们提到 1884 年中日谈判时，李鸿章面对伊藤博文的劝说，以文化根基不同为理由而拒绝，是我们理解晚清洋务运动瘸足的关键所在。事实上 1860 年清政府刚刚开始洋务运动时，就定下了一个原则，那就是"中学为体，西学为用"，就是在这个原则框架下，洋务运动只是始终坚持学习西方的技术和科学层面的东西，而没有学习更多的东西，例如体制和制度甚至是文化，这就让洋务运动在发展到一定程度时，终究不能再前进一步。

那么为什么当时清政府要定下这样一个原则呢？这不能仅仅用观念落后、思想保守去解释，要想弄清这个问题，我们必须要从当时大清帝国的实际状况出发去分析这个问题。

在洋务运动之前，大清帝国的政治形态是一个没有自由形态可言的官僚体制，所有官员都必须遵从体制内的规则行事，国家的统治者对所有人不断宣传制度的优越性以及世界唯一的观念，久而久之这就形成了一种惯性思维，这可能也就是李鸿章所说的文化根基的其中一个组成部分。

当岁月不断地流逝，这种所谓的文化根基越扎越深时，所有人都已经习惯。但是当高层统治者需要变革时，尤其是需要接受差异很大的西方世界时，其最大的阻力反而就来自于先前构建这种文化根基的体制，那么怎样让反对者接受变革，或者说从感情上能够接受，因此"中体西用"的作用就突显出来了。

事实上，"中体西用"就是一种中庸之道，既为了让适应体制的人能够接受改革，又能让改革向前推进，因此清政府在 1860 年《北京条约》

签订后，走的就是西方技术、器物的道路而压制体制性的变动。清政府在当时意识不到，这种压制随着时间的推移，会越来越导致发展的不平衡，甚至形成一种恶性循环的作用力。清政府开始洋务运动后，确实改进了很多，而改进的越多，清政府越认为这是因为坚持体制的结果，当年就有人认为日本发展缓慢是因为日本全盘西化。

如果历史就定格在那个时间段里，这种结论无疑具有极大的说服力，但是经过后来的发展验证，当年的中国在发展的道路上越来越陷入困境，最终所带来的结果就是——曾经不入法眼的小日本，在1894年的甲午战争中为我们上了很好的一课。

当然，在那个时代，还是有少数人看得清问题的症结所在，例如李鸿章的幕僚马建忠。

1871年马建忠奉命考察欧洲时，还没回到国内，便给李鸿章写了一封万言书，在信中马建忠陈述了西方发展的本质，不是像清政府这样将国家办成一个公司，国家的作用是主导经济发展，将真正的财富散播于民间，其政治架构也不是集权制，马建忠建议李鸿章，清政府应该学习借鉴西方的议会制度。

虽然马建忠的建议在后来经过历史的验证，中国并不适合走西方议会制度的道路，但是我们不能不承认，马建忠确实已经发现了中国洋务运动存在的问题，以及如果继续按照原来的模式发展下去会出现什么后果。遗憾的是，李鸿章虽然比起他的同时代人具有国际视野，但是体制问题不是他所能解决的，也许这就是他在面对伊藤博文时，所说的文化根基不同的真实含义。

中国人真正意识到体制问题并付诸行进行改革，是在1894年的中日甲午战争之后，然而那个时候，急于求成的中国人为了改变窘迫的现状，又走向了另一个极端，最终也将好似蜗牛爬行的大清帝国送进了历史，当然这一切都是后话。

以今日视角来看，当年洋务运动的最大问题，还不是从学习西方技术和器物为起点，"中体西用"的理论也不是最根本的问题。最根本的问题是——洋务运动真的仅仅只是一场运动，并没有将它转变为全国发展的普及化的一个起点，或者说是推动力，用单一的经济形势来衡量整个社会的发展，而且对于发展究竟走向何方，清政府并没有思考过这个问题。

清政府最初的敌人是西洋列强，所以魏源提出了"师夷长技以制夷"，可以说洋务运动就是针对洋人而开展的，可是经过那么多年的学习，洋人也已经不再是当年那个开着军舰来势汹汹的洋人，大部分敌人变成了友人，一直到后来甲午战争开打。所以，洋务运动究竟成果如何，在甲午战争之前没有一个真正衡量的准标。清政府所看到的是一系列的从无到有，舰船、铁路、枪炮、电线等等，所以冠名了一个"同治中兴"，然而在同治中兴的岁月里，世界体系又有着新的变化，这一次大清的敌人，不再是来自遥远的西方，而是近邻日本。

所以，同治中兴，不过是慈禧老太太瞬间成为暴发户后的一种自我安慰和炫耀，《清史稿》评论同治在位时期认为：

同治中兴，十年之间，盗贼划平，中外乂安，非夫宫府一体，将相协和，何以臻兹？

事实上打开国门放眼望去，大清依旧是当年马噶尔尼所说的那艘陈旧舰船，当英法联军撤出北京后，满族权贵们继续着天朝的美梦，在他们看来即将拥有洋人的新式器物，将是他们继续高傲的资本。

7. 失道寡助

如果我们将目光稍稍向外延展一些，以文化圈属的观念看待当年的那场洋务运动，就会发现，洋务运动开展正红火的时候，也是清政府失去国际信誉的时候。

按说清政府正在进步，为什么在国际上却失去信誉，这的确是个巨大的悖论，但是如果梳理一下洋务运动开始后，清政府对于周边国家的表现，我们可以说至少在东亚或者远东，大清王朝正在一点点失去千年来建立的王道主义。

在中华文明刚刚形成体系的时候，孔子提出了一个观念，那就是以夏化夷，也就是说建立一个以华夏文化和价值观为中心的文化版图，从这以后中华文明从黄河流域不断拓展，其中有武力征服，但更多的是以一种核心价值观不断影响周边的蛮夷地区，让这些地区产生加入中华文明圈子的意愿，所以中华文明版图几千年来都是这样扩张的。

但是当中国历史行进到公元 1860 年时，清政府中断了这样的历程。我们不能说清政府是故意割裂历史的传承，因为那个时候清政府发现自己已经无暇他顾，面对来自西方的压力，清政府只想如何尽快地发展自己，至于周边那些曾经是自己的藩属国已经顾不上，这也就意味着清政府失去了在东亚地区的宗主责任，其标志就是处理琉球问题的失误。

也就是在清政府如火如荼地开展洋务运动时，曾经的藩属国琉球开始面临来自日本的压力。当时日本刚刚度过明治维新四年的光景，他们想让琉球放弃跟随大清帝国，转而跟着大日本帝国。琉球国王倒是很够意思，拒绝了日本的要求，表示要一心一意跟着大清这个具有悠久历史的文明古国，而琉球国为了反制日本，更希望清政府能够给予日本压力，他们认为只要强大的清王朝站出来，日本人就会害怕。

琉球国的这种做法，在中国过往的几百年历史中已经重复了多次，琉球国思想深处将古老的中国视为自己的保护神。但是这一次大清帝国却一反常态，让琉球国和日本人自己谈判解决，于是失去了保护的琉球国很快就被日本吞并，琉球国也由此成了日本国土，这就是现在日本的冲绳县。

如此轻而易举地做出这样一个决定，便让琉球国变成了日本的土地，由此清政府的宗藩体制开始解体，周边诸如越南、缅甸等国家看到清政府如此对待自己的宗藩国之后，都认为大清这个"老大"一心只想着发展自己，而不顾周边兄弟们的安危。当时这些国家还不是现代意义上的国家，只是准国家形态，对中国有一种依赖心理，他们始终认为中国是自己的宗主，理应对自己负责。但是清政府处理琉球的问题，让这些国家和地区很不满。

而此时英、法、美等西方势力开始进入东亚开辟自己的市场，随着时间的推移，这些国家和地区渐渐接受了西方文明，而转身再来看曾经的宗主大清帝国时，才明白原来自己一直膜拜的宗主，其实不过如此。

事实上，从内部角度而言，清政府自洋务运动以来，对于外部世界的指导思想，就是尽量避免介入过多的双边纠纷以及国际纷争，为国家发展提供一个和平发展的稳定环境。所以自 1860 年之后，清政府对于列强的要求尽量满足，对于周边的藩属国，也鼓励他们学习自己，能够自强起来。总体来说清政府在外交方面处于守势，这个策略不能算错，但清政府在执行策略时过于教条，错就错在藩属国出现困难时没有尽到保护责任，进而逐渐失去藩属国的信任，最终走上一条外交孤立的道路。

值得一提的是，后来清政府在处理周边问题上显得颇为棘手，甚至是出现了一系列问题，都是源于此。例如越南就是在法国的影响下，开始构建一个现代国家，想要解除与清政府的宗藩关系，清政府当然不可能答应，进而导致了 1884 年的中法之战，最终清政府不败而败，被迫承认越南独立。

可以说，从 19 世纪 60 年代开始，清政府在东亚地区范围内，外交走上了一条孤立主义。洋务运动经过很多年的发展也确实取得了效果，中国逐渐融入世界体系之内，知道用世界法则与西洋列强相处共事，但是清政府却陷入了一个误区，那就是眼中只有西方列强，只有船坚炮利，甚至是物质主义，只要拥有了这些，自己就会成为强大的国家，殊不知一个国家的发展除了上述这些东西之外，还有责任与担当，更何况还要维护中国几千年来建立起来的王道秩序。

所以我们说洋务运动无论从形态、过程还是可持续性方面来看，好似瘸足一般。当历史行进到 1894 年的时候，这种长时间瘸足行走的后遗症终于开始显现，不入法眼的小日本瞬间击败了大清帝国，洋务运动、同治中兴在一片狼藉中灰飞烟灭，国人方才醒悟，原来过往的那么多年，我们一直沉浸在自己构建的虚幻泡沫里，当梦碎之后才知道，世界已经不再是那时的世界，瘸足行走虽然已经很努力，但终究赶不上运动健将。

第五章

光绪十五年

　　同治皇帝载淳做了十三年皇帝，带着神秘的病痛于同治十三年（公元1875年）驾崩，年仅十九岁的他还没有自己的子嗣，所以两宫太后必须要在亲王里，找出一个合适的继承人。纵观同治一朝的大清权力体系，虽然说一直在执行两宫太后垂帘听政的制度，但最高权力却始终掌握在慈禧太后手中，所以选择一个什么样的继承人，就看慈禧太后的倾向性……

1. 权力交接

同治皇帝当时驾崩在东暖阁，而后在西暖阁里两宫太后召见王公大臣召开御前会议，共同商议由谁继承皇位。

按照大清帝国的继承制度来看，皇帝驾崩时如果没有子嗣，便要从晚一辈中挑选一名贤能者作为继承人。同治皇帝的晚一辈是"溥"字辈，有资格的继承者一个是溥伦，他是道光皇帝长子奕纬的长孙，可是其父载治是奕纬的嗣子，溥伦的直系祖父奕纪既不是道光皇帝的儿子，也不是嘉庆皇帝的孙子，也就是说溥伦是皇族近支旁系，所以不可能得到皇室成员的支持，慈禧太后更不可能将皇帝的宝座交给这样的人。

另一个是恭亲王奕䜣第四子载潋的嗣子溥伟，其生父载滢是奕䜣的第二子，他倒是道光皇帝的直支，可是溥伟的继父载潋声誉不好，经常教唆同治皇帝去"野游"，人们认为有其父必有其子，所以都认为溥伟不配做继承人。

关于这次西暖阁御前会议的内容，史料上的记载各有不同，《清通鉴》的记载是，慈禧太后没有向王公大臣公布同治皇帝的死讯，对大家说皇帝无恙，片刻后又说同治皇帝病入膏肓，向大家征求意见由谁继承皇位。

罗惇曧的《德宗继统弘记》记载，在西暖阁的这次御前会议，有人建议溥伦或溥伟作为继承人，结果被慈禧太后一票否决，其中有几句话分析颇为到位：

> 后曰："溥字辈无当立者，奕譞长子今四岁矣，且至亲，予欲使之继统。"盖醇亲王嫡福晋，孝钦后妹也，孝钦利幼君可专政。倘为穆宗立后，则己为太皇太后，虽尊而疏，故欲以内亲立德宗也。

也就是说，慈禧太后主张立醇亲王奕譞长子载湉。关于这一点在翁同龢的日记中也有记载，以慈禧太后的心机和精明来看，决定立载湉并非拍脑门的决定。罗惇曧认为是慈禧太后再立个小皇帝，可以继续掌控最高权力，从政治角度出发，归根到底是为了继续二次"垂帘听政"，继续掌控大清帝国的实际权力。在众多王公大臣面前亮出立同治皇帝载淳的同辈人为继承人，并且其决断不容反驳，以强硬的姿态压制反对意见，可以看出慈禧太后这位满洲贵族的女强人在大清帝国最高统治集团的权力斗争中又一次取得胜利，只不过相比于祺祥政变而言，慈禧太后经过多年的经营，这一次取得夺权胜利已经是颇为轻松。

关于同治皇帝去世时，大清帝国权力交接这个问题，尤其是慈禧太后意味深长的态度，濮兰德和白克浩司在《慈禧外纪》中也有分析：

> 慈禧知立恭王之子孙，必须遵循祖宗家法，不能久不归政，若违之，必致群情不服，而平日之与己为敌者，尤可藉以倾害也。以此之故，遂决意不立恭王之子孙。

中外都有相似的记载，说明慈禧太后决定立载湉确实是基于想继续掌权的想法，而且从载湉的身份来看，更有其他宗室成员所不具备的特殊条件。载湉的生父奕譞在朝廷所掌握的权力远不及恭亲王奕䜣重要，但是他在祺祥政变时是慈禧太后最为可信的功臣之一，是功臣而不是权臣，这是慈禧太后看重奕譞的关键所在。

　　奕譞本人处事小心翼翼，明哲保身，不参与朝廷的各种斗争，对慈禧太后自然没有威胁。值得一提的是，载湉的母亲是慈禧太后的胞妹，与奕譞的婚姻也是慈禧太后一手促成。我们都明白皇室成员的婚姻往往和政治有着紧密联系，用慈禧太后自己的话来讲，这叫"且至亲""幼者乃可教育"，所以清朝最后两代皇帝载湉和溥仪都是出自奕譞的醇亲王府。

　　不过需要注意的是，作为新皇帝生父的奕譞，在听到慈禧太后立自己的儿子为继承人时，其表现很是耐人寻味。史料上的记载是："唯碰头痛哭，昏迷伏地，掖之不能起。"我们可以理解这是奕譞心情激动的一种表现，毕竟只有四岁的儿子顷刻间就成了大清帝国的皇帝，这是谁也想不到的事情。但政治人物的表现一定会有政治方面的考虑，当载湉成为皇帝后，也就意味着奕譞成了大清帝国的皇父，那么以后该怎样处理与垂帘听政的慈禧太后之间的关系，将是他必须谨慎思考的问题，原因就在于天无二日，国无两尊，更何况以慈禧太后的心机和手段，日后如果稍有不慎，醇亲王便会陷入万劫不复的境地，恭亲王奕䜣此前的经历，奕譞想必一定不会忘记。

　　但是，走上了这条路就无法再回头，慈禧太后的强势态度，决定了大清帝国未来在很长的时间里，至少名义上还是小皇帝掌权。两代皇帝都是幼年即位，这很符合慈禧太后控制朝政的需要，当然如果我们抛开政治角度，而从慈禧太后作为女人的情感角度出发，我们就会得出一个与"女人专权"相反的一种结论。

　　慈禧太后身边得宠的女官德龄在她的笔记《瀛台泣血记》中认为，慈禧太后之所以要执意立载湉为继承人，是源自一种内心真正的母爱，只有丝毫没有偏见的那些读历史的人，才能体会到这种感受，概括起来只有一句话，就是她钟爱儿子同治皇帝的心过于深切。慈禧太后唯一的目的是希望同治这一辈能够在大清帝国的政治舞台上继续存在下去，犹如同治皇帝没有死去一样。换句话说，就是她希望从另一个和同治皇帝平辈人的身上寻求儿子的影子，使她可以聊以自慰。

载湉即位的时候，德龄虽然还没有进宫，但是后来他在慈禧太后身边侍奉两年，对慈禧太后的性格和行为方式有着直观的认识和感受，所以德龄的分析是有参考价值的。

在我看来，一个政治人物所做的决定首先要以政治需要为出发点，但政治人物毕竟也是人，是人就免不了带有感情色彩，因此立载湉为继承人，其实是慈禧太后权欲与感情二者互相作用的产物。值得一提的是，载湉即位后，订立的年号是"光绪"，其中的含义是承接"同治中兴"之光，因此认为慈禧太后将对儿子同治皇帝的感情，延续到侄子光绪皇帝身上是有一定道理的。

四岁的载湉就这样被决定成为大清帝国的第九代皇帝，当时这个小皇帝在自己醇亲王府里熟睡，结果被大臣们从床上连哄带骗地拽了起来，抱上銮舆从乾清们进入养心殿谒见两宫太后。

光绪元年正月十二日（1875年2月25日），光绪皇帝载湉即位于太和殿，从此中国历史上又增添了一位娃娃皇帝，大清帝国也由此开始进入光绪时代。

2. 宫廷风波

载湉继承皇位，虽然名义上是两宫太后的决定，但其实就是慈禧太后一人炮制的结果，后来有人评价她这种做法是"枉国法，犯舆论"。虽然当时朝廷的权力交接已经完毕，但朝廷上下必然有人会对慈禧太后独断专行表示不满甚至是对抗。

当然所有人都明白，在慈禧太后的专制下，如果公开表示异议，必定遭到严惩，因此对抗者们都是打着同治皇帝的旗号表现出来，例如内阁侍读学士广安就在光绪皇帝即位的三天后上了一道奏折，以当年宋太宗"传子未竟传子侄"的历史教训，提出了用"颁发铁券"作为立法来保证同治皇帝嗣子的皇位（那个时候阿鲁特氏还没有死）。

其实广安的这个提议，就是变相地对慈禧太后专权表达一种不满，慈禧太后立即还以颜色，发懿旨严厉斥责广安，将他的意见压了下去。

广安的奏折可以看作是光绪时代最先反对慈禧太后的声音，虽然他的声音被压了下去，但并不代表这种声音就会绝迹，事实证明朝廷内只有再有风吹草动，反对之声还会再次涌现。

光绪元年二月（1875 年 3 月），在继位大典刚刚过去一个月的时候，同治皇帝的皇后阿鲁特氏身亡，死因是不满慈禧太后不给同治皇帝立嗣绝食而死。当然这只是表面原因，谁都知道阿鲁特氏和慈禧太后的矛盾由来已久，随着同治皇帝的病逝，阿鲁特氏的处境越来越不利，其实真正的死因是她已经无法在慈禧太后的专制下生存。

事实上，自从阿鲁特氏过门以来，命运的不幸就已经注定，原因在于她不是慈禧太后中意的皇后人选，而且阿鲁特氏对慈禧太后这个婆婆也是满腹牢骚。史书上记载说，同治皇帝去世后，慈禧太后就一直责备阿鲁特氏，认为她没有尽到做妻子的责任，致使同治皇帝早逝。阿鲁特氏感觉十分冤枉，便以绝食抗议最终身亡，此时距离同治皇帝去世还不到一百天。

阿鲁特氏虽然不受慈禧太后待见，但毕竟是合法的正统皇后，光绪皇帝即位后，按照惯例两宫太后进封阿鲁特氏为"嘉顺皇后"，现在阿鲁特氏居然死去，于是一些不满慈禧太后的人便借题发挥，再次掀起了一场反对慈禧太后的风波。

例如，时任御史的潘敦俨以"岁旱"为理由上奏，认为是阿鲁特氏在同治皇帝驾崩不到百日而绝食身亡，是岁旱的主要原因，现在百姓们全都知道了这件事情，希望朝廷能为阿鲁特氏更定谥号。

潘敦俨显然是利用阿鲁特氏死亡事件，借此发泄对慈禧太后不为同治皇帝立嗣的不满，在潘敦俨看来，慈禧太后颇为迷信，以阿鲁特氏绝食身亡的理由，应该能够让慈禧太后内心受到震慑，但没想到的是，慈禧太后以"其言无据，斥为缪妄"为借口，下令将潘敦俨免职，同时也做出了微小的让步，在阿鲁特氏的谥号前加了"哲孝"两个字，从而平息了这场风波。

从广安的奏折到潘敦俨的上奏，说明虽然大清帝国已经有了新皇帝，但朝廷内有忠实于大清礼法的人，对慈禧太后破坏礼法擅自决定继承人这种做法抗议，而且这种抗议持续了很长时间，最为激烈的一次当属光绪五年发生的吴可读"尸谏"事件。

当时正值同治皇帝和皇后阿鲁特氏大葬之时，时任御史的吴可读自请跟随参加葬礼，回程夜宿蓟州时，吴可读在一座废弃的寺庙里自尽身亡，人们在他的怀中找到了一封遗书，其中的意思是以死为同治皇帝立嗣。

国内的史料上对于吴可读在这封遗书上究竟写了什么，记载的颇为含糊，倒是日本学者稻叶君山在著作《清朝全史》中有较为详细的记载。吴可读认为两宫太后对于为同治皇帝立嗣的问题，已经耽误了五年时间，光绪皇帝的立子问题都已经解决，为什么先帝的立嗣问题还没有解决？既然不解决这个问题，那未来的皇帝就是奉两宫太后之命，从光绪皇帝这里继承，而不是继承于同治皇帝。这个问题虽然现在看起来不是问题，但未来可不好说。

事实上，吴可读在遗书中等于把同治皇帝与慈禧太后当年的矛盾揭露了出来。稻叶君山认为吴可读的遗书实际上就是弹劾慈禧太后不顾大清礼法擅自选定继承人，而且"尸谏"本身是最为激烈的一种谏言方式。因此当时朝廷上下无不惊愕，可以说五年来到吴可读这里，反对慈禧太后把持朝政的风波算是达到了一个高潮，对于慈禧太后来讲，吴可读事件是一个颇为棘手的问题。

广安的奏折、潘敦俨的上奏，慈禧太后都可以利用权威全力压下去，杀鸡给猴看警示那些反对派，但是现在吴可读已经自杀，慈禧太后已经无鸡可杀，而且吴可读宁可牺牲自己的生命，也要维护大清的礼法，这也引起了很多人的同情，此刻慈禧太后其实是在和舆论做斗争，而仅仅是和反对派。

当时很多朝臣都认为，强势的慈禧太后绝不会妥协，正所谓"因揽权之一念，虽牺牲一切而不顾"，所以亲信之人出于一种投机心理，纷纷顺着慈禧太后的心思，搬出了大清帝国不欲立皇储的礼法，以"世宗宪皇帝诒谋之善，超反古而训来兹"的立嗣理论来证明慈禧太后的立嗣决策，称其为"以祖宗之法为法，即以祖宗之心为心"符合礼法规定。

慈禧太后的亲信们经过一番粉饰，将非法立嗣变成了合法，这也是慈禧太后需要的一种舆论，但是作为经历过诸多政治风浪的慈禧太后，十分懂得因势利导的作用，既然已经有了倾向自己的舆论，那就必须做出姿态，所以她下懿旨将吴可读的这封遗书，以及与这件事情相关的奏议文件全部保存起来，另外吴可读以死谏言忠勇可嘉，拟追封五品官吏。

慈禧太后的这个反应出乎了反对派们的意料，这些人不明白为什么说一不二的慈禧太后要决定追封吴可读，事实上这是慈禧太后利益最大化的一种策略。光绪皇帝已经即位五年，随着时间的推移，为同治皇帝立嗣的事情会越来越淡化，与其用一种对抗的方式来对待吴可读，不如体现一种宽容。在慈禧太后看来，平息风波的方式多种多样，对待活人和对待死人是不一样的，广安可以斥责，潘敦俨可以撤职，但吴可读不行，因为他已经是个死人，在中国人的观念里死者为大。所以慈禧太后用一种人们感情上能够接受的方式平息了这场风波，其实立嗣问题依旧没有改变，但慈禧太后却封住了反对派们的嘴。

也就是从吴可读"尸谏"事件开始，朝廷上下没有人再对慈禧太后擅立继承人问题提出异议，随着大清帝国的进一步开放，以及观念的变化，人们在同治皇帝立嗣的问题上越来越淡化。尽管这并不意味着反对派们对慈禧太后继续实行女人专权而停止斗争，事实证明，后来出现的很多问题都是与女人专权的话题有关。

光绪皇帝即位之后，关于慈禧太后专权的指责就从来没有停过，但这种情况却是无法改变的，而且随着慈安太后在光绪七年的去世，两宫并立的局面不复存在，大清帝国的最高政治舞台，完全变成了慈禧太后一个人主唱，不过很长时间以来，由于慈安太后去得过于突然，联系慈禧太后的专权欲望，所以分析史料记载来看，慈安的死或许和慈禧有关。

光绪七年三月（1881 年 4 月），四十五岁的慈安太后猝然去世，由于过于突然，所以当时就传言纷纷，街谈巷议和官方公告大相径庭，以至于在慈安太后之死上出现了两种不同说法，官方的说法是因病去世，民间的说法是中毒而死。这两种说法在后来所修的史书中都有反映，因此对于慈安太后的真正死因，就必须要回到史书中寻找答案。

在众多的史料记载中，明确记载慈安太后因病去世的史书，只有《清德宗实录》，从当中的记载来看，自光绪七年三月初一到三月十一日的十天中，涉及慈安太后的有两处，一个是初一日的请安，另一个就是十一日的病危。按照清朝的礼制，皇帝必须每天给皇太后请安，《清德宗实录》中有一句话是"至任申皆如之"，因此可以得知光绪皇帝每天到慈安太后处请安，可是并没有慈安太后得病的记载，以至于到十一日突然传出慈安太后病危的消息，而且随即就病逝，这不能不引起人们的怀疑。

《清德宗实录》中所谓慈安太后颁布的"遗诰"中，慈安太后说自己在初九日已经偶染微疾，转天就病情严重，按说是不应该再有什么疑问的，但是这封遗诰究竟是否出自慈安太后本人的授意，或者是他人假借其名代笔都不好说，因为自古以来所谓的"遗诏"之类的东西，弄虚作假以实现不可告人政治目的的不在少数。

事实上，"遗诰"中所说的内容与事实并不相符，问题就出在初九日这一天上，其中的记载是"皇帝侍药问安，祈予速痊"就值得怀疑。首先，初九日慈安太后得病之事只字未提，如果慈安太后确实得病，史官们是绝不会漏掉记载的，而且当时的起居注和有关其他宫廷册籍上也没有记载。

其次，"遗诰"中写的"皇帝侍药问安"如果属实，史官们也一定会记载，起居注上记载的是皇帝每日问安，却没有"侍药问安"的记载，所以光绪皇帝到慈安太后那里请安是存在的，"侍药"则并不存在。

而最让人生疑的是，慈安太后的病情由微疾到病危，"遗诰"中写的是"不意"，也就是说出乎慈安太后的预料，那么这个"遗诰"怎么就能证明是慈安太后授意所写的，所以综上所述，关于慈安太后颁布的"遗诰"很有可能是在其病逝后，由慈禧太后授意所写。

除了病死一说之外，关于慈安太后的死因还有其他说法，例如印鸾章的《清鉴》中就以存疑的笔法记载了慈安太后的死，而且《清史稿》中也只是记载了其死去的结果，而没有写明死因，说明很多人对慈安太后的死因都难以断定，因此采取了含糊其辞的笔法，以免妄断之嫌。

但是在众多的野史笔记中，则记载了慈安太后本身没有病，其实是被慈禧太后毒死的情况。而关于慈禧为什么要毒死慈安，则有两种不同的说法，一种说法是因为慈禧与伶人偷情被慈安发现，结果慈禧怀恨在心，借着慈安喜欢吃零食的嗜好，向其进献下毒的糕点致死，这个说法在《满清十三朝宫闱秘史》中有着详细的记载。

另一种说法，则是慈安太后因为婉言劝谏，引起了慈禧太后对她的不满，为了除掉自己专权的障碍，于是对慈安太后下了毒手，这个说法在《满清野史大观》等很多书中都有记载。

我们都知道野史不可信，但很多事实告诉我们，野史所记载的内容未必就不真实，而官方的正统史书为了达到某种政治目的，记载的也未必就真实，所以分析一个历史事件总要综合多种渠道的史料，在慈安太后被毒死一说中，慈禧偷情被慈安发现这个说法，显然是无稽之谈，因为两宫内院不是随便能够进去的，就算是慈禧偷情也不会是在公共场所，一定会在私密场所，这样的场所以慈安太后的身份想要进去，也一定会是前呼后拥，所以慈禧偷情被慈安发现根本不可能，而且以慈禧太后的高贵身份与一个被人们瞧不起的伶人偷情，这本身就有损慈禧的名誉，以慈禧的智商这根本就不可能。

在我看来，如果假设慈安太后确实是被慈禧太后所害，那也是权力斗争所致。我们都知道同治皇帝即位后，大清帝国的权力格局是两宫并立垂帘听政，但这不能说明两宫之间就十分和谐，事实上通过史料记载来看，慈安和慈禧的矛盾从慈禧入宫时就已经开始。

慈禧入宫之前，慈安身居皇后之位主宰后宫，甚得咸丰皇帝的信任和宠爱，但从慈禧入宫之后，这种情况逐渐改变，慈安逐渐失去咸丰皇帝的宠爱，但是对于慈禧咸丰皇帝则是越来越喜爱，整日与她吃住在一起，这就引起了慈安的嫉妒，于是慈安就想运用自己皇后的权力惩罚一下慈禧，让她明白后宫的主宰者是她慈安这个皇后，就在慈安在慈宁宫中摆下阵势时，咸丰皇帝及时赶来，慈禧才免去了被惩罚之苦，因此慈安没有达到目的，但也就是从这时开始，两个人开始产生了矛盾。

后来咸丰皇帝避难热河，出于政治上的考虑，慈禧主动与慈安和解，共同联手对付肃顺，一直到同治皇帝即位，两宫并立垂帘听政的政治体制形成，联盟的外部条件已经消失，所以两个人的矛盾再次开始，其主要的争夺焦点就是谁才是大清帝国的第一主人。

从礼法角度而言，慈安是以皇后晋升为皇太后的，地位要在慈禧之上，大清帝国当时的第一主人当然应该是慈安，但中国传统政治环境下，从来都是母以子贵，况且慈禧又是个不甘居于人后的女人，所以她暗中将慈安架空，将权力逐渐掌控在自己手里。

对于慈禧的权力运作，慈安并非没有感觉，但当时在中间还有个恭亲王奕訢，慈禧有时还得联合慈安共同挟制奕訢，所以在同治皇帝即位之初的那个时间段里，慈禧与慈安算是处于一种既联合又斗争的状态，等到了罢免奕䜣之后，慈禧才真正地将目标对准慈安。

可是慈安也并非等闲之辈，她知道要应对心狠手辣而又工于心计的慈禧并非易事，这个女人不仅是同治皇帝的生母，而且身边又有很多亲信，因此慈安决定首先在同治皇帝身上下功夫，对同治皇帝的关爱远远超过生母慈禧，这也是前边我们说过的，同治皇帝长大懂事后，与慈安的关系要比生母慈禧的关系好很多的原因所在。

随着慈安对同治皇帝的关爱逐渐增多，自幼就生活在慈禧冷面孔下的同治皇帝，逐渐投入到和蔼可亲的慈安怀抱，两个人形成联合与慈禧展开了较量，双方斗争最主要表现在两件大事上，一个是除奸，指的是除掉了慈禧的心腹大太监安德海；另一个是选后，在选后问题上，慈安与慈禧的意见不一，便在同治皇帝身上下功夫，最终慈禧被迫妥协，但也因这两件事情，使得慈禧大为恼火，开始在心底仇视慈安。

应该说同治皇帝的过早去世，对慈安极为不利，这等于让她找不到可以依靠的对象，尤其是慈禧又决定将载湉立为皇帝，这对于慈禧来讲极为有利，可以在政治舞台大显身手，这一点慈安就要逊色很多，况且光绪皇帝是慈禧的亲外甥，从血缘关系角度来讲，无疑与慈禧更亲近，在形势发生如此重大变化之后，慈安决定不再和慈禧争斗，自此之后慈安不再过问政事，这样的日子一直持续了六年。

光绪六年（1880年）的夏天，一个偶然的事件又将慈安推到政治前台，当时慈禧得了一场大病，由于长时间卧床不起，光绪皇帝年龄又小，所以慈安再次垂帘听政，从七月到十月的三个多月时间里，慈安再一次重操大权后，便产生了重回政治舞台的想法，尤其是在她听政期间，接触到了她此前在后宫难以知道的很多事，特别是朝廷上下对慈禧的独断专行不满，在慈安看来如果就此放任不管，不仅朝廷会乱下去，而且她这个"东太后"，也有可能成为慈禧的猎物，因此慈安决定对慈禧进行规劝，但是慈安的规劝方式很有问题。

当时慈安借慈禧病愈之际设宴庆贺，宴席之间慈安和慈禧双双回忆了曾经的友情，同时也谈到了将来的前景，在言谈话语之间慈安多次借肃顺当年专横跋扈来暗示慈禧要收敛一些，聪明绝顶的慈禧怎么可能会听不出弦外之音？由于所处的位置不同，慈禧从慈安言谈话语中得到的信息并不是让自己收敛行为，而是她窥探出慈安想要再次出山与她争个高低的动机，因此从这次宴请之后，慈禧开始处处排挤慈安，但是慈禧又无法对慈安贸然动手，据史料记载，咸丰皇帝临死前曾经给了慈安一道密谕，这封密谕直到现在她也不知道是什么内容，联想起咸丰皇帝曾经对自己很是不满，所以慈禧猜测这封密谕的内容未必对自己有利。

因此，慈禧虽然内心痛恨慈安，但是表面上依旧对这个东太后十分恭谦，据易孆的《满清十三朝宫闱秘史》记载，由于慈禧对慈安极为关心和侍奉，所以慈安将咸丰皇帝给她的密谕向慈禧太后展示出来，其内容大意是，慈禧生的唯一儿子未来会成为皇帝，而慈禧也会母以子贵，但朕对这个女人实在不信任，未来慈禧如果能够安分守己也就罢了，如果她不能安分守己，慈安可以出示这封密谕，让廷臣们除掉慈禧。

慈禧当时对慈安极尽逢迎，很可能就是为了诱惑慈安向她出示这封密谕，而联系慈安的暴崩，以及慈禧内心极强的权力欲，再加上这封密谕，可以猜测慈安有可能是被慈禧所谋害而死，因为当时对慈禧权力能够形成威胁的只有慈安，而且时任军机大臣的左宗棠在听到慈安暴崩后，反应是："昨早对时，上边（慈安）清朗周密，何尝似有病者？即去暴疾，亦何至若是之速耶？"说明慈安之死很是蹊跷，当时朝野上下种种猜测不胫而走，人们以所掌握少之又少的线索，对慈安的死进行着各种各样的推测，而慈安死后最大的政治受益者是慈禧，所以说慈禧谋害了慈安并不是空穴来风。

　　慈安暴崩后，两宫并尊的垂帘听政体制自然而然就变成了慈禧一人的垂帘听政，如果说同治皇帝即位是慈禧走向政治前台的起点，坚持拥立光绪皇帝是她实现专权的步骤，那么慈安暴崩则是她彻底甩开权力潜在威胁者，实现掌控大清帝国实际权力的标志，在此后的日子里大清帝国的一切政务都有她的意图体现，然而事实却证明了在世界大势急速向前的时候，大清帝国在实际的经历中体现出这个女人的意图，并不是什么利国利民的事情，从一定程度上来讲，甚至是国家的一种灾难。

3. 多事之秋

幼小的载湉成为大清帝国的新皇帝，但谁都知道他只是个名义上的皇帝，真正掌握实际权力的依旧是慈禧太后，相对于当年同治皇帝即位时的慈禧太后首次垂帘听政，这一次她将顺其自然地进行二次垂帘。

在慈禧太后第一次垂帘听政期间，大清帝国从外患内忧中挣扎出来，开始实行洋务运动，总算是得到了一次新的转机，这就是人们经常所说的"同治中兴"。不可否认，同治年间慈禧太后以铁腕手段推行强人政治，《清史稿》的形容是"中外人安，将相和谐"，但是如果将当时的中国放在世界体系坐标中去衡量的话，可以看到大清帝国在走过二百多年的岁月后，其体制和观念已经病入膏肓，在这样的历史条件下，任何强人的政治，只不过是为僵化的国家注入一针兴奋剂，即使有所复苏，也终究摆脱不了奄奄一息的命运。

让人匪夷所思的是，光绪皇帝从即位以来，大清帝国似乎又重走老路，天灾外患屡屡而至，仅是各地灾荒就出现了很多次。光绪二年五月的山西、直隶干旱，五月的福建水灾，八月的浙江、江西水灾，十月的皖北干旱，十二月的江北、淮北水灾等等。转年上述这些地方又再次发生了百年未遇的灾害，其中尤其以山西最为严重，《光绪朝东华实录》记载，山西受灾地区已达八十多个县，需要救济的灾民达到了五六百万之众，死尸遍地是大清帝国立国以来没有出现过的惨状。

那个时代老百姓遇到灾害，往往认为是上天有所启示，百姓们都认为老天爷之所以降下天灾，是因为光绪这个皇帝不吉利，还有人说光绪皇帝其实是白虎星君投胎，此后一直到光绪十年，每年都会出现几次大灾，可以说光绪在位前十年所遇到的自然灾害，犹如咸丰年间的太平天国运动，同样给大清帝国以强烈的冲击。

这样一个多事之秋，让渐渐长大的光绪皇帝心情越来越沉重，光绪十一年三月（1885年四月），他召见大臣时发出了叹息之声，不仅仅是因为各地灾害不断，更因为在此前不久爆发的中法之战，大清帝国不败而败，让他对这个国家产生深深的忧虑，为此他说出了一段话：

边防不靖，疆臣因循，国用空虚，海防粉饰，不可以对祖宗。

从光绪皇帝的话中，我们明显可以体会到他的忧心忡忡，而且有对大清帝国实行这么多年洋务运动的一种否定，至少从中法战争的结果来看，光绪皇帝没有看到洋务运动为大清帝国带来的实质性变化。值得一提的是，当时十五岁的光绪皇帝，已经意识到国家再继续这样下去，自己将无法面对祖宗，这也是他革旧图新的一种朦胧想法，我们无法证明后来他所主导的那场变法其思想是不是由此渊源而生，但如果抛开当时的特殊局势来看，光绪皇帝具备成为明君的潜质。

从光绪皇帝登基到中法战争的十年间（1875—1884），是他"典学授读"接受教育的重要时期，十年来光绪皇帝都是通过帝师翁同龢的渠道，不断收到各地灾情和国内外重要信息，而翁同龢也确实能肩负起教育皇帝的重任，经常在讲读经书时，激发光绪皇帝继承祖宗基业的责任感，从而使他获得了相当多的知识，因此在多事的社会背景下，光绪皇帝成熟得很早，一直到他亲政前夕，其学问有了长足的进步。

可是光绪皇帝虽然奋力读书，也不缺少承担祖宗基业的责任，但他所处的时代，却是一个世界急速变化的时代。十九世纪七八十年代西方列强继续在亚洲开辟市场，他们利用最新的科学成就，在经济上继续获得飞速增长，但当时资本主义的经济发展并不平衡，最显著的特点就是西方国家在世界工业产量总额比重中地位发生了新变化，由此西方国家的相互关系上出现了新的不平衡局面，从而导致西方列强为扩大殖民地而争夺逐渐升温。

列宁评价那个时代的西方社会特征时说："十九世纪七八十年代初，主要资本主义国家开始了夺取殖民地的大高潮。"

因此地大物博的大清帝国，依旧是西方列强的目标。

光绪皇帝刚刚即位时，日本便侵占了台湾，而且迅速开始争夺琉球的主权。次年英国翻译官马加里从缅甸越过中国边境，被当地云南人打死，英国政府趁机掀起风波，其驻华公使威妥玛向清政府提出了要增兵中缅边境的要求，并且派舰队到渤海湾进行军事威胁。清政府以李鸿章为全权代表，在山东烟台同威妥玛谈判，在慈禧太后的授意下，接受了英国人提出的全部条件，签订了《烟台条约》，清政府赔偿白银二十万两，云南地区等于门户大开。

除了英国人之外，俄国人不断蚕食新疆，法国人加速占领越南以及不断在中国西南边境、东南沿海制造事端。可以说虽然当时大清帝国不像鸦片战争以及英法联军进京时那般备受欺辱，但边境再起事端，清政府又是赔款、赔礼，同治中兴的局面正在一点点地破碎，随着1884年清政府在中法战争中不败而败，清政府又一次开始面临危机。

事实上，在中法战争爆发前夕，光绪皇帝与翁同龢已经开始参理朝政，虽然当时光绪皇帝年仅十四岁，但时事多艰以及翁同龢的悉心栽培，为光绪皇帝尽快成熟奠定了思想基础，但客观地说，这君臣二人依旧没有脱离明君贤相的观念。那个时候世界局势的急速变化，要求中国的领导人不能再只有传统的"明君"思想，还必须要有处理国际繁杂事务，以及带领中国走向现代化的能力，从这个角度来看，翁同龢能够给予皇帝陛下的实在太少。

在光绪皇帝即位后的十三年里，他和慈禧太后的关系还是比较亲密的。慈禧太后尤其对光绪皇帝"典学授读"进行了精心的设计，按照自己的模式想将光绪皇帝培养成大清帝国的明君，对于光绪皇帝的快速成长，慈禧太后本能地有一种"望子成龙"的喜悦和期望，毕竟当年在同治皇帝的教育问题上，慈禧太后留下了无法弥补的遗憾，所以慈禧太后要亲自设计光绪皇帝的教育路线。作为一个万乘之尊的皇帝，很多处理实际政务的能力，作为臣子的翁同龢是无法传授到位的，只有站在同一角度和立场的慈禧太后才能做到言传身教。

慈禧太后对于光绪皇帝的成长，曾经给予过热情的赞扬：

十余年来，皇帝孜孜念典，德业日新，近来披阅章奏，论断古今，剖决是非，权衡允当。

不过无论是慈禧太后还是翁同龢，我们不能否认他们想将光绪皇帝培养成明君的努力和信心，但是他们的教育理念和方法，与当时世界形势急速变化要赋予国家最高领导者的能力在方向上有所偏差，这也注定了光绪皇帝后来亲政后在处理很多实际问题时，其理念和方法明显与世界形势对应不上。

以今日视角来看，一个人的成长和成熟，其中一个重要的条件是他所处的时代与生活的客观环境。光绪皇帝"典学"的时代，正是西方列强继续加大争夺中国市场与殖民的时代，大清帝国虽然经历了同治中兴，但整个国家的发展成果没有经历过考验，就连朝廷高层也认为，当时国内外的局势是"时势多艰"，所以光绪皇帝虽然个人成长很快，但他的能力还不足以应对复杂多变的形势，而且随着时间的推移，这个特征会显现得越来越明显。

4. 初涉大政

　　随着光绪皇帝年龄的增长，逐渐到了他该亲政的时候。事实上在亲政之前，光绪皇帝就已经开始逐渐独立地处理朝政，慈禧太后在那个时间段里，也有意让他锻炼自己，尤其在中法战争之际，当时年仅十四岁的光绪皇帝开始处理实际的政务。

　　自从英法联军撤离北京后，大清帝国已经将近二十五年的时间没有发生战争，这次法国人在越南搞事情，十四岁的光绪皇帝一上来就面临考验，而且是涉及国家的主权问题，这不能不让他小心应对。

　　这次法国人之所以在越南搞事情，是因为越南当时依旧是大清帝国的宗属国，法国人想要通过越南，打开中国的西南大门，遭到了越南当地的反对，因此法国人大兵压境，开始了对越南实行军事打击。

　　事实上，早在19世纪初，越南就已经开始面临来自法国的军事压力，到了1861年，法军大举进攻南圻，迫使越南签订了既要赔款又要割地的《越法条约》，十年后法国又将矛头指向了北圻，想通过那里打开通向中国的西南大门。

　　当时法国海防领事土尔克就认为，法军占领北圻，因为它是一个理想的军事基地，因为有了这个基地，一旦西方列强企图瓜分中国时，法国将是最先站在中国腹地的人。法国人攻占越南，是有其战略考虑的，最终的目的还是中国，所以法国人着急向越南北部扩张，尤其在光绪七、八年间（1881—1882 年间）。法国人大举北进的时候，清政府高层的一些官员们看出了法国人的战略意图，认为越南和中国是唇亡齿寒的关系，主张不惜对法开战，当时持这种观点的官员包括奕䜣、翁同龢、左宗棠、张之洞等保守派和洋务派的众多人。

但是这些人看问题的角度，并不是最高统治者的角度，当时已经参与处理实际政务的光绪皇帝其倾向性对局势的发展有着举足轻重的影响，所有人都将注意力集中到了这个由慈禧太后亲手扶植起来的少年皇帝，看他究竟如何应对这个颇为棘手的问题。

之所以说这个问题棘手，原因在于从国力来看，大清帝国虽然经历了同治中兴的发展，但是还不具备与法国人掰手腕的资本，但如果不遏制法国人的进逼，中国的西南大门就会向法国人敞开，那将后患无穷。

光绪皇帝一开始对越南问题就表现出了一种忧虑，翁同龢在日记中说自己的学生是"颇恨战事不能休"，有这样的忧虑一方面是光绪皇帝年龄尚小，还没有应对国际问题的经验，是一种没底气的表现。另一方面清政府对于当时越南的局势还没有意识到已经很危急，一直到光绪九年九月（1883 年 10 月），驻越总督刘永福率领的黑旗军遭遇惨败，光绪皇帝才决定正式对法宣战。

清政府本来在越南是握有主动权的，光绪九年初法军攻占北圻，越南政府向驻越清军总督刘永福求救，于是刘永福带领精锐部队黑旗军向法军进攻，于四月在河内大败法军，击毙法军总司令李维亚。法国政府不甘心放弃北圻，又任命新的统帅，增派军队对刘永福发动大举进攻。这一次法军来势凶猛，刘永福遭遇重创，而临近驻扎在山西、北宁等地的广西巡抚徐延旭和云南布政使唐炯却按兵不动，对黑旗军不采取任何援助措施。清政府得知黑旗军惨败的消息还是来自于两广总督张树声，在这样危急形势下，光绪皇帝开始亮明主战的态度。

是日，抄递张树声电：有刘团退至顺化、谅山等。枢云"刘团不足恃，非添重兵出关不可"，上亦为然。

清政府决定增兵越南的消息很快传到了法国人那里。法国人的应对策略有两点，一个是继续增兵，另一个是逼迫清政府进行谈判。清政府看到法国人有谈判的意愿后，不希望事态进一步扩大，于是便委派军机大臣李鸿章为全权代表与法国人展开谈判。

清政府当时首先承诺从中越边境撤出驻越清军，法国人可以暂时接管越南北部地区，但不得越过中越边境，双方在谈判桌上达成协议，但是法国政府并不满足清政府的让步，命令法军继续向越南北部发起进攻，同时更换驻华公使，要求与清政府再次进行谈判。

当时清政府对于法国人的出尔反尔没有任何准备，情急之下命令李鸿章与法国人继续谈判，慈禧太后给李鸿章的指示是八个字："相度机宜，妥为筹办。"这种说了跟没说一样的话，貌似给了李鸿章极大的回旋余地，但其实让他更为难办，尤其这期间法军攻占了越南首都顺化，强迫越南国王签订了《法越顺化条约》，并承认法国是其保护国。

李鸿章再次与法国人坐到谈判桌上时，上述这一切都已经成为现实，因此法国人一上来就逼迫李鸿章承认《越法顺化条约》，提出了用"土匪"的名义清除刘永福的黑旗军，以扫除法军通往广西、云南的障碍，如果清政府不答应这些条件，法国人不仅和清政府绝交而且要从海上对大清帝国实施军事打击。

李鸿章虽然得到了慈禧太后的充分放权，但法国人如此苛刻的条件，他这个做臣子的还是不敢答应，于是他请示光绪皇帝该如何决策，光绪皇帝给出的答案是："胁越之约断不能认，总督坚持不许也。"

有了光绪皇帝的圣旨，李鸿章在谈判桌上的态度也开始强硬起来，坚持决不妥协，所以谈判最终没能达成协议。法国谈判代表脱古利随即终止谈判，向李鸿章示威要将驻越清军全部赶出越南，李鸿章也不示弱，表示要在越南抗战到底，于是中法双方在越南冲突不断升级。

由于光绪皇帝坚持主战，导致中法谈判破裂，这种鲜明的主站立场，不仅对时局产生了重要影响，也可以初步看出这位刚刚涉足朝政的年轻皇帝显露出了锋芒与锐气。当然年轻的皇帝并没有只是意气用事，决定抗战到底后，他又发布一道上谕，从军事及粮饷供给方面做了认真的筹划。

这道上谕是军机处依据光绪皇帝坚持主战的思想拟定的，也算是中法谈判破裂后的一个战争动员和全面部署。为了让各地更好地贯彻执行，光绪皇帝诏令以每天六百里程将上谕火速传至相关省份，对主战气氛的迅速形成起到了推波助澜的作用。

法国政府既然已经决定要以武力清除驻越清军，就肯定会付诸行动，但是仅仅依靠边境上的军事行动，法国人也明白不可能让清政府就此妥协。于是法国政府决定调派海军同时向台湾、福建沿海进发，以牵制清政府的军事力量，迫使清政府顾此失彼。为了完成整个军事部署，法国人继续施展和谈作为缓兵之计。

光绪十年三月（1884年4月），法国政府向清政府提出议和要求，李鸿章一个月后再次作为全权代表与法国人在天津展开谈判，并签订了《中法会议简明条款》，其主要内容是清政府承认法国有权保护越南，清朝军队退回本国边境，法国商品可以自由输入中国。

清政府当时以慈禧太后为核心的部分高层认为，有了两国正式签订的条款，越战就可以停止，因此对于台湾、福建沿海地区没做防御，但历史上两国对垒从来都是用实力说话，就在条款墨迹未干之时，当年五月底，法国舰队闯入福建海域，七月初法国驻福州领事通告清政府正式开战。

随即马尾军港之内的法国舰队立即对清军舰船发动猛烈进攻，只用了一个多小时的时间，就将马尾船厂造出的十一艘兵船和十九艘商船全部击沉，并重创马尾船厂，使得左宗棠花了将近二十年的心血建立起来的福建海军毁于一旦。

台湾、福建沿海地区的紧张军事形势让清政府高层一片哗然，当时要求抗法卫国的呼声迅速波及全国，但清政府高层内部却出现了主战和议和两大派别。议和派以慈禧太后和李鸿章为代表，由于慈禧太后刚刚调整了军机处以及部院大臣，高层之间的争权夺利依旧很激烈，慈禧太后唯恐对法战争打乱了她的计划，更害怕一旦战事不利而不可收拾，甚至重演当年咸丰皇帝避难热河的局面，故而对于是否对法宣战这个问题一直主张能和谈解决就绝不开战。

在慈禧太后看来，保持政局稳定是首要问题，为此可以牺牲越南和刘永福黑旗军的利益，她指示李鸿章在对法交战和稳定朝廷局势之间要首先以稳定朝政为主，如果将军队全部派出的话，搞不好会反戈一击，到那个时候局面将不可收拾。事实上从《中法简明条款》的签订就可以看出，中法之战到目前为止，清政府陷入被动是不断妥协的结果。

也许李鸿章内心并非不主战，但是当时对大清帝国的军事实力认识最清醒的就是他，清政府虽然经历了二十多年的洋务运动，但马尾海战暴露了洋务运动的虚幻一面，李鸿章对此十分清楚，所以在我看来李鸿章内心主战，但实在是没有能力可战。所以他只能顺着慈禧太后的思路行事，但是他主张议和与慈禧太后的主张议和有本质上的区别，这的确是一种无奈。

慈禧太后力主和谈，但光绪皇帝的态度很明确，那就是与法国人一战到底，当时朝廷内以翁同龢、奕䜣、张之洞、曾纪泽为代表支持光绪皇帝的主战态度。就在法国军舰进攻马尾军港的前一天，光绪皇帝得到法国军舰不断挑衅的情报后，便立即做出指示，诏令继续向镇南关增兵，也正是因为光绪皇帝的这种坚决主战态度，清政府于七月六日（8月26日），正式宣布对法宣战。

尽管在此之前，中法两国早已经在越南大打出手，但没有正式宣战便有回旋的余地，现在已经对法国正式宣战，开弓没有回头箭，因此前线官兵勇往直前，也正是因为有了宣战诏书，清军在越南反而捷报频传。

陆战方面，为了激励刘永福，光绪皇帝特意赏赐刘永福顶戴花翎，并派出重兵与刘永福黑旗军协同作战，在镇南关、谅山、临洮战役中重创法军，收复了大片失地。海战方面，虽然马尾军港被法军重创，但台湾基隆一战，在台湾防务督办刘铭传的指挥下，重创法军，迫使法军舰队不敢明目张胆地在台湾海域活动，更不敢登岛挑衅。

值得一提的是，在中法之战中，中国军队不但重创法军，打乱了法国政府先前想要打通中国西南大门的计划，而且在其国内由于民众的反对，迫使这次策划侵略越南的法国茹费理政府倒台。

可以说光绪皇帝自涉足朝政以来，最终决定对法宣战是他的一大手笔，显示了这位年轻皇帝决策重大事件的虎虎生气，也表现出了一定的决断力和魄力。但从当时清政府的实际情况来看，以光绪皇帝为核心的主战派，并不是完全控制决策大权，甚至慈禧太后只要稍微用力，这些主战大臣的态度或许就会动摇，事实也证明了主战派在这场战争中只发挥了一时的促进作用，没有实现力挽狂澜的局面，所以中法之战最终的结果，还是以妥协谈判而告终。

光绪十一年二月（1885年4月），以慈禧太后为首的妥协派唯恐战争继续下去会无法收拾局面，发布了停战命令，决定继续与法国人进行谈判。在英国人赫德的周旋下，中法两国再次回到谈判桌，这次依旧是李鸿章出面与法国人进行谈判，经过多轮协商，双方签订了《中法会订越南条约》，战争宣告结束。

前边我们说过，中法之战对于清政府来讲是不败而败，原因在于这场战争结束后，清政府并没有改变法国人成为越南保护人的既定事实，而且法国人依旧占据着越南北部地区，对中国的西南地区虎视眈眈。说清政府"不败"，只是因为这场战争不再像先前的鸦片战争那样对洋人又割地又赔款，而形成这种局面还是源于光绪皇帝等主战派在越南战场上的一系列表现，最终算是让清政府比较体面，但从战略上来说，法国人还是最终的胜利者。

中法之战清政府不败而败已经是个很不错的结果，只是从朝廷局势来看，人们当时或许忽略了一个至关重要的隐患，那就是已经逐渐长大成人的光绪皇帝似乎和慈禧太后对他的期望并不太一样，包括思维方式以及政治态度。大清帝国这两个最高领导者，在未来的日子里将会越来越凸显分歧，以至于这种分歧影响了大清帝国的国运。

5. 训政之路

1884 年到 1885 年进行的中法战争，在中国近代史上算是一次比较体面的战争，结局既没有割地，也没有赔款，只是牺牲了越南的独立地位，承认越南是法国的保护国，法国人得到了广西、云南通商和修筑铁路的特权。

中法战争对于光绪皇帝来说，是他一生政治生涯的新起点，同时清政府内部关系也因这次战争而发生了新的变化，后世所称的"帝党"与"后党"两个派系大致也在此时初步形成。

在中法战争中，年轻的光绪皇帝开始意识到，大清帝国虽然洋务运动这么多年，但自身依旧存在政权危机，如果稍加不慎，祖宗的基业有可能会毁在自己手里。前边我们说过，光绪皇帝召见枢臣就表达出了对不起祖宗的担心，而通过中法之战，他对清政府存在的危机有了更加理性的认识，例如战争中暴露出来前线指挥官不能统一协作的情况，朝廷大员苟且图安，一有战事就会产生和谈解决的惯性思维，都让年轻的皇帝感觉整个行政机构功能已经严重丧失，当然他倒是觉醒得很快，坚决抗战到底，算是思想开始走向成熟的一个标志，这也是他在未来的日子里无论遇到外敌侵略和内政改革多大的阻力，都依然迈着沉重的步伐不断前进的原因。

但是光绪皇帝在中法之战中所持有的鲜明主站立场，使得这场战争有些偏离慈禧太后的轨道。在慈禧太后看来，这是逐渐长大的皇帝与自己产生分歧的端倪，政治嗅觉十分敏感的她开始察觉出自己一手培养的小皇帝已经偏离自己当初设计的模式，她当然不可能任凭光绪皇帝按照自己的意愿行事，因此决定防患于未然，设法钳制光绪皇帝，让他回到自己设计的轨道上来。

为了让朝廷大政方针和光绪皇帝的权力不越过"垂帘听政"的雷池，慈禧太后当时采取了两大措施。

第一，调整军机处班子。早在光绪十年三月（1884 年 4 月）的时候，慈禧太后便产生了改组军机处的想法，当时正是朝廷内部对于中法战争是战是和之间进行剧烈争论的关键时刻，以光绪皇帝为核心的主战派，其坚定的主战态度，让慈禧太后惊讶不已。为此慈禧太后就将主战还是主和的这种态度，作为了军机处用人的重要标准，将奕䜣、翁同龢等人全都排挤出军机处，而且在慈禧太后发布的懿旨中，都没有提到这些被逐出军机处的大员在中法之战中的立场。当时越南战场激战正酣，法国通过德国公使德璀琳周旋于李鸿章和法国公使福禄诺之间，进而逼迫清政府再次回到谈判桌上，在这种局面下，慈禧太后当然要掩盖内部存在的分歧，如果将主战与主和的矛盾暴露出来，她坚信法国人在谈判桌上一定会加大筹码，到时候李鸿章又会陷入左右为难的境地。逐出军机处的奕䜣、翁同龢等人，原因都跟主战态度有关，例如《清史稿》中记载：

（光绪）十年。法兰西侵越，王（恭亲王奕䜣）与军机大臣不欲，轻言战，言路交章论劾。太后谕贵王委靡因循，罢军机大臣，停双俸。

十年法越事起，同龢主一面进兵，一面与议（和），庶有所备。又言刘永福不足恃，非增重兵出关不可。旋与军机大臣同罢，仍值毓庆宫。

时崇厚与俄擅定伊犁约，鸿藻坚持不可，争于廷……及法越启衅，言路愈奋发，劾罢枢臣。

上述这三段记载，分别是说奕䜣、翁同龢、李鸿藻被逐出军机处的各种原因，从中可以看出当时对于中法之间是战是和的争论甚是激烈，因此光绪十年慈禧太后改组军机处班子，是皇帝与太后分歧的结果。

我们都知道军机处是大清帝国的一个标志性机构，它是高层发号施令的策源地，是皇帝得心应手的辅佐工具，时刻发挥左辅右弼的作用。但在那个"垂帘听政"体制下，慈禧太后不可能不将军机处掌控在手中，改组军机处的目的，一是为了让她自己的心腹全面控制这个中枢最重要的机构，不折不扣地贯彻自己的既定方针，在慈禧太后的布局下，改组后的军机处由醇亲王奕譞全面负责，礼亲王世铎、户部尚书额勒和布、刑部尚书张之万、工部左侍郎孙毓汶等慈禧太后的几个心腹都马上进入了军机处。

如果我们以后来慈禧太后与光绪皇帝的矛盾进一步加深，来揣测慈禧太后当时的意图，她很可能是看到了距离光绪皇帝亲政的时间已经越来越近，在其亲政之前改组军机处，目的就是要在这个算是皇帝秘书的班子里安插自己的人，以达到光绪皇帝亲政后，自己依然可以随时监督其政治行为。

改组军机处之后，慈禧太后接着实施了第二个步骤——暂缓归政。

光绪十年三月的这次改组军机处，可以视为大清帝国整体运行的一个转向标，太后和逐渐长大的皇帝似乎不再是相濡以沫，中法之战皇帝和太后截然不同的态度，也使得朝廷上下嗅到了一丝紧张的空气，改组军机处只是慈禧太后小试牛刀，紧接着才是放出大招，而暂缓归政的决定，也让很多人忽然清醒了许多，原来这个国家最有权力的人不是皇帝而是太后。朝廷上下隐约地开始意识到，未来围绕皇帝和太后之间出现的分歧一定不会少，自己究竟该倾向于哪一方，是一个很现实的问题。

改组军机处是在清政府对法国宣战之前，当时虽然许多主战派大臣被逐出中枢机构，可是没多久清政府还是对法国正式宣战，并调兵遣将积极抗战，但是我们不能说慈禧太后所采取的措施没有效果，当时之所以会出现这种矛盾现象，最主要的原因除了光绪皇帝的坚决主战态度之外，还是人们的观念所致。中国在漫长的封建社会里形成的君临天下、君权唯一的观念早已经深入人心，这不是一般力量所能动摇的，所以光绪皇帝的主战态度让朝廷上下还是惯性思维地坚决执行，但是从朝廷内部的政治局面来看，慈禧太后是握有实权派的人物，改组军机处之后，她就开始打出了第二张牌——训政。

慈禧太后很清楚，如果不尽快对光绪皇帝采取纠偏的措施，随着光绪皇帝的成长，其权力必然会自然而然地转移到皇帝手里，再过二三年的光景，光绪皇帝就已经到了亲政的年龄，现在看来满腔锐气雄心勃勃的皇帝到时必然会摆脱"垂帘听政"桎梏，完全按照自己的意志去治理这个国家。

在慈禧太后看来，仅仅是机构改组还不够，所以训政就迫在眉睫。

慈禧太后经历过多次政治风险，然而都能在紧急关头动用权术，做到化险为夷，这次的"训政"也不例外，是一种束缚光绪皇帝手脚的做法，其内涵就是从"垂帘听政"的政治体制到皇帝亲政这段时间，设立一个"太后训政"的过渡阶段，目的就是为光绪皇帝制造一个特殊的御座，将光绪皇帝以合法的傀儡皇帝形式推上政治舞台。

当然慈禧太后不会忘记，当年她违背祖制强行立与同治皇帝平辈的载湉，为了搪塞舆论，曾经许过两个承诺，一个是同治皇帝因为没有子嗣所以立同辈的载湉为皇帝，如果未来光绪皇帝有了儿子，立即过继给死去的同治皇帝为嗣，成为下一任皇帝。

另一个实行垂帘听政的原因在于皇帝年龄幼小，是一种权宜之计，未来皇帝成年学有所成之时，将权力归还给皇帝实行亲政。

时至今日皇帝即将成年，而且也具备做一个明君的潜质，第一条诺言因为皇帝还没有大婚可以暂缓，但是第二条诺言却无法再拖延，皇帝无论从年龄还是智力、能力等方面来看，亲政的条件即将成熟，归政也该到了兑现的时候。

鉴于这种形势，慈禧太后在光绪十二年的时候，也确实召见了她的心腹醇亲王奕譞、礼亲王世铎讨论过归政事宜。当时慈禧太后是不是向两位心腹暗示了"训政"的想法，史料上没有记载，倒是记载了慈禧太后发布了一道归政的懿旨，但是从"训政"很快便有步骤地搬上政治前台，并得到紧锣密鼓的配合来看，慈禧太后的归政懿旨应该仅仅是故作姿态。

在慈禧太后颁布的懿旨里，明确写着：

即本年冬至大祀圜丘为始，躬身致祭，并著钦天监于明年正月选择吉期，举行亲政典礼。

也就是说距离光绪皇帝亲政还有半年多的时间，慈禧太后有足够的时间，可以按照自己的意愿来决定事情究竟向哪个方向发展。而讲一套做一套，则是慈禧太后惯用的伎俩，一面"即行亲政"，一面"抓紧训政"，尤其她善于借用别人之口，说出自己想做而又无法说出口的事情。

就在懿旨颁布的第五天，即光绪十二年六月十四日（1886 年 7 月 16 日），醇亲王奕譞、礼亲王世铎等人上奏，以不同的理由恳请慈禧太后进行训政。但是太后训政在大清帝国的历史上还从来没有过，作为政治强人的慈禧太后必须要将训政一事做得无可挑剔，在批复奕譞、世铎等人的奏章时，慈禧太后也明确表示赞同，而且也隐约说出了"训政"的意图所在：

至醇亲王折内所称，宫廷政治，内外并重，归政后当永照现在规制，凡宫内一切事宜，先请懿旨，再于皇帝前奏闻，俾皇帝专心大政等语。念自皇帝冲龄嗣统抚育训诲深衷，十余年如一日，即亲政后，亦必随时调护，遇事提撕，此责不容卸，此念亦不容释。

慈禧太后的这个批复等于借皇帝生身之父奕譞之口，对光绪皇帝亲政以后的理政原则和太后凌驾皇帝之上的绝对权威做了明确的规定，也等于全盘托出了策划好的"训政"法规。值得一提的是，"归政后当永照现在规制"这句话，在日后决定大清帝国命运的很多事情上，都能看到这句话的影子，而这句话也等于为光绪皇帝戴上紧箍咒，永远不能改变"垂帘听政"的政治体制。

六月十八日慈禧太后再度颁发懿旨，正式亮出了"太后训政"的招牌，在这封懿旨中，慈禧太后决定光绪皇帝未来亲政后，自己也将再训政数年，而且理由也是冠冕堂皇，叫作"勉允所请"，好像是不得不答应奕譞、世铎等人的请求，而世铎这位善于投慈禧太后所好的圆滑人物，立即草拟了一个所谓的《训政细则》，于十月二十五日奏请慈禧太后定夺。

《训政细则》的主要内容，其实就是慈禧太后继续垂帘听政，唯一不同的是，以前上朝太后御座前用垂帘遮蔽大臣视线，现在则设立纱屏为障，其他朝廷最高统治机制的旋转轨道，和垂帘听政是换汤不换药，并无实质上的区别，大权依旧掌握在慈禧太后手中。

这个细则实行之后，就成了大清帝国高层集团一切活动的总法规，皇帝必须在这个框架里"依法"行事，如果稍有出格的越轨行为，慈禧太后有权加以处置，后来戊戌变法的整个过程就印证了这一点。

应该说慈禧太后的政治手段确实很高，在光绪皇帝亲政之前，设置了一段"训政数年"的过渡阶段，事实上其着眼点并不在于"数年"这个词，而是企图通过训政搭成一块跳板，进而可以通往控制大清帝国实际权力的彼岸，并且用训政细则作为光绪皇帝一切活动的行为法则，永远让光绪皇帝置于自己的框架之中。

史书上没有记载光绪皇帝对慈禧太后抛出的训政理论有什么样具体的反应，或许他本身就不能有反应，只能是屈尊顺从，毕竟他的皇位都是慈禧太后给予的。但是从光绪皇帝后来的一系列行为来看，还是能够看出这个血气方刚的年轻皇帝对于老太后的训政决定内心是逆反的，表面上却又必须顺从，以至于他的很多行为都是自相矛盾。

《训政细则》出台两个多月后，光绪十三年正月十五日（1887 年 2 月 7 日）举行了皇帝的亲政典礼，但是从亲政典礼的整个过程来看，虽然名为"亲政大典"，其实是一场慈禧太后的训政仪式，自此之后大清帝国进入了太后训政时期，慈禧太后继续实现了把控权力的目的。

以今日视角来看，此后大清帝国的发展，呈现出了与高层本来愿望逐渐相反的方向，慈禧太后的训政之路，没能阻挡光绪皇帝按照自己的意图去施政，而《训政细则》也没能发挥慈禧太后的预期效应，成为光绪皇帝永远遵从的法则，相反随着光绪皇帝年龄的增长，他的逆反心理也逐渐增强，而后世所称的"光绪新政"就是对《训政细则》最有力的回应。

所以，大清帝国在中法战争之后，朝廷内部已经暗藏激流，太后和皇帝终究会在未来的日子里，形成一种影响国运的矛盾之争。

6. 大婚与亲政

光绪十三年正月举行的皇帝亲政典礼，内容以"训政"取代了垂帘听政之实，慈禧太后即同治一朝之后，继续在光绪皇帝时代掌握实际大权。之所以要抛出"训政"这种模糊的概念，是因为光绪皇帝此时已经十七岁，按照中国社会习俗，男子十六岁就已经进入了成人阶段，已经具备了娶亲的条件，也就是我们常说的"成家立业"，更何况皇帝是九五之尊，为亿万百姓做表率的人，慈禧太后不可能总是抱子坐龙廷。

因此，慈禧太后明白，随着时间的推移，归政的呼声会越来越高，毕竟这个国家的人们还是习惯皇上做主。那个时间段里关于归政这个问题，慈禧太后承受来自舆论的压力与日俱增，"训政数年"是她目前想出的最好主意，可以让舆论接受，也可以满足自己的权欲，但这只是权宜之计，要想从根本上解决这个问题，慈禧太后还得再出招。

光阴飞逝，一转眼又是一年过去了。

公元1888年是光绪十四年，这一年光绪皇帝已经十八岁，这个年龄正是青春好年华，而且光绪皇帝越来越有风度，朝堂之上泰然自若召见群臣，接受来自百官的陈奏，俨然想以皇帝独断乾纲的姿态出现在御座之上，而与此对应的则是朝堂上一阵阵"吾皇万岁"的恭贺声，不断敲击着慈禧太后那根敏感的神经，对其心理是一个巨大的刺激。

慈禧太后越来越感觉，"太后归政"这一严酷的现实，自己正在一步步地逼近，当时慈禧太后虽然精力还很充沛，处理政务也依旧能表现出一种强人风范，可终究已经是五十四岁接近老年的妇女，传统观念认为女人进入五十岁，就可以称为"老妪"，该到了颐养天年的年龄。

面临即将要退出政治舞台的压力，以慈禧太后的性格，先发制人是其一贯处事原则，因此光绪十四年六月（1888 年 7 月），慈禧太后颁发懿旨，决定明年正月让皇帝完婚，然后皇帝正式开始亲政。

明眼人都能看出来，慈禧太后这是主动出击，以攻为守之策。这个决定本来就和"训政数年"自相矛盾，断然决定为光绪皇帝在明年婚配以及亲政，其中必然有慈禧太后耍弄的权术。两年前颁布的《训政细则》，已经定下了"凡宫内一切事宜，先请懿旨再于皇帝前奏闻"的规定，既然已经定下这种制度，皇帝亲政以后也必须在这种制度框架下行事，所以慈禧太后颁发懿旨的意图，其实是想平息来自舆论的归政压力。

事实上，这是一种心虚的表现。因为从当时的政治环境来看，即使她不发懿旨，也没有人敢再提归政一事，更何况皇帝的婚姻大事，老太后在这个问题上是有绝对主宰权的，甚至可以大做文章。

皇帝婚配对于自己和整个国家来讲，都具有里程碑的意义。一般皇子婚配之后，要分府出宫自立府邸，而皇帝的大婚是与亲政联系在一起的，是人生的同一里程，对于光绪皇帝来讲，自己大婚便意味着太后归政和自己独断乾纲。光绪皇帝肯定视此为摆脱慈禧太后的一个机会，站在光绪皇帝的角度来分析，十多年来他一直生活在慈禧太后这位"亲爸爸"的光环之下，从来没有一刻不恭敬顺从，现在"亲爸爸"懿旨自己即将可以亲政，光绪皇帝内心充满了矛盾。

　　究竟是可以借此摆脱束缚，还是说亲政只是个形式，这是个问题。

　　那个时间段的光绪皇帝不是没有自己的希望，这从他后来在甲午之战中表现出来的主战态度可以看出来，而他的婚配和亲政也是天下臣民所望，但光绪皇帝心中对慈禧太后懿旨中究竟透露出什么信息，他实在猜测不到。

　　事实上慈禧太后知道皇帝亲政是天下所望，而目前舆论可以利用的就是皇帝大婚事宜。人们一定希望皇帝大婚之后能够亲政，然后太后顺利归政。在自己制造的顺我者昌，逆我者亡的氛围下，天下人只能借助大婚事宜来做文章，所以慈禧太后主动出击，用归政懿旨堵住人们的嘴，巩固下自己的位置，然后再寻找机会继续出手。

　　慈禧太后可以在抉择皇后人选时，伺机玩弄手腕，在光绪皇帝身边安插心腹，这样也可以更加严密地控制皇帝，这反而会为慈禧太后继续掌握实际权力，增添了一份保险因素。

　　站在光绪皇帝的角度来讲，自己的婚配与亲政，不仅是天下人所望，其实也是他自己和臣民的共同期望。婚配对于光绪倒不仅仅是所望，是没有悬念可以实现的，而亲政才是他日益增强迫切需要的东西，在此之前的若干年里，帝师翁同龢教授他《左传》时，就对古今治乱进行反复讲述，因此光绪对于历史有着很深的了解，他知道历史上出现过许多傀儡皇帝，这些皇帝都有着自己的苦衷，而且大多没有好下场，他这么多年一直将这些历史上的傀儡皇帝当作自己的一面镜子，无论从哪个角度来讲，他都不甘心长期充当慈禧太后手心里的挂名皇帝。

　　在这种思想支配下，光绪皇帝在慈禧太后颁发懿旨不久后，就顺水推舟地发出上谕，希望能够早日达成自己亲政的夙愿，在上谕中光绪皇帝用极为恭谦的言辞，表达了对老太后这么多年教导自己并即将让自己亲政的感激之情：

朕自冲龄践阼，仰蒙慈禧佑康颐昭豫庄诚皇太后垂帘听政，丰功伟烈，震古烁今，宵旰勤劬，数十年如一日……圣母为天下忧劳况瘁，几无暑刻可以稍资休息。抚衷循省，感悚交深。慈复特沛温纶，重申前命，朕敢不祗遵慈训，于一切机务，兢兢业业，尽心经理，以冀仰酬我圣母抚育教诲有加无已之深恩。所有归政届期一切应行典礼事宜，著各该衙门敬谨酌议具奏。

我们可以认为光绪皇帝在谕旨中的表述，是一种顺水推舟的做法，表达出了希望尽快能从慈禧太后手中转移亲政大权的心愿。因为按照惯例，凡是太后恩典，包括皇帝在内，不管是出于真心还是假意，总是要做出一番请求收回成命或者恳求不受之类的请求，但是光绪皇帝一反惯例，而且谕旨中说到的慈禧太后为天下操劳，几乎没有休息的时间，其潜台词就是：现在我已经长大成人，老太后您可以休息了。

如果仔细揣摩光绪皇帝的这封谕旨，就能品出来其中的不满情绪。

光绪皇帝在慈禧太后身边这么多年，对这位"亲爸爸"习惯出尔反尔的做法颇为深知，虽然他知道这一次慈禧太后颁发懿旨所说的归政，依旧不是出自本心，但在亲政的道路上，光绪皇帝只能做到顺水推舟，这也算是死马当活马医。不过光绪皇帝既然做了就要做充分，他将上谕发给内阁，按照红本收发的程序，这封上谕必定要公布给朝臣们并记录存档，今后将不易收回成命。

而"著各该衙门廷臣敬谨酌议具奏"则是给慈禧太后一种成为既定事实的印象，表示了归政有期，有人认为光绪皇帝这种做法是一种还未摆脱在政治斗争中的天真幼稚之气，但我们从当时的情况来看，就算光绪皇帝老谋深算，他又能做出什么！

慈禧太后释放的"训政"和"大婚"信号，其实就是不想让人们清楚她下一步的算计，通过后来的事实可以证明，慈禧太后的胜负手是圈定在选定后妃的时候，逼着光绪皇帝一步步进入她设定的圈套之内。

大清帝国皇帝的后妃按照等级从上到下分别是皇后、皇贵妃、贵妃、妃、嫔、贵人、常在、答应等八个等级，在慈禧太后看来，为光绪皇帝选择什么样的女人至关重要，对朝廷的政治动向和皇帝的思想有着直接的影响，按照朱寿朋所编的《光绪朝东华录》中所说的话就是：

佐理宫闱，以协坤仪，而辅君德。

慈禧太后本人早年就是宫女，因为得到咸丰皇帝的宠幸，成为妃子后逐渐平步青云，按照她自己的经历来衡量，成为光绪皇帝的后妃，就必须要对她这个老太后唯命是从，完全能够充当耳目才行，进而达到严密控制光绪皇帝的目的。鉴于上述原因，所以慈禧太后所谓主动操持皇帝大婚亲政，其实是有着不可告人的目的，换句话说，慈禧太后看重的是"大婚"，光绪皇帝以及希望看到皇帝亲政的人看重的是"亲政"。

依据朱寿朋的《光绪朝东华录》《清宫词注》以及《翁同龢日记》等多种史料来看，慈禧太后为光绪皇帝选定皇后与后妃都是在光绪十四年十月五日（1888年11月8日）同一天完成，而且很多史料也记载了慈禧太后选妃的手法，与当年她立光绪皇帝的手法如出一辙，都是强行为之，任何人不得有反对意见。从最后的结果来看，慈禧太后凭借绝对的权威，确定了皇后和后妃人选，但人选可以用政治手段去左右，感情却不行，后来的事实证明，正是因为慈禧太后的在立妃事件上独断专行，为光绪皇帝的婚姻悲剧埋下了祸根。

慈禧太后指定的皇后人选，和她一样出自叶赫那拉氏，名叫静芬，比光绪皇帝年长三岁，后来宣统皇帝在位时，为她上的徽号是"隆裕"，所以人称"隆裕皇后"。父亲桂祥时任副都统，是慈禧太后的弟弟，隆裕皇后等于是慈禧太后的侄女，所以我们也就明白了为什么慈禧太后要指定自己的侄女为皇后。

　　濮兰德和白克浩司在《慈禧外纪》中记载，慈禧太后为光绪皇帝指定皇后人选，其意义是为了自己，目的是为了便于监察皇帝的言行，也是为了培植以慈禧太后为代表的叶赫那拉氏的家族势力，争取实现中国历史上诸多外戚当权的局面。

　　德龄在《瀛台泣血记》中也认为，光绪皇帝的母亲是慈禧太后的胞妹，慈禧企图用拥有叶赫那拉氏血缘的载湉当皇帝，这样可以为叶赫那拉氏家族发展私家势力大开方便之门，现在又强行立她的侄女为光绪皇帝的皇后，其实就是想将大清帝国变成慈禧太后母族掌权的国家。

　　无论是中国人还是外国人，都认为慈禧太后强行干涉光绪皇帝的婚配问题是源于私利，但事实的发展与慈禧太后的愿望却恰恰相反，因为立隆裕皇后只是慈禧太后的个人意志，不是光绪皇帝的心意，这种"奉诏成婚"的模式，只能让光绪皇帝内心生出反感，光绪皇帝虽然无法反抗慈禧太后，但是他却可以在细水长流的日子里，与隆裕皇后增添隔阂，而且通过大婚事件，皇帝和太后的关系开始逐渐由政治分歧发展到感情上的鸿沟，这也使得一片阴云在紫禁城的上空开始聚拢，随着矛盾的日积月累终将成为一场雷雨交加的风暴。

　　不过，虽然大婚事宜含有种种阴谋和矛盾色彩，但表面上按照程序，皇帝陛下大婚之后，接下来就是亲政事宜，慈禧太后表面上也必须要执行这个程序，颁发懿旨正式宣布皇帝陛下举行完大婚典礼，次月便举行归政典礼。

　　因此光绪皇帝的大婚典礼之后，接踵而来的就是太后与皇帝围绕"归政"问题，而展开的较量。当时十八岁的光绪皇帝虽然还稚气未脱，但是天资聪颖的他，在十四年的宫廷生活中也获得了一些政治斗争的本领。前边我们说过在慈禧太后宣布归政之后，光绪皇帝就顺水推舟地暗示老太后应该退休颐养天年，从策略上看，光绪皇帝不仅只是嘴上说，事实上也用实际行动加速进程。

具体的方法就是筹划为慈禧太后扩建颐和园。

在光绪皇帝的上谕中有过这样一段话：

溯自同治以来前后二十余年，我圣母为天下忧劳，无微不至。而万几余暇，不克稍资颐养，抚衷循省，实觉寝馈难安。因念西苑密迩宫廷，圣祖仁皇帝曾经驻跸，殿宇尚多完整，稍加修葺，可以养性怡情。

在我看来，光绪皇帝筹划修葺颐和园，其实就是想借此摆脱慈禧太后对自己的控制，这对于光绪皇帝而言是一个极为重要的策略。而慈禧太后也通过谕旨看出了光绪皇帝的意图，经过与心腹的策划后，以礼亲王世铎为首提出了一个所谓的《归政条目》，作为光绪皇帝亲政后所要遵循的程序上的规定：

1. 临雍经筵典礼，御门办事，仍恭候特旨举行。

2. 中外臣工奏折，应恭书皇上圣鉴，至呈递请安折，仍应于皇太后、皇上前各递一份。

3. 各衙门引见人员，皇上阅看后，拟请仍照现章，于召见大臣时请懿旨遵行。

这些规定其实就是已经颁布的《训政细则》的翻版，只不过是再一次明确了慈禧太后才是最高权力者，其中关键的两条，一个是大臣奏折要准备两份，一份给皇帝，一份给太后，这样太后就可以和皇帝同时处理政事；另一个是人员安排继续按照《训政细则》的规定，恭候懿旨遵行，也就是说慈禧太后拥有最后拍板决定的人事权。这两条概括起来说即所谓"用人行政权"，这是任何一个国家、任何一个政权的根本。

世铎等人的上奏很符合慈禧太后的心意，或者说这本身就是慈禧太后的意图，所以她立即做了"如所议行"的批示，等于让光绪皇帝成了朝廷权力的陪衬地位，至此慈禧太后的"以退为进"的掌权手段，完成了对光绪皇帝亲政的掣肘，经过大婚与归政的形式，慈禧太后在光绪皇帝身上加了两道枷锁，内宫有隆裕皇后为耳目，外有《训政细则》《归政条目》为法规。这样，慈禧太后终于可以高枕无忧地在颐和园里"养性怡情"了。

光绪十五年二月三日（1889 年 3 月 4 日），太和殿隆重举行了光绪皇帝的亲政仪式，但是所有人都明白，对于光绪皇帝而言，这也仅仅就是个典礼而已。当日在典礼仪式上，光绪皇帝勉强欢笑，谁都看得出来皇帝陛下内心其实很憋屈，而与之对应的则是慈禧太后那胸有成竹以及给人一种压迫感的笑容，让那些希望皇帝陛下亲政的人有一种说不出来的压抑。

从光绪元年到光绪十五年，慈禧太后不断变换招牌，由"垂帘听政"到"太后训政"，再到"形式归政"，大清帝国的最高权力其实并无新的传递和转移，各个阶段可谓是一脉相承。《慈禧外纪》记载，在归政之后，慈禧太后成了凌驾于皇帝之上的"太上皇"，虽然表面上不过问政事，但未曾一日放开手中大权，身在颐和园，但精神实则关注紫禁城，而光绪皇帝也必须每日到颐和园为"亲爸爸"请安。

纵观皇帝大婚与太后归政的整个过程，可以看出皇帝与太后之间的控制与反控制的暗暗较量，慈禧太后到光绪十五年为止，掌控最高权力已经将近三十年，其势力盘根错节，心腹、亲信遍布朝廷上下，已经形成坚固的"后党"势力，而光绪皇帝则是初出茅庐，而且因为辈分的原因，显然不是慈禧太后的对手。

问题的关键是，光绪皇帝并不是个碌碌无为的人，怀有励精图治决心的他，在未来的日子里绝不可能甘心做一个傀儡皇帝，而且从情感角度来看，光绪皇帝在他的婚姻生活中，也隐约充满了对慈禧太后的抗争。

7. 珍妃之情

从光绪大婚之后的情况来看，因为其婚配是慈禧太后出于进一步控制光绪皇帝而强行选定的，并非光绪皇帝本人中意的人选，所以其婚后与隆裕皇后静芬根本就没有亲密感情，光绪皇帝根本就不爱这个女人。

据德龄的《瀛台泣血记》记载，静芬在年幼的时候，曾经在慈禧太后的安排下，与光绪皇帝有过一段时期接触。从那个时候起，光绪皇帝就不喜欢静芬，没想到多年后这个女子居然成了自己的皇后，可想而知光绪皇帝心理会有怎样的一种逆反，而静芬由于受到光绪皇帝的冷落，所以她只能依附于慈禧太后，一方面充当慈禧太后监视光绪的工具，另一方面也希望借助慈禧太后的力量，逐渐改善与光绪皇帝的关系。

但实际情况却与静芬的愿望完全背道而驰，光绪皇帝十分清楚慈禧太后让这个自己讨厌的女人成为皇后的真实原因，所以他始终提防静芬，当然也就更加谈不上有什么感情，而且随着时间的推移，光绪皇帝故意营造一种越来越疏远的氛围，让静芬甚是苦恼。

德龄的《瀛台泣血记》里，对光绪皇帝与隆裕皇后的感情生活，有过详细的描述：

我在宫里头听许多人说，自从婚礼举行过之后，光绪和静芬从不曾有过半点亲热的态度，他们只像同处在宫里的两个陌生人而已。除非逢到什么令节，或是参加什么典礼，使他们实在不能不开口之外，平时简直绝对没攀谈过一次。

德龄虽然不在光绪皇帝和隆裕皇后身边侍奉，但即使只是她听说的内容，也足以能够证明皇帝和皇后之间感情很淡，而且皇宫里有一种所谓的"承幸薄"记录，就是记录皇帝在后宫活动的记录，例如进出妃子宫中的时间等等。承幸薄里关于隆裕皇后的记录十分少，这也间接证明了隆裕皇后当时的处境十分尴尬，而婚姻的悲剧对于隆裕来讲，内心实在比囚犯还要痛苦。

然而光绪皇帝在精神上比隆裕更加痛苦，他除了要跟不喜欢的人在一起之外，还要承受着"政治婚姻"带来的束缚。最为关键的是，光绪皇帝将这桩婚事看作是慈禧太后把自己当傀儡的一个标志，因此意识决定行为方式，使得光绪皇帝下定决心不与隆裕亲近，其实就是对慈禧太后一种变相的反抗。

从感情角度来看，光绪皇帝其实是皇宫里面名副其实的孤家寡人。"帝党"的人可以协助皇帝处理政务，但却无法插手皇家内部事务，更加不能干涉皇帝的婚姻生活。然而光绪皇帝毕竟是一个有血有肉的人，而且还是个精力旺盛的年轻人，虽然和隆裕皇后感情不和，但并不意味着年轻的皇帝就没有丰富的感情生活，就在隆裕皇后在深宫之内苦恼自己备受冷落之时，光绪皇帝却将全部感情投入到了另一个妃子身上。

这个人就是珍妃。

珍妃和她的姐姐瑾妃都是光绪十四年十月（1888 年 11 月）慈禧太后选定皇后的同一天被选为嫔的，光绪二十年（1894 年）进位为妃。珍妃是侍郎长叙的次女，比光绪皇帝小五岁，选为嫔的时候年仅十三岁。

与静芬被立为皇后的隆重典礼对应的是，珍妃的立嫔仪式显得十分简单，既没有在太和殿举行隆重的典礼，也没有大搞祭天仪式，只是在皇帝陛下的便殿里，向光绪皇帝和隆裕皇后磕了几个头，然后到慈禧太后的慈宁宫完成叩拜仪式之后，就算是成了皇帝陛下的人。

珍妃和瑾妃虽然都是出自满洲贵族家庭，但据史料记载，姐妹二人气质却完全不同，珍妃是"貌既端庄，性尤机警，自幼好学，颇通文史"，对事物有自己的主见，性格开朗，而且写得一手好字，左右手能同时开弓写字。而瑾妃则完全不同，不仅容貌比不上珍妃，而且气质平庸，性格怯懦，入宫之后因为嫉妒自己的妹妹受皇帝宠爱而依附隆裕皇后。德龄曾经比较过珍妃与瑾妃之后，做出了自己的评论，她认为珍妃是一个绝顶聪明的人物，是个玲珑剔透的美人儿，和她姐姐愚蠢固执形成了一个鲜明的对比。

慈禧太后选中珍、瑾二妃进宫，其实本意是想作为隆裕皇后的陪嫁，最初根本没有将她们姐妹二人放在眼里，所以也就谈不上有什么好恶而言。但是慈禧太后经常召嫔妃们到自己所在的慈宁宫做伴，所以珍、瑾二妃经常有机会能接触到慈禧太后，而慈禧太后批阅奏章的时候，两个人也无须回避，尤其是珍妃每次侍奉老太后批阅奏章的时候，她可以看到奏章上内容，然后按照自己的判断，预料老太后会如何批阅，每次猜得都是八九不离十。

随着时间的推移，珍妃逐渐对朝廷政务感兴趣，因而在光绪皇帝的接触中所交流的内容，也就不仅仅限于宫廷琐事和琴棋书画，而是越来越多地涉及朝廷政务问题，并且她的见解往往与光绪皇帝不谋而合，又因为本身生的貌美，所以逐渐得到光绪皇帝的赏识和宠爱。这不仅让隆裕皇后和瑾妃没有想到，慈禧太后在逐渐发现皇帝和珍妃的感情后，也是吃惊不已。

　　当然此时的珍妃或许同样想不到，正是因为她自身的性格、容貌以及对政事的兴趣，甚至是和光绪皇帝的炙热感情，让她逐渐地走上了一条孤立自己的道路，为她日后的悲剧命运埋下了隐患。

　　珍妃的出现对于十几年来孤寂生活的光绪皇帝来说，是一个莫大的安慰与欢乐，弥补了他与隆裕皇后之间的感情淡漠。当然光绪皇帝与珍妃的爱情基础，应该说主要是珍妃的气质和才气以及共同的政治主见，是综合方面因素所造就的，而不仅仅是珍妃的容貌，这一点对于我们理解后来慈禧太后为什么要打压珍妃十分重要。

　　光绪皇帝和珍妃当时都是正值青春年华，所以感情也是急速升温，很快就进入了白热化阶段。按说皇帝为了维护后宫的礼法，照例要召见皇后和嫔妃们到自己的寝宫，但当时光绪皇帝出于对珍妃的炙热之情，完全忘记了后宫礼法，几乎每隔三四天的工夫就要亲自到珍妃的宫中与其相会，再到后来几乎每夜都会召幸珍妃。甚至光绪皇帝从慈禧太后宫里请过早安后，总是嘱咐珍妃不要就回到自己的宫里去，而是放弃了原有的轿子不坐，特地携着珍妃一同步行，有说有笑地回到皇帝宫中。

　　光绪皇帝经常向珍妃吐露自己的心声，认为自己这么多年在深宫里实在很寂寞，每天上朝回来都没有一个可以陪伴自己的人，现在有了珍妃，自己觉得很充实，似乎有了某种寄托。光绪皇帝所说的寄托，其实就是指自亲政以来，珍妃能够协助他处理很多政务，俨然成为一个女秘书。

　　依旧是德龄的《瀛台泣血记》对光绪皇帝深爱珍妃的心情有过一段深刻的描绘：

　　他（光绪皇帝）为了他心爱的女人，他是决计不惜受人家背后议论的。或者也可以说，在处理朝政和对付其他一切人的时候，他心上是很清楚的。知道自己是一个万乘之尊的皇帝，可是一想到珍妃的时候，天所赋予人类好色的天性，已侵入了他浑身的神经系统，把那些自尊心、虚荣心等全赶走了，他几乎忘记他所处的地位和四周的环境了。

光绪皇帝和珍妃炙热的爱情，与大婚之后隆裕皇后暗淡的感情形成了鲜明的对比，但是正像德龄所评价的那样，光绪皇帝对珍妃的感情让他忘记了自己九五之尊的身份，以及周围的客观环境，因此随着光绪皇帝对珍妃爱情的不断升华，在隆裕皇后、瑾妃、珍妃之间难免就会掀起一场醋海风波，而这也是慈禧太后后来打压珍妃的一个导火索。

慈禧太后归政之后，名义上是搬到了颐和园，可是三天两头就回到皇宫，因此对朝廷政事的控制从来没有放松。但是光绪十七年（1891年）时的春夏之交是个例外，慈禧太后突然决定要在颐和园内颐养数月，这对于光绪皇帝来讲是求之不得的，至少可以暂时摆脱"亲爸爸"的控制，做几个月的真正皇帝。

当时慈禧太后要暂住颐和园的消息传到隆裕皇后和瑾妃那里，两个人都认为这是分隔光绪皇帝与珍妃的绝好机会，隆裕皇后率先出招，向慈禧太后提出要陪伴老佛爷同去颐和园，随即瑾妃也做了同样的表示，其实就是在为珍妃施加压力，想让她也做出姿态，这样就可以让她远离光绪皇帝。

珍妃是绝顶聪明的人，一眼就看出了隆裕皇后和姐姐瑾妃的用心，因此珍妃也顺势向慈禧太后请求，愿意陪伴老佛爷去颐和园，并且表示愿意侍奉老太后，以尽晚辈的孝心。慈禧太后虽然内心倾向隆裕皇后，本身也听说到过皇帝冷漠皇后而宠爱珍妃的"小报告"，但是慈禧太后内心却有着自己的盘算。

很久以来，亲生儿子同治皇帝没有子嗣便撒手西去，一直以来都是慈禧太后心中的一大遗憾，而且当初她也做过"俟嗣皇帝生有皇子，即承继大行皇帝为嗣"的承诺，所以慈禧太后盼着光绪皇帝早日能够有子嗣，在这个问题上她甚至比光绪皇帝还着急，更何况当年"吴可读尸谏"

事件依旧历历在目，所以对于慈禧太后来讲，只要谁能生皇子，不管是皇后还是嫔妃都无所谓。

慈禧太后很清楚从皇帝的倾向来看，珍妃生皇子的可能性最大，所以慈禧太后虽然看到三个儿媳妇的尽孝态度，内心高兴之余还是婉转回绝了珍妃的请求，希望她能继续在光绪皇帝身边，能够早日有喜，而是让隆裕皇后和瑾妃跟着自己一同前往。

随着慈禧太后、隆裕皇后以及瑾妃进驻颐和园，皇宫里就成了光绪皇帝和珍妃的二人世界。以今日视角来看，这段日子是光绪皇帝一生中最为快乐的时光，珍妃出身官宦之家，从小受过良好的教育，琴棋书画样样精通，所以将光绪皇帝侍奉得很周到。这对恋人尽情地享受着他们一生中最为幸福的时光，甚至到了一种狂热的地步，有时光绪皇帝会将京城里一个名旦召进宫中唱戏作乐，还送给名旦华贵的衣服，这个名旦也将自己的照片送给珍妃欣赏，

正像德龄评价的那样，光绪皇帝甚至忘记了自己身为皇帝的尊严以及皇家的礼仪。

光绪皇帝和珍妃在宫中的快乐生活情形，不断地传到颐和园里陪着慈禧太后的隆裕皇后以及瑾妃的耳朵里。

对此，隆裕皇后生出了满腔醋意，一种强烈的"醋味儿"麻醉着她的心理，事实证明女人一旦起了嫉妒之心，如果控制不好可以释放强大的中伤能量。

当时隆裕皇后、瑾妃以及总管太监李莲英联合起来制造谣言，说之所以那个名旦经常进宫，是因为珍妃看上了他。这种谣言虽然不可信，但人的觊觎心理总是让这种八卦新闻迅速传播，很快就在颐和园内蔓延开来，这正是隆裕皇后希望看到的，在她看来慈禧太后知道后一定会勃然大怒。然而慈禧太后本身就爱听戏，而且她在宫中也安排了自己的耳目，

所以对于传播的珍妃看上戏子的传闻并不相信，甚至都没有过问。

隆裕皇后的算盘就此落空，这反而让她的醋意更加浓烈，于是便利用回到皇宫的机会，当面对珍妃加以羞辱，进而发泄她那久怀在心的怨恨。

不久后，隆裕皇后、珍妃一同陪光绪皇帝看戏，当时隆裕皇后指着那名戏子当着光绪皇帝和珍妃的面冷嘲热讽地说道："皇上要小心，您身边还带着一位美丽的妃子呢！"

谁都明白这句话的含义所在，所以隆裕皇后说完后，光绪皇帝顿时怒不可遏，立即拍桌子起身大声斥责隆裕皇后，而与此同时珍妃也因为人格受到了侮辱而哭闹不止，一场醋海风波逐渐到了不可收拾的地步。最后还是光绪皇帝对珍妃的一番体贴安慰，这场风波才算平息了下去，虽然隆裕皇后出了胸中一口气，但她的这种做法反而让光绪皇帝更加情真意切地深爱着珍妃。

值得一提的是，光绪皇帝、隆裕皇后、珍妃之间的感情纠葛，以及皇宫里的醋海风波，慈禧太后都是了然于胸。前边我们说过，慈禧太后本来对珍妃没有什么好恶之情，但是随着隆裕皇后和珍妃两个女人之间的争风吃醋，慈禧太后也开始重视起来，隆裕皇后是她亲自选定的，又是自己的亲侄女，如果抛开前边我们说到的子嗣问题之外，从情感角度而言，慈禧太后当然是倾向隆裕皇后的。

让慈禧太后意识到珍妃要成为自己目的的阻碍者，就是因为这场醋海风波。事实上慈禧太后并不在意女人之间的争风吃醋，毕竟她自己也是女人，女人嫉妒的天性是客观存在的。慈禧太后所在意的是珍妃对光绪皇帝思想、行为的影响，隆裕皇后一句冷嘲热讽的话，光绪皇帝就可以为珍妃拍案而起，如果未来遇到政治问题呢？

事实证明，慈禧太后的这种想法并不是多虑，在未来的日子里，珍妃不仅是光绪皇帝生活上的好伴侣，同时因为具有一定的才能，在政治领域大有成为光绪皇帝得力助手的倾向，问题的关键是，皇帝陛下在处理后来的戊戌变法的相关政治事件时与慈禧太后的意图完全背道而驰，这也让慈禧太后终于下定决心要清除珍妃。

第六章

甲午之战

　　不管怎么讲，光绪皇帝至少在名义上是大清帝国的主宰者，虽然他和珍妃在皇宫里书写了一段传奇的爱情故事，但这位年轻的皇帝并没有丢掉最初的理想，依旧想让久病缠身的大清帝国在他的手中重新焕发荣光。现在，老太后已经不在身边，光绪皇帝认为自己可以施展拳脚了……

1. 君权到国权

光绪十五年（1889）这一年，对于光绪皇帝是人生的一个转折点，正月大婚，二月举行了亲政典礼，慈禧太后名义上归政皇帝怡养颐和园，不过根据《归政条目》的规定，重大的行政权力依旧操控在慈禧太后的手中，然而不管怎么说，光绪皇帝至少在名义上是大清帝国的主宰者，虽然他和珍妃在皇宫里书写了一段传奇的爱情故事，但这位年轻的皇帝并没有丢掉最初的理想，依旧想让久病缠身的大清帝国在他的手中重新焕发荣光。

现在，老太后已经不在身边，光绪皇帝认为自己可以施展拳脚了。

《清史稿·德宗本纪》对光绪皇帝亲政后有这样几句评论：

德宗亲政之时，春秋方富，抱有大志，欲张挞伐，以湔国耻。

我们都知道在光绪二十年（1894）时爆发了甲午中日战争，纵观光绪皇帝从开始亲政到甲午战争前的五年时间里，胸怀大志的他，想做的事情是用军事手段重振大清帝国的雄风，正是基于这样一种指导思想，随着年龄的增长和越来越感受到"皇帝"这个角色所要肩负的重任，光绪皇帝在处理政务方面的能力显著提高，梁启超后来对这段时期的光绪皇帝也有一个精辟的评论：

年渐长，图治之心渐切，欲亲擢一二通才以资驰驱……以揽大权。

光绪皇帝不是那种性格开朗的人，也很少有慷慨激昂之词，但这并不能说明他没有摆脱慈禧太后控制进而总揽大权的雄心，正当光绪皇帝为加强皇权而进行种种努力的时候，开始面临来自日本人的威胁，在日本军国主义势力咄咄逼人的态势下，年轻的光绪皇帝为了捍卫国家尊严以及祖宗的基业，将自己的主要精力从内部争夺君权转移到了外部争夺国权。需要说明的是，我们看待光绪皇帝的这种转变，不应该孤立地去看待，而是应该放在慈禧太后依旧独裁专权的背景下，因此我们也就能够理解光绪皇帝的这种转变其实是很不容易的，也是后世所有历史学家对光绪皇帝一生经历最为肯定的地方。

从某种角度而言，光绪皇帝的主战态度，是中日甲午战争最终爆发的一个重要原因。之所以这样说是因为当时无论是慈禧太后还是权臣李鸿章都不主张和日本人开战，虽然他们各自的出发点不同，而且这场战争以后世的角度来分析，有没有打的必要或者说过程是否可以掌控都有待商榷，但我们不能否认在那个特定的历史背景下，光绪皇帝所表现出来的不畏侵略的勇气还是值得赞叹的。

那么甲午中日战争为什么会在那个时间段里爆发？所有的一切我们还得从当时的世界形势说起。

19世纪70年代，世界资本主义国家争夺殖民地的竞争愈演愈烈，可是当时世界上所有的自由土地基本都被列强占领殆尽，除了对已经被分割的世界做周期性的再分割之外，争夺半独立国家就成了资本主义国家的主要目标。十年后，资本主义国家更是进入争夺殖民地、重新分割世界的高潮期，于是名义上是独立国家，实际上已经成为半殖民地的中国，就成了列强重新分配利益和分割的主要对象。前边我们讲到的1884年中法之战，就是法国人捷足先登占领越南，打开了中国的西南大门，而日本在明治维新之后，逐渐变成资本主义国家，也开始产生了"走出去"的想法，想与列强在东亚地区分得一杯羹，因此地大物博的中国就成了日本人的目标。

在鸦片战争之前，日本和中国同样是个封闭的国家，但日本吸取了中国鸦片战争失败的经验教训，在 1868 年开始了明治维新，进而迅速走上了资本主义道路，但明治维新是不彻底不完全的资产阶级性质的改革，因此日本资本主义发展带有浓厚的封建性和军国主义性质，对外的特征就是富有侵略性。

明治维新以后的天皇政权其实是地主和资产阶级的联合政权，农业依旧保留着封建剥削关系，生产力得不到应有的发展，远远跟不上工业发展的需要，例如本国的原棉需要从印度和中国进口，粮食需要从朝鲜进口，入超的状况非常严重，造成黄金大量外流。甲午战争之前，日本正面临着资本主义经济危机，为了摆脱危机，日本明治天皇政府急需以侵略掠夺殖民地来解决商品和原料、粮食的供应困难，而且还需要在掠夺战争中获得赔款，以继续扩大资本主义的原始积累。

因此，距离日本最近的中国和朝鲜就成了明治天皇政府的首要侵略对象。

事实上日本自 16 世纪丰臣秀吉时代开始，就一直对广袤富饶的中国领土垂涎三尺，而且在明朝的万历时代也在朝鲜和明朝发生过战争，日本侵略中国的野心一直没有消失，到了 19 世纪 70 年代后，随着日本明治维新自身逐渐强大，日本的侵略野心再次膨胀，同治十三年（1874）派兵在台湾南部的琅峤（今恒春半岛）登陆，清政府措手不及没有做准备，最终只能赔款五十万两换取日本退兵。包括前边我们介绍的，光绪五年（1879）时日本兼并琉球国，将其并为自己的冲绳县，都是日本侵略中国的明证。

一直到光绪六年（1880）日本参谋部长山县有朋写了一篇名为《邻邦兵备论》的扩军计划呈献给明治天皇，日本有了一个侵略中国的详细计划和实施步骤，这是一篇旨在为侵略中国做军事准备的十年计划，1892 年完成了扩军部署，1893 年立即成立了战时大本营，做好了武力吞并朝鲜，进而同中国进行大规模战争的准备。

所以后来甲午中日战争，从日本方面而言，等于是打了一场有准备，而且是准备十分充分的仗。

日本之所以能够在 1894 年发动对中国的侵略，除了本国的自身因素之外，当时国际因素也是不可或缺，其中一些主要的列强各自为了争夺在中国的权利，相互之间的关系极为复杂，因此他们对于日本觊觎中国和朝鲜所持的态度也是各不相同。

美国由于忙于本国的南北战争，在中国的利益比其他列强落后了不少，只能在"利益均沾"的旗号下，分得英法俄德等列强的残羹剩饭，因此对于日本的侵略扩张计划，可谓是举双手赞成，并且扮演了趁火打劫的角色。例如同治十三年（1874）日本侵略台湾的军事行动就有美国人的帮助，从那之后美国一直想利用日本寻找侵略中国的机会，来扩大自己的在华利益。

反观殖民中国最早的英国，因为在中国获取的利益最大，所以各方面都比其他列强占有优越条件，由于俄国当时不断对中国进行扩张，所以英国与俄国在中国尤其是远东地区的矛盾日益尖锐，因此英国急于寻求一个在远东地区能牵制俄国的马前卒，所以日本计划侵占中国，正好对应英国人的心思，所以英国对日本向中国和朝鲜扩张采取了鼓励支持的态度。而俄国当时的想法和日本有相似之处，都竭力向中国东北地区扩张，而且俄国比日本行动要早很多，前边说到的中俄《瑷珲条约》，就是俄国人侵占中国东北的开始。

对于俄国人来说，日本想要侵占中国东北，对其本身并不利，俄国不想将食物分给别人，可是俄国当时在欧洲也是焦头烂额，与德国、奥匈帝国以及意大利的利益争夺十分紧张，所以无暇在远东地区以军事力量来牵制日本的扩张，这也是为什么后来俄国人在甲午中日战争中积极扮演调停者角色的重要原因，周旋于中日之间，尤其是鼓动清政府向日本妥协，争取早日促成和局，尽量拖延日本在中国获取利益的速度。

当时日本明治天皇政府对列强的心思看得很透，所以积极利用这种错综复杂的国际关系，尽最大可能团结可以团结的列强，加快对中国的扩张，第一步就是用兵朝鲜，将其作为在东亚扩张的一个前沿阵地，但是一直到光绪二十年（1894）的时候，日本人才找到进兵的借口。

那一年的春天，朝鲜南部爆发了东学党起义，朝鲜政府无力镇压，于是便向清政府求援，很长时间以来日本一直密切注视着中朝两国的动向，早已经预料到朝鲜政府一定会向清政府求救，于是便准备利用这个机会出兵朝鲜。

日本当时之所以要抓住朝鲜内乱的机会，原因在于光绪十一年（1885）的时候，李鸿章和日本首相伊藤博文在天津签订过一个有关朝鲜的条约，条约规定如果未来遇到重大事件，两国或者一国需要出兵的话必须互相周知。现在朝鲜向清政府求救，清政府必定出兵帮助朝鲜平定叛乱，这样一来日本就可以利用条约的规定而同时出兵朝鲜。

事实证明，日本人拨对了算盘，朝鲜在当年四月底向清政府求援，向清政府驻派朝鲜的总理交涉通商事宜大臣袁世凯提出，希望能够代转请求李鸿章能够派兵进入朝鲜平叛。朝鲜作为中国的附属国，请求宗主国提供保护，本无可厚非，问题的关键是，朝鲜的内乱是其国家矛盾不可调和的产物，朝鲜政府应该反思自己的问题，想办法化解社会矛盾。

而清政府出兵代替镇压，本身就存在正义与否的问题，但是李鸿章得到袁世凯的汇报后，以直隶总督、北洋大臣的身份接受了朝鲜政府的请求，没有向光绪皇帝进行请示，擅自于五月一日（6月3日）派兵进驻朝鲜。

当时李鸿章命令北洋舰队司令丁汝昌带领"济远""扬威"两艘军舰赶赴仁川、汉城（首尔）护商，并调直隶总提督叶志超和太原镇总兵聂士成带领一千五百名淮军乘坐招商轮船进入朝鲜。

李鸿章当然不可能考虑日本方面是个什么反应，或许他根本就没将当初和日本签订的那份条约当回事，而且大清帝国宗主国的身份，让李鸿章认为必须要对朝鲜履行保护义务，这在李鸿章看来无可厚非，这可能也是他没向光绪皇帝请示就出兵朝鲜的原因所在。

但李鸿章一定想不到，既然是条约就必须要遵守，《中日天津条约》的条款已经给了日本在朝鲜采取军事行动的方便，现在李鸿章决定出兵，那么日本当然有理由以条款约定为名同时出兵朝鲜。

事实上，李鸿章决定出兵朝鲜除了他根本没重视日本之外，袁世凯的态度起了重要作用，在李鸿章决定出兵之前，日本驻朝代理公使杉村向在朝鲜的袁世凯表示，清政府作为宗主国，应该承担起协助朝鲜平叛的责任，杉村尤其说了一句意味深长的话：日本政府必无他意。袁世凯立即将日本政府的态度汇报给了李鸿章，同时极力劝李鸿章尽快出兵朝鲜。

那么袁世凯为什么要这么做？要想弄清这一点我们就得从袁世凯的经历说起。

袁世凯生于咸丰九年八月（1859年9月），出生的那天，他的叔祖袁甲三恰好寄书到家，信中提到与捻军作战得胜的事情。袁世凯的父亲袁保中大喜过望，因此为这个新生的婴儿取名为"凯"，并按照家族"保世克家　企文绍武"的排行，给婴儿命名"世凯"。因此袁世凯的得名即与战争行伍有关。

袁世凯六岁时养父袁保庆替他找个启蒙老师袁执中教四书五经。同治五年（1867）袁保庆在山东做道员，袁世凯时年八岁一同随行。后袁保庆由山东调到江苏。在南京袁世凯的一位老师擅长武术，教会了袁世凯一些拳法剑术。袁世凯自小喜爱兵法，立志学"万人敌"，尝自谓"三军不可夺帅，我手上如果能够掌握十万精兵，便可横行天下"。常常不惜重金搜罗购买各种版本的兵书战策，被人讥笑为"袁书呆"。十三岁时袁世凯曾制联"大野龙方蛰，中原鹿正肥"寥寥十字，比楚霸王的"彼可取而代之"豪气无二。

袁世凯在北京读书时，李鸿章时任直隶总督。他对李鸿章的显赫地位十分羡慕，在洋务派"练兵求强"思想的影响下，常作军事论说，大谈练兵要安内攘外，袁保庆对他的议论颇为赞赏，曾情不自禁地表示，袁家是"嗣武有人，亦可略慰"。

由于上述种种原因，袁世凯在科场上的希望破灭以后，便将诗文付之一炬，决心效法李鸿章建立淮军的做法。他坚持认为大丈夫当效命疆场安内攘外，不能龌龊久困笔砚间。

当时，李鸿章的幕府中大都是举人或进士出身，袁世凯仅是一个无名的拔贡，因此他没有直接投奔李鸿章，而是在1881年5月，带领其家旧部数十人前往山东登州，投靠淮军统领吴长庆。

1882年朝鲜发生"壬午军乱"，朝鲜高宗李熙之父，兴宣大院君李昰应利用军队哗变成功夺权。但是朝鲜事大党与大院君矛盾深刻，请求政府出兵平乱，于是袁世凯跟随吴长庆的部队东渡朝鲜平乱，由于作战有功，时年二十三岁的袁世凯在平乱之后以帮办朝鲜军务身份驻朝鲜，此后一直到1894年甲午战争爆发前夕，袁世凯的大部分时间都是在朝鲜度过。

从袁世凯出生之后的经历我们可以看出，"战场"是袁世凯实现人生价值的舞台，"战场"也意味着袁世凯的政治生命。或许在袁世凯看来，自己离开了战场，政治生命也将终结，后来他的经历也确实证明了这一点，所以他时刻寻找"战机"，努力让自己的政治生命绽放光彩，这就是他极力劝说李鸿章出兵朝鲜的原因所在。

袁世凯或许想不到，清政府入朝平叛虽然导致甲午中日之战，但却是他政治发迹的开始，他更加想不到十几年后，他这个曾经科场失意的落第书生，居然会成为左右中国历史进程的人。

当然袁世凯作为清政府在朝鲜的代表，出于职责上的考虑，也会做出劝李鸿章出兵的姿态，这是他身份决定的，然而后来的事实证明，这次出兵是十足的轻率行为，更加给了日本出兵朝鲜的借口。当时李鸿章一面派兵，一面指示清政府驻日公使汪凤藻照会日本政府，说朝鲜是中国的属国，朝鲜现在有内乱，自身没有能力平叛，现在应朝鲜政府所请，清政府发兵协助平叛，以尽保护属国的责任。

李鸿章的这封照会，其实就是为了履行当年签订的《中日天津条约》中"遇重大事件，两国或一国派兵须互相通知"的条款，他压根就想不到日本会以此为借口出兵朝鲜。

于是日本政府看到清政府已经行动，立即以保护使馆和侨民为名，在五月四日（6月7日）派大量军队进入朝鲜，六月二十三日（7月25日）日军不宣而战，在牙山口外地半岛海上击沉了装载着清军的一艘英国商轮。

甲午中日战争的序幕由此正式揭开。

日军不宣而战，对清政府是个极大的刺激，关键在于清政府从来没有想到蕞尔小国日本胆敢对大清动手，而且当时列强在中国的利益关系错综复杂，给了光绪皇帝针对日本动武的决策部署增添了很多难度。包括光绪皇帝在内的朝廷上下都明白，如果这场战争开打，将不同于以往的中法战争。法国占领越南，虽然打开了中国西南大门，但是对其他列强的在华利益没有构成直接影响，可是现在的日本则不同，想要在外交方面利用列强之间的矛盾，因势利导地处理复杂的关系以孤立和阻止日本并不容易，更为关键的是，在清政府高层内部，光绪皇帝想要动用皇权的威力，去压倒对日妥协的顽固派，更是一个难题，因为他的背后还有慈禧太后。

　　但是反观日本，因为已经做了很多年的准备，所以对于这场战争，日本是志在必得。对于光绪皇帝而言，大清这个泱泱大国败给西方列强倒还说得过去，如果败给弹丸小国日本，势必会对刚刚亲政不久的自己造成极大心理压力。鉴于种种局势，光绪皇帝并没有马上做出开战决定，而是保持清醒的头脑谨慎行事，他得知李鸿章已经派兵进入朝鲜的奏报后，立即发出谕旨指示李鸿章"不可意存轻视，稍涉疏虞"，同时谕令叶志超在擒获叛乱匪首后立即班师回国。

　　应该说光绪皇帝在中日冲突的最初阶段是不想将事态扩大的，至少他没有十足的把握能够打败日本。但是日本一直觊觎东亚地区，以干涉朝鲜内政和履行《天津条约》为由出兵朝鲜，而且谁都没有想到日本会在朝鲜对清军直接动武，甚至接下来清军在朝鲜的表现更让光绪皇帝没有任何退路，由此展开了这个年轻的皇帝由对内争取"君权"转变到了对外争取"国权"。

2. 力主抗战

李鸿章派兵进入朝鲜协助平叛，表面上看是一个大国尽到宗主国的责任，但是联想起琉球国的境遇时，我们就会对清政府此次派兵进入朝鲜的目的性产生一定的怀疑，除了前边我们提到的袁世凯因素。事实上李鸿章没有事先请示光绪皇帝，就擅自决定派兵进入朝鲜这一行为就表明，他根本就没将日本放在眼里，当然这和李鸿章看待日本的态度有关。

1871 年时，日本有个代表团到中国与李鸿章进行交流，日本代表当时建议李鸿章，清政府应该引导发展一种自由经济形态，日本明治维新就是这样做的，所以他们认为中国可以借鉴。但是李鸿章当时却说：这种东西只适合小国，只适合你们这种没有文化根基的国家，中国是个大国，有自己的文明和本质，不可能像日本那样去做。

我们暂且不讨论李鸿章所说的话是否正确，但仅从态度上看他就是瞧不起日本的架势，彼时清政府已经洋务运动整整十年，国家的面貌已经为之改变很多，所以李鸿章骨子里瞧不起日本也很正常，尤其是后来李鸿章又组建了亚洲第一海军北洋舰队，这支舰队 1891 年在李鸿章的安排下由海军司令丁汝昌率领出访日本，其实明为出访实则是炫耀。

当时北洋舰队到达日本后，不仅受到了日本方面的热情接待，而且北洋舰队的各项装备也让日本人很是羡慕，可以说那一次的出访让李鸿章赚足了面子，也让他更加不重视这个与中国一衣带水的国家，但日本除了羡慕之外，内心实际上对中国产生了一种恐惧之情，所以当北洋舰队离开后，日本开始下大力气扩建海军，经过三年多的努力，到了1894年甲午中日战争前夕，日本海军的作战实力其实已经超过了北洋舰队。

但是李鸿章对于日本的进步并不是特别了解。

李鸿章当然不会想到日本也会派兵进入朝鲜，他更不会想到日本不仅出兵，还擅自对清军动武，所以后来有人对清军在日本动武之后表现得十分狼狈颇为不解，问题的关键就在于李鸿章根本没有针对日本人动武后的应对之策。

当时日军袭击清军之后，朝鲜的形势骤然紧张起来，日军兵峰直指中国，但由于李鸿章事先没有制定应对之策，所以看到日军试图大兵压境后急忙撤军，李鸿章认为日本出兵朝鲜是因为看到中国出兵朝鲜，如果撤回军队，日本方面也就没有理由再向前一步，接下来再寻求西方列强的支持和调停，中日双方一定会妥善解决朝鲜问题。

我们不能说李鸿章上述的这个策略是消极不抵抗，如果从背景角度来看，李鸿章的这种应对也很正常，但立即撤兵背后却反映了很深的问题，那就是朝廷内有撤兵的土壤。

前边我们说过，很多年来朝廷内已经形成了"帝党"和"后党"，慈禧太后虽然怡养颐和园，但对朝廷并没有失去控制，光绪皇帝虽然亲政，但依旧是在慈禧太后设定的轨道上行进，虽然母子二人彼此之间暂时相安无事，但并不代表"帝党"和"后党"之间就没有暗流涌动。在慈禧太后归政前夕，光绪皇帝在中法战争中所表现出来的主战态度，而后又在选定皇后、大婚、亲政等一系列事件中表现得有些抵触，可以说慈禧太后对光绪皇帝开始感到不合心意，尤其是光绪皇帝亲政后到甲午战争爆发前的五年时间里，皇帝对于大臣的掌控和凝聚力越来越强化，"后党"的人为此感到不安，慈禧太后更是不希望看到光绪皇帝越来越强。

所以慈禧太后加紧培植"后党"势力以便控制光绪皇帝，这一点从她筹办自己六十大寿庆典事件中就可以看出来。

光绪二十年十月十日（1894年11月8日）是慈禧太后六十岁的生日，她很早就打算举行一场盛大的庆典活动来庆祝自己的寿诞，日本在朝鲜对清军动武时，正是朝廷筹办太后六十庆典活动的关键时刻，这是朝廷内压倒一切的头等大事，李鸿章十分清楚老佛爷一定不希望在这时间段里发生战争。李鸿章当然清楚慈禧太后的想法，所以他撤兵的原因一个是应对之策不够，另一个就是不想在老佛爷准备庆典的关键时刻，分散朝廷的精力和财力，影响老佛爷过寿诞的心情。如果从更宽广的角度来分析，李鸿章的撤兵目的其实与日本的想法完全背道而驰。

李鸿章认为日本之所以出兵朝鲜，是因为中国出兵在前，只要自己将军队撤出朝鲜，日本便再师出无名，事实上以李鸿章为代表的清政府高层核心，根本没有看到日本军国主义挑起事端的险恶用心，清政府虽然洋务运动已经三十多年，但国力的增强却让自大的心态重新在内心深处蔓延，从李鸿章当年对待日本代表的态度就可以看出，清政府根本无视东邻日本在明治维新之后的情况，看不到日本的经济、军事的实力变化，所以也就不可能认识到日本出兵朝鲜的目的不仅仅在于干涉朝鲜内政，其真正的目标是中国，这一点从李鸿章仅仅派一千五百人进入朝鲜也可以看出。

但是当光绪皇帝得知清军在朝鲜遭到日军的袭击后，他的反应和李鸿章完全不同，虽然他此前得知李鸿章派兵入朝，也认为应该谨慎行事，但是随着日本人的动武，光绪皇帝决定要在朝鲜和日军一较高低。

早在光绪皇帝得知清军入朝的第二天，他就立刻上谕李鸿章，告诉他"必须谋出万全，务操必胜之势"，认为仅派一千五百人的兵力并不足以应对朝鲜之乱，应该派重兵以最快的速度解决问题。大清作为朝鲜的宗主国，光绪皇帝自然认为是义不容辞，唯一和李鸿章想法有所区别的是，他担心因为出兵朝鲜会引起政治危机，所以让李鸿章尽快解决问题后班师回国。

因此，在日本突然袭击清军之前，光绪皇帝和李鸿章在出兵朝鲜这个问题上，可以说态度基本合拍。

没有证据能够证明，当时光绪皇帝是不是想到了那个《天津条约》，是不是担心日本会惹出麻烦，但是从过程来看，李鸿章显然没重视光绪皇帝的指示，随着日本的突然动武以及对清军的步步紧逼，光绪皇帝与包括李鸿章在内的朝廷妥协派形成了对立。

妥协派的立场是：以牺牲朝鲜为条件，请求西方列强出面调停，采取谈判的方式解决中日问题，当然还有一个无法说出口的原因，那就是无论如何不能搅了老佛爷过六十寿诞的兴致。

而以光绪皇帝为核心的"帝党"则一意主战，争取在朝鲜遏制日本的扩张意图，不让战火烧到中国的土地上，而且光绪皇帝看出了李鸿章有意避战，所以他特意指示李鸿章：

现在日韩情事已将决裂，如势不可挽，朝廷一意主战。李鸿章身膺重寄，深谙兵事，断不可意存畏葸，著懔遵前旨，将布置进兵一切事宜迅筹复奏，若顾虑不前，徒事延宕，驯致贻误事机，定惟该大臣是问。

应该说光绪皇帝对时局具有十足的洞察力，尤其是当日军大举出兵朝鲜，李鸿章下令撤兵，幻想列强出面调停，而导致日本在朝鲜逐渐占据有利地势，光绪皇帝立即为日本此举定了性：

该国不遵守条约，不守公法，任意恃强，专行无忌。

出于对国家主权的维护，以及捍卫祖宗基业的责任心，光绪皇帝决定拒绝妥协，抗战到底。

当然光绪皇帝也十分清楚，抗战到底首先必须要有抵抗才行，所以针对李鸿章的撤兵行为，他一开始便极力阻止，除了前边我们提到的那封阻止李鸿章撤兵的谕令之外，甚至还拒绝袁世凯的回国请求，以及阻止叶志超的撤兵之请。

当直隶提督叶志超和太原总兵聂士成率领一千五百名清军进驻朝鲜京城（今韩国首尔）以南的牙山扎营时，日本政府得知清军入朝后，立即于五月四日也派兵进入朝鲜。两军对峙大有发生战争的可能，日军进入朝鲜是李鸿章和袁世凯所始料未及的，面对日本人的大兵压境，包括李鸿章在内的所有身在朝鲜的官员一片惊慌失措，尤其是极力促成李鸿章出兵的袁世凯在看到日本不断增兵，事态日趋扩大后，企图离开朝鲜以避责，同时推举唐绍仪接替自己。

光绪皇帝考虑到身为常驻朝鲜大臣的袁世凯如果就此离开朝鲜，不仅会让到了朝鲜的清军将领失去向导，对作战极为不利，并且还会扰乱军心。撤朝的口子一旦打开，必然军心不稳，事实证明不出光绪皇帝所料，六月十二日（7月14日），叶志超也电奏总理各国事务衙门，请求朝廷派轮船接回在朝的清军。叶志超当时给出的理由是，清军进入朝鲜是为了平定朝鲜内乱，现在内乱已经结束，希望清军能够撤回国内。

表面上看起来，叶志超似乎在执行光绪皇帝"著克日班师"的指示，但此时日本已经大举派兵入朝，形势已经发生变化，所以光绪皇帝考虑到了日本既然已经出兵，就不会轻易再从朝鲜撤走，因此他在上谕中毫不含糊地阻止叶志超撤兵。

光绪皇帝在上谕中，告诉叶志超不要抱有和解的想法，而是要做好大举进攻与日本人开战的准备，如果对方按兵不动，而我方主动撤退，就等于向对方示弱，必然会更加助长日本人的嚣张气焰，现在中日双方已经处在战争边缘，如果只想着怎样撤兵，必然会贻误战机。

在光绪皇帝的坚持下，袁世凯、叶志超等人总算是坚守在朝鲜，但是朝廷内包括李鸿章在内的很多人认为以清政府目前的军事和财政实力，是打不起和日本人这场仗的，李鸿章认为目前清军具有对外作战能力的，陆军只有他的淮军，海军则只有北洋舰队。淮军虽然有三万之众，但是分布在全国各地，一时间难以抽调集中起来，而日本在朝鲜的军队有五万人，如果想要武力对抗的话，要做好周密的安排。

至于北洋水师，虽然对外宣称能够作战，但实际上真正能作战的只有八艘军舰，而且由于缺少经费，都已经陈旧笨重，即使是最快的"致远"和"靖远"舰，时速也不过十五到十六海里之间，而日本的军舰有二十一艘，其中九艘是最新的装备，时速达到了二十海里，所以如果在海上交锋，未必能打赢。

后来甲午海战也确实印证了李鸿章的这番分析，但既然李鸿章对自己的军事实力如此了如指掌，为什么还如此贸然地派兵进入朝鲜，能解释通的只有两个原因，一个是李鸿章为自己仓促撤兵开脱，另一个就是找理由避战，避免在慈禧太后六十寿诞庆典之际开启战端。

要知道中日之间虽然海军实力有些差距，但还不至于差到北洋舰队被吊打，后来甲午海战北洋舰队战败，固然有设施落后的原因，但更重要的原因是战术不得当，可以说李鸿章那时的固守港湾的保守策略，已经在此时显露出端倪。

当时在清政府高层内部，对于李鸿章请求西方列强调停的做法颇为赞同，尤其是"后党"的人，经常放出"俄国出兵""英国调停"的舆论，甚至传出俄国人已经在图们江口集结军舰，很快将对日本宣战。对于这些舆论，光绪皇帝十分反感，下谕旨命令李鸿章不要幻想依靠西方列强，从某种角度而言，西方列强和日本本质上并没有什么不同。

而且这一次光绪皇帝的指示相比于此前阻止撤兵更为明确和具体：

1. 命令李鸿章务必重视朝鲜局势，尽全力做好战争准备。

2. 决不允许以牺牲朝鲜为代价，同日本达成共同撤兵的协议。

3. 同时要警惕俄国人趁火打劫，坐收渔翁之利。

但是李鸿章却没有重视光绪皇帝的指示，依旧运作列强调停的事情，非但没有在朝鲜做军事部署，而且还接二连三地命令叶志超无论日军如何挑衅，也不能轻开战端，明显是与光绪皇帝的主战态度唱反调。我们不能否认李鸿章为了争取西方列强，尤其是俄国人的出面调停，确实出了不少力，但日本人对俄国的了解比李鸿章更为透彻，虽然日本意图进攻中国东北，在利益上与俄国人有冲突，但以俄国目前的实力和处境，还不愿意和日本发生冲突，就算俄国人出面，也只是会和日本协商在东北利益上如何瓜分的问题。

当时日本外务大臣陆奥宗光在给日本驻朝公使大鸟圭介的电令中说："关于俄国出兵朝鲜的事情，据本大臣和俄国公使的谈话及驻英公使的电报看来，似无此虑。"一直到六月二十三日（7月25日）日军在丰岛海域突袭清军，清政府也没看到俄国军舰的出现。

事实上，俄国人出兵的消息，本来就是朝廷内妥协派们故意夸大其词，这也证明了光绪皇帝此前的所有判断都很正确，同时妥协派们不负责任的言论也间接影响了李鸿章对于时局的判断，他依旧没有放弃让列强出面调停的希望，指望俄国人没有成功后，便将希望寄托在英国人身上。

李鸿章当时背着光绪皇帝擅自致电函英国驻华公使，请求英国政府派舰队奔赴日本，勒令日本人撤兵，但是这封电函不久后被总理各国事务衙门的官员呈递给光绪皇帝，结果遭到了光绪皇帝的严厉批评。

光绪皇帝认为，中国应该自行解决朝鲜的问题，不要依靠外国人的力量，就算外国人答应帮忙出面调停，也会提出他们的条件，李鸿章擅自致电英国公使，等于在告诉英国人，清政府自己没有能力解决中日冲突问题，这也会勾起英国人的野心，不仅起不到任何作用，可能还会有反作用力。

在光绪皇帝看来，俄国、英国等国家之间，其实都是心怀鬼胎，都想趁着中日冲突趁火打劫，这些国家很有可能借着调停的名义而节外生枝，所以将希望寄托在列强调停上，是一种增添祸患的表现。

事实证明，所有的一切都按照光绪皇帝的预测所发生，李鸿章致电英国公使后，不仅没有盼来英国人的军舰，反而得到了英国人与日本人在伦敦签订条约的消息，英国向日本表示无意武力干涉中日冲突，同时希望中日一旦开战，日本不要在英国人利益最重的上海附近开战。

就在英日双方达成协议的两天后，即六月二十三日（7 月 25 日）日本就在丰岛海域击沉了运载清军士兵的中国商船"高升"号，至此李鸿章借助列强调停的希望彻底破灭。

光绪皇帝从五月初到六月底的一系列上谕，反复强调了他的主战立场，阻止李鸿章的撤兵行为，驳斥妥协派的列强调停之说，其重点面对的就是李鸿章。光绪皇帝十分清楚，妥协派们的立场，其背后就是慈禧老太后的立场，李鸿章这个墙头草是很会见风使舵的，他所有的主张就是看慈禧太后的意图行事，这一点他心知肚明。

光绪皇帝之所以将目标对准李鸿章，其目的并不是故意为难李鸿章，表面上训斥李鸿章，实则是想消除朝廷内抗战的阻力，但他的身份又不能公开和"后党"的人激化矛盾，只能是借训斥李鸿章，将朝廷内抗战的分歧公布于众，尽最大可能争取那些没有明确态度的官员，进而扩大"帝党"的基础。于是，一直到清政府得到日本在丰岛海域突然袭击清军的消息后，朝廷内主张抗战的人开始多了起来，并逐渐在朝廷中枢机构占据优势，在光绪皇帝的亲自主持下，翁同龢草拟谕旨，于光绪二十年七月一日（1894 年 8 月 1 日）布告天下，正式对日本宣战。

　　从整个过程来看，清政府正式对日本宣战，是光绪皇帝在朝廷内力排内部妥协派，一力主战的结果，也是以光绪皇帝为代表的主战派同妥协派们斗争的胜利，但是由于李鸿章是清军的总指挥官，其态度倾向妥协派，在此后中日战争最严酷的岁月里，李鸿章的态度影响了中日战争的走向，因此光绪皇帝和妥协派们的斗争并没有随着对日宣战而结束，而是刚刚开始。

3. 联合阵线

光绪二十年七月一日（1894 年 8 月 1 日），清政府正式下诏对日本宣战，当天日本政府也同时正式对清政府宣战，甲午中日战争由此正式拉开大幕。

作为清政府最高决策者的光绪皇帝下诏对日宣战，对于朝廷内那些主战的大臣，以及具有爱国思想的士大夫，无疑是莫大的鼓舞，当时举国上下得知清政府对日宣战，朝野的爱国人士共同携手在光绪皇帝建立起来的反对日本侵略的旗帜之下，大有众志成城，投身于抗战卫国的澎湃骇浪中去。

光绪皇帝亲政以来，与慈禧太后所形成的"后党"对应的，是其"帝党"基础的逐渐形成，其核心人物翁同龢、李鸿藻、文廷式等人都成了主张抗日的中坚力量。按照清朝的体制，军机处是发号施令的中枢机构，前边我们也说过中法战争后，亲近光绪皇帝的主战大臣与慈禧太后的异己者先后被逐出军机处，军机处被"后党"成员世铎、孙毓文、徐桐、弈劻等人所把持。

现在光绪皇帝要想推进抗战进程，是绕不开军机处的，所以光绪皇帝首先就要改组军机处，通过调整其成员，进而达到通过这个中枢机构向全国发号施令的目的。对于这一点光绪皇帝看得很清楚，但他又无法公开将"后党"成员调整出军机处，所能做的是让自己的两位心腹重臣翁同龢与李鸿藻进入军机处，共同参与决策事宜，这样就可以变相地掌控军机处。

当时光绪皇帝对于这个人事问题的安排，考虑得很是周全，即使是让翁同龢、李鸿藻进入了军机处，也没有直接进行任命，而是参与决策，也就是说可以发表意见，大家一起商议决定。

例如奕劻上奏认为朝鲜问题事关重大，必须集思广益慎重决策，建议让元老重臣们一起商议，光绪皇帝因势利导，顺着奕劻的思路，立即派翁同龢、李鸿藻与军机大臣、总理各国事务衙门共同商议，拿出个办法来上奏。

翁同龢与李鸿藻本来就是军机处的人，因为在中法战争中的主张坚决抵抗，与慈禧太后意图相违背，所以被罢黜军机处，现在光绪皇帝虽然让他们重新进入军机处，但必须要考虑到慈禧太后的感受，所以让他们从参与决策开始，一方面可以作为缓冲，另一方面也是试探一下慈禧太后的反应。

站在翁、李二人的角度，在重回军机处之前，为了回避妥协派之嫌，他们不便正面陈述抗战事宜，唯恐引起"后党"成员的猜忌，进而增加光绪皇帝的压力，现在两个人重回军机处正式参与军机，于是两个人便名正言顺地公开发表意见。尤其是翁同龢，重回军机处后，每日看电报，看奏折，理直气壮地向光绪皇帝陈述抗战主张，尽心尽力辅佐光绪皇帝筹划战争事宜，而光绪皇帝也每事必问自己的老师，对其颇为倚重，将翁同龢当成了对日作战助手和顾问。

在翁同龢和李鸿藻的建议下，光绪皇帝还任命恭亲王奕䜣督办军务，所有各路大军统兵大员，全都归其节制，同时让奕劻帮办军务，没过多长时间又将恭亲王奕诉召进了军机处。随着奕诉的重新回归，军机处成员结构就有了明显的变化，"帝党"的规模在逐渐扩大。

恭亲王奕诉在祺祥政变后，虽然集行政、外交、洋务于一手，是朝廷内颇有影响的宗室贵族，但因权力之争被慈禧太后借机逐出军机处，在朝廷内很长时间已经没有话语权。现在光绪皇帝请出恭亲王奕诉督办军务，目的是想在宗室内扩大抗日影响，因为奕诉在中法战争中就是主战派，而且慈禧太后在得知日本出兵朝鲜后，也指示光绪皇帝让奕诉重新管理总理各国事务衙门，可以在内廷行走，因此光绪皇帝趁机想通过奕诉的影响力，减少来自"后党"对于抗战的阻挠，进而将其争取到抗战阵营中来。

总之光绪皇帝在对日宣战后，着手调整军机处人员，兼收并蓄各方面人物，有元老重臣、宗室亲贵、满洲贵族等等，暂时冲破了"后党"把持军机处的局面，尤其是接纳宗室和满族亲贵参与军机，实际上将军机处改造成了一个联合阵线，而这种抗战阵线的形成，虽然成员背景有些复杂，难免夹杂着高层内部的派系斗争，但是主张坚决抗战又最拥护光绪皇帝的大臣，例如翁同龢、李鸿藻等人是这个联合阵线的中坚力量，进而让军机处在甲午战争的初级阶段，发挥了参谋和指挥的作用，从一定意义上讲，当时这些身在抗战联合阵线里的官员们，是清政府高层内最有生气和活力的一股势力，并在一段时间内主导着抗日战争的进程。

中日互相宣战之后，双方就再也不用顾及先前的各种条款约定，光绪皇帝发出上谕，宣称朝廷一意主战，在那个时间段里，人们的皇权主义和爱国热情互相交织在一起，进而激起了强烈的抗战热潮。很多大臣纷纷上奏主张抗战，同时抨击李鸿章妥协让步的误国行为，朝廷上下一时间出现了广开言路的局面，例如"帝党"成员志锐就频频上疏，筹划战争事宜累计万言，痛斥李鸿章一味因循守旧，将希望寄托在列强的消极行为，主张要想消除来自日本方面的压力，除了"以战弥战"之外，没有更好的办法。

应该说志锐的观点确实很有见地，谁都知道大清帝国的军事实力或许不如日本，但这却是一场不得不打的战争，从表面上看中日两国在朝鲜的冲突，似乎是一个偶然，但实则是日本蓄谋已久的结果，无论清政府是什么态度，列强是否出面调停，日本只有一个目标，那就是征服中国，所以这一战无论清政府是否愿意打，都必须要打下去。

当时侍读学士文廷式在《奏朝鲜事机危迫条陈应办事宜折》里，以更广阔的视野，向光绪皇帝提出了四条建议：

明赏罚、增海军、审邦交、戒观望。

文廷式所提的建议，内容除了涉及抗日方略之外，事实上已经触及进行政治制度改革的范畴，这个奏折以今日视角来看，是后来光绪皇帝维新变法的一个萌芽思想，是关于政治、军事制度系列改革的一个粗略设想。由此可见，军事与政治有着密切的关系，光绪皇帝在朝鲜问题发生之初，将其精力从对内争取君权毅然转变到对外争夺国权，但是随着抗战进程的不断推进，君权的加强又显得十分重要，如果皇帝没有权威，就不可能发挥君权的功能，外争国权也就无从谈起。文廷式正是看到了光绪皇帝的权威很有可能在"后党"势力的阻挠下，辐射力受到影响，尤其是军务问题上可能会受到李鸿章的变相抗拒，所以他在四点建议之后，又建议光绪皇帝在任用将领上应该绕开李鸿章，由皇帝直接任命。

皇帝直接任命将领，会让将领们对皇帝感恩图报，进而忠于皇帝，将军权从倾向慈禧太后的李鸿章手里，转到皇帝这里，以达到树立皇帝权威的目的，进而由军事制度改革来促进政治制度的改革，文廷式后来在维新变法初期大力宣扬变法，组织强学会，成为一名出色的维新者，其思想渊源就是在中日开始发生冲突时奠定的。

　　当时在清政府中央机构，关于对日战与和的问题争论得很是激烈，事实上地方官员中也有很多主战的人，例如湖南巡抚吴大澂在得知日军对清军动武的消息后，主动电奏朝廷，请求统领湘军奔赴朝鲜增援。光绪皇帝当时称赞他奋勇可嘉，立刻批准了他统领三万湘军赴朝。后虽然吴大澂在转年三月与日军交战失败，但他在国家遭到日本侵略，而且妥协派势力极力避战的情况下依旧主动请战，这种精神应该永远誉载于史册。又如在地方官员中颇具影响力的两江总督刘坤一，对于日本步步紧逼的形势颇为忧虑，在刘坤一看来，日本始终是中国的心腹大患，而且是每饭都不能忘的大患，他上疏光绪皇帝，认为现在中日战争已经不可避免，战争对于大清帝国来讲，未来或许十分艰难，但即使这样也必须要坚持打下去。

　　刘坤一为光绪皇帝做了一番分析，他认为对日作战要做好持久战的准备，中国幅员辽阔，可以与日本进行长期作战，不必拘泥于在朝鲜战场上的胜败，日本国小资源匮乏，现在倾全国之力对外扩张，必然支持不了多长时间。需要指出的是，刘坤一本身是个老成持重的人，处事谨慎，不轻易表态，他能够毅然站到抗战阵营中来，不能不说与光绪皇帝推动抗战联合阵线有着密不可分的关系。

　　在那个时间段里，抗战卫国是人心所向，在朝鲜前线将领聂士成、叶志超驻守牙山，在日军紧逼之下撤到平壤，走到成欢驿时，在朝武备学生于光炘、周宣章出面阻止聂、叶二人撤退，一方面又深夜伏击日军取得小胜。总之，在光绪皇帝一力主战的号召下，当时全国各个阶层奋起抗日的热情日益高涨，抗日形势至少在那个时间段里出现可喜的局面。

　　从光绪二十年五月到八月（1894 年 6 月至 9 月）间，在光绪皇帝的亲自主持和倡导下，清政府对日本一力主战，朝廷大臣不断草拟谕旨、审阅奏章，或明发或廷寄，应该说清政府高层决策机构，从腐败、麻木中得到了部分苏醒，通过很多史料记载来看，例如《清史稿》《翁文恭公日记》等都记载了当时清政府每天至少发出十篇上谕，多则达到十数篇，内容大多是抗日的部署和指令。从这一点来看，光绪皇帝的一力主战，至少在当时并非是一种空论，这短短的几个月时间，是大清帝国自鸦片战争之后，其统治史上光辉的一瞬。

清政府对日本宣战后，其主战势力迅速发展，尤其在中枢机构军机处中发挥积极作用，全国上下的抗战舆论，随着光绪皇帝建立的抗战联盟而形成，但是光绪皇帝十分清楚战争是政治和经济实力的集中体现，所以他在部署抗战的同时，也在努力筹集战争所需要的物资和军需。

光绪在位的前二十年，虽然洋务运动使得国家整体上了一个水平，但历年政府财政却入不敷出，主要原因是因为清政府兴办海军，从国外购买军舰、枪炮弹药以及其他军需装备，出超逐年递增，使得本就并不景气的财政状况，进一步产生巨大的消耗。户部府库更是财政匮乏，近年来仅光绪皇帝大婚、修缮颐和园等耗费的钱财就达到千万两之巨。

而光绪二十年（1894）又值慈禧太后六十大寿，慈禧太后的做法就是以排场来粉饰太平景象，让大清帝国在世人面前赚足了面子，因此从户部府库准备拨款操办寿诞庆典的费用就达到一百五十万两，再加上各地方官进献的贡品，实际上远超这个数字。

清政府虽然经过三十多年的洋务运动，但经不住高层统治者的挥霍浪费，事实上在甲午中日战争爆发前夕，其财政状况不容乐观，但我们都知道战争打的是银子，背后比拼的是财力，甚至是一个国家的总体经济实力，中日战争需要大量钱财来支撑，而李鸿章正是看到了这一点，因此为了避战，以钱财来变相为难光绪皇帝。

光绪皇帝阻止李鸿章撤兵，而后随着抗战阵线的逐渐形成，他命令李鸿章继续向朝鲜增兵，但李鸿展却摊开手向皇帝陛下要钱，在两次上奏朝鲜问题的奏折中，都提到了筹款问题，光绪皇帝终于忍无可忍，向李鸿章发出上谕，让他必须做好战争准备，而李鸿章依旧不为所动，一开口便是"先筹二三百万两的饷，方可战"。

李鸿章伸手要钱本无可厚非，毕竟战争就是靠银子堆起来的，但纵观李鸿章这些年使用朝廷钱财的情况，此时他是不应该说这种话的。几年来李鸿章用在建设北洋水师的费用，按照史料上的说法是"糜帑千数百万两"，而且李鸿章也曾夸耀北洋水师是"技艺纯熟，行阵整齐"，谁都知道养兵千日，用兵一时的道理，现在国家该用兵之时，李鸿章却向朝廷要条件，要到钱之后才能开战，这分明是向光绪皇帝施加压力，以达到他自己避战的目的。

但光绪皇帝血气方刚，既然已经对日宣战，就绝不可能再让步半分。看到李鸿章伸手要钱，他立即命令翁同龢、庆亲王奕劻同李鸿章的海军衙门共同尽力筹措，最终经过协商，决定海军和户部各担负一半，一共筹措了三百万两，具体的落实方法是：海军衙门从生息款中拨一百五十万两，户部从东北边防经费及本年度京饷内共拨一百五十万两，由李鸿章分别提用。

从上述情况我们就可以看出，甲午之战前清政府筹措战争经费都需要费力协调，从中已经可以窥探出这场战争的胜负倾向，而光绪皇帝也看到了这场仗或许是一场持久战，只靠筹措经费是不行的。这种拆东墙补西墙的做法，只能是权宜之计，眼下最好的经费来源是开源节流，因此"请停修缮颐和园以充军费"这个想法就应运而生。

前边我们说过，光绪二十年是慈禧太后的六十大寿，一切都必须以太后六十大寿庆典为中心，谁都知道以修缮颐和园工程的费用来充当军费，肯定会触犯慈禧太后的尊严和威风，必然会引起难以预料的后果，以往光绪皇帝在慈禧太后面前表现得十分恭顺，即使是这位"亲爸爸"

已经归政，只要其发出指示，光绪皇帝也不敢稍加抗争，在中日战争这个问题上，虽然慈禧太后为了不影响自己六十大寿庆典，倾向于李鸿章的列强调停之策，但到目前为止，她还没有针对光绪皇帝的对日宣战进行公开的阻挠。

所以，这次光绪皇帝请求停止修缮颐和园以充军费，等于是在太岁头上动土，慈禧太后虽然没有勃然大怒，但内心对光绪皇帝的这个请求始终耿耿于怀。我们没有证据能够证明，此后在中日战争中慈禧太后的干涉逐渐增多是否源于光绪皇帝的这个请求，但随着战争的深入，妥协派的作用力越来越凸显却是不争的事实。

可以说，请停修缮颐和园工程，光绪皇帝其实是冒着被赶下皇帝宝座的危险斗胆进言，这也说明他是个外柔内刚的人，为了捍卫祖宗基业断然不顾个人安危。二十年的宫廷生活，光绪皇帝对慈禧太后的专断是十分了解的，现在他断然请停颐和园修缮工程，其实是贻祸匪浅，但是从抗日层面而言，这种做法又很得人心，更增加了主战派的凝聚力，以今日视角来看，如果后来没有慈禧太后等妥协派的干涉，或许中日战争有可能会是另外一种走向，当然这是仁者见仁智者见智的问题，不过如何正确看待这个问题，或许我们的对手日本人的评价可能更加客观，例如大久平治郎的评论：

日清开衅之初，帝日意主战，观其请停颐和园工程以充军费，意亦可见矣。诚使支那君臣一心，上下协力，目的专注于战，则我国之能胜与否，诚未可知也。

在当时的历史条件下，光绪皇帝的抗战决心和主战派的积极响应，确实让人们对中日之战充满信心，至少在那个时间段里，人们将国家的前途命运寄托在这个内心刚毅的皇帝身上。

4. 贻误战机

在光绪皇帝的努力下，抗日联合阵线逐渐形成，我们不能否认光绪皇帝及其主战派的热情与积极的谋划，但慈禧太后的"后党"成员及亲信遍布朝廷内外，其势力盘根错节，随着战争进程的深入，光绪皇帝的抗战部署和作战指令，越来越被以慈禧太后为核心的妥协派们所掣肘，导致清军在几次重大战役中遭受挫败，局面越发不可收拾，其阻力最主要的来源，就是善于揣摩"老佛爷"心理、独揽海陆军大权的北洋大臣李鸿章。

从中日两国出兵朝鲜一开始，李鸿章作为军队最高指挥官，就一直与光绪皇帝的主战态度相左，一直到日军在丰岛海域击沉"高升"号溺死清军士兵一千余人时，这个中堂大人依旧没有放弃列强出面调停的努力，与此同时正在撤退的聂士成、叶志超的军队也在成欢驿遭到日军伏击，被迫绕道向北前往平壤，中日战争开打后，清军因为李鸿章的贻误战机而遭到惨败。

在六月初的时候，光绪皇帝已经筹集到三百万两军费，由李鸿章分别提用，等于解决了李鸿章伸手要钱的问题。他也应该最晚在六月中旬接到光绪皇帝的进兵指令后，认真筹划好战争事宜，从地理位置和当时的情况来看，旅顺、大连和朝鲜隔海相望，清军完全可以避开汉江水雷封锁区域早日与驻守牙山的友军会合，或许就不会出现日军在丰岛海域突然对清军动武，更不会造成牙山孤军被围的局面，进而可以从战争初期就掌握住主动权，拒敌于国门之外。但是由于李鸿章的徘徊犹豫，致使清军浪费了大把时间，因此从一开始就陷入被动之中。

事实上，以今日视角来看，战争初期的形势，是整个甲午中日战争胜负的关键。

日军袭击"高升"号并向牙山清军发起进攻后，国内激起了强烈的反响，纷纷指责李鸿章"欺朝廷""抗廷议""深畏敌人""屡失事机"等罪责，而光绪皇帝也早有"倘有观望不前，致有贻误，定将该大臣等重惩"的谕旨。李鸿章不听指令造成贻误战机，理应受到惩处，但一直到八月十八日（9月17日）光绪皇帝才发出上谕，拔去李鸿章的三眼花翎，褫去黄马褂以示惩戒。

如果从李鸿章不遵上谕贻误战机所造成的后果来看，仅仅是拔去三眼花翎和褫去黄马褂，显然是一种微不足道的惩戒，这绝对不是光绪皇帝的本意，也不是他的性格，唯一的解释就是光绪皇帝有他的为难之处。

在光绪皇帝看来，李鸿章之所以敢违背自己的命令，是因为有慈禧太后作为后台，妥协避战的根源其实在慈禧太后那里，李鸿章不过是揣摩出圣意而已，而且统领海陆军的重要将领，都是李鸿章的亲信。光绪皇帝下发惩戒李鸿章的上谕，是在光绪二十年八月（1894年9月），那个时候正是中日平壤战役的激烈鏖战之时，如果处理李鸿章过分严厉，恐怕会影响前线将领的情绪，所以稍加薄惩是恰到好处的做法，一方面对朝廷上下有所交代，另一方面也可以让李鸿章有所警醒，督促各将领尽力一战，又不让李鸿章感到彻底绝望，这也是为什么一直到八月中旬光绪皇帝才下谕旨惩戒李鸿章的原因所在。

日军取得丰岛海战和牙山之战胜利后，继续从陆、海两路对清军发起进攻，平壤战役和黄海海战因此接连开始。七月初光绪皇帝在对日宣战的诏书中明确指示要"厚集雄狮，陆续进发"，而李鸿章却阳奉阴违，拼凑起由各派系军阀所组成的一万四千人奔赴平壤，分别是卫汝贵统领的盛军十三营、马玉昆的毅军四营、左宝贵的奉军六营、丰伸阿的奉天盛军六营，加上叶志超的败退下来的兵马共计三十五营，并任命一路撤退到平壤的叶志超为诸军统帅。这三十五个营的兵力，分属淮系和奉系，派系之间互相倾轧由来已久，加上叶志超本来就是败军之将，没有威望和能力统领诸军，这些将领都从骨子里瞧不起叶志超，尤其是李鸿章的亲信卫汝贵，仗着自己有李鸿章作为靠山，不仅平日里克扣军饷，沿途骚扰百姓，到了平壤之后骄横跋扈，根本不听叶志超的命令，使得清军的战斗力大打折扣，聂士成看不惯这种现象，可又无可奈何，于是借口到天津募兵而离开朝鲜回国。

从史料记载来看，当时在平壤的各路清军口碑很不好，将领们纵容手下士兵抢掠当地百姓，根本不做战争准备，各路军阀只是为了保存自身实力，在城内外构筑工事以自守，彼此之间还划分出了明确的界限，谁也不能越界，也不向朝廷汇报布防的详细情况，导致前线军情与皇帝指示梗塞不通。绪皇帝在七月二十二日、二十三日连续向李鸿章发出上谕，布置和询问前线军情，想详细了解前线的各项事宜，但李鸿章却不置可否，既没有贯彻执行也没有详细汇报，这一点从八月五日光绪皇帝御览经李鸿章转呈叶志超的电奏后做出的指示就可以看出：

据叶志超电称，日兵万余人，由元山登岸，前队已抵阳德。看此情势，战事在即，而如何布置迎击分守之处，叶志超既未电知，李鸿章于电后亦未置一语。

大敌当前，清政府君臣上下居然是如此状况，可想而知这场战争会打成什么样，李鸿章的亲信将领们对光绪皇帝的谕旨置若罔闻，听任日军分道进兵，并一步一步形成对平壤的包围。日军完成包围后，分四路大军围攻平壤，八月十三日（9月12日）双方在平壤外围首先接仗，十四日凌晨时分日军发动总攻，马玉昆统领的毅军扼守大同江东岸倒是拼死抵抗，丰伸阿的盛军渡江进行支援，这场仗双方打了将近九个小时，只有马玉昆、丰伸阿的军队与日军交战，其他军队全都自顾不暇。从战场形势来看，由于马、丰两军的拼死抵抗，中日双方呈现胶着状态，但是就在胜负未分之际，叶志超突然发布撤退命令，左宝贵拒不执行撤退命令，亲自到玄武门指挥作战，结果由于日军炮火猛烈，不幸中弹阵亡。

如果没有叶志超的突然撤兵令，平壤外围战役继续打下去，其走向很不好说，但因为这个突如其来的撤兵命令，导致清军全线收缩，日军趁机大举进攻，清军各路军队由于彼此之间没有串联，所以被各个击破。

八月十七日（9月16日）叶志超被迫放弃平壤城，继续一路向北撤退，又遭到日军伏击，清军阵亡两千多人，被俘数百人。一直到八月二十三日（9月22日），叶志超、卫汝贵等人率领残兵败将先后渡过鸭绿江撤回国内，清军总算是没有全军覆没，但是平壤战役却以清军大量损兵折将、丢盔卸甲的惨败而结束。

也就是从此时开始，大清帝国逐渐丢掉了朝鲜这块战略纵深地带，日本人开始了这片土地上的漫长统治。

平壤战役虽然清军以失败告终，但在战争过程中，部分清军士兵还是表现出了顽强的战斗力，甚至在局部战场还能压制住敌人，如果光绪皇帝的战略部署能够得到贯彻，如果高层上下能够高度统一，如果都像左宝贵那样表现出视死如归的精神，平壤战役的结果真的很难说。在我看来清军至少能和日军在平壤地带形成对峙局面，不至于惨败，进而改变了东北亚的格局。正像平壤失守的第二天，翁同龢抨击李鸿章所说的那样：

> 合肥（李鸿章）事事落后，不得谓非贻误。

然而平壤战役的失败并没能让李鸿章改变观念，几乎就在平壤战役刚刚结束而发生的黄海海战中，还是因为李鸿章贻误战机而最终造成惨败。

光绪皇帝早在七月底就做出了整体战略部署，他认为平壤后路空虚，不利于清军的战略纵深，必须要增兵做好防务，李鸿章当时提出由丁汝昌率领的北洋水师担负护送清军的任务，光绪皇帝认为丁汝昌畏葸无能决不能使用，但李鸿章称赞丁汝昌是"前剿粤擒，累著战功。创办海军，情形熟悉，目前海军将才，尚无出其右者"。

事实上，光绪皇帝和李鸿章对于丁汝昌的评价都不客观，但丁汝昌是李鸿章的绝对亲信，这一点毋庸置疑，所以李鸿章在八月二十三日（9月12日）还是派出丁汝昌率领北洋水师主力大小十八艘战舰，护送五艘商船，运载十二个营的淮军，于十六日夜里从大连港出发，十七日抵达鸭绿江西面的大东沟口外。

当天夜里清军全部登岸，次日北洋水师在回航途中遭到日本海军的阻击，由于当时平壤战役已经开打，所以北洋水师也就不再顾及其他，直接与日本海军接战，当时丁汝昌登上"定远"号的飞桥指挥作战，才打出第一炮，飞桥就因为日常维护不周而被震裂，丁汝昌自空中坠落而负重伤，右翼总兵兼"定远"号管带刘步蟾临时代替丁汝昌，担负起指挥作战的任务。

这次海战持续了一个下午，北洋水师参战的大小十三艘舰船中，有两艘在战斗进行白热化时临阵逃脱，其中一艘还撞沉了自己的一艘舰船，有三艘舰船被日军击沉，其余七艘遭到不同程度的创伤。

虽然最终，黄海海战以北洋水师战败而告终，但是在战争过程中，不少官兵表现出了十足的英勇，例如"致远"号舰长邓世昌，在舰船受到重创的情况下，并没有退出战斗，而是下令开足马力，向日本海军战斗力最强的"吉野"号撞去，誓死与敌舰同归于尽，不幸被对方鱼雷击中，全船二百五十名官兵，全部壮烈殉国；"经远"号管带林永升下令追击一艘受创的敌舰时，也不幸中鱼雷而开始下沉，但在下沉的过程中，官兵们继续向敌舰开炮射击，最终除了十六人获救之外，其余人皆为国捐躯；"来远"号虽然中弹起火，但全体官兵合力扑火，最终让这艘战舰带着重伤返回国内。

当时在黄海海面上，有许多洋人看到中日双方交战的场景，都对北洋水师表现出的顽强战斗力感到由衷的钦佩，主力战舰"定远"号、"镇远"号在不利的形势下，终于迫使日军舰船不得不退出战斗，这一战日本海军共有十二艘舰船参战，虽然最终获胜，但也只能用惨胜来形容，自身损失也是极为严重，这次震惊中外的"黄海海战"证明了我们这个国家从来不缺少英勇奋战的斗士，缺少的是筹划全局者的决心与不屈的意志。

平壤战役败北后，光绪皇帝看到大清帝国即将失去朝鲜这块战略延缓地，立即采取紧急措施，诏令张锡銮带领两个营渡过鸭绿江，又派刘盛休带领四千铭军进驻义州、宋庆带领所部赶赴九连城驻守，防止日军继续北进。同时他又指示李鸿章，针对日军进兵越来越狡诈的情况，清军必须要步步严防，目前情况下要审慎进攻，前方设置的那些粮台处所是全军的命脉所在，务必要细心保护好。

可是光绪皇帝刚刚指示完毕，就接到了叶志超、卫汝贵兵败如山倒，一口气退至鸭绿江以北的消息。这让光绪皇帝震怒，他认为这不仅是兵败撤退，事实上叶志超、卫汝贵等于变相充当了日军的向导，这就意味着战争已经蔓延到大清帝国的本土之内。

如果说平壤战役的败北，带来的间接影响是日军侵入中国本土之内，不过在本土之内还可以进行防御战，而黄海海战所带来的影响，则是北洋水师的全军覆没。并不是说北洋水师没有了战斗力，而是其最高统帅李鸿章被日军的嚣张气焰所震慑住。

经过黄海大东沟洋面的海战后，光绪皇帝已经洞察出日军绝不会就此罢休，其海军必然要向中国深入内犯，首要目标肯定是旅顺和威海卫。黄海海战结束的两天后，光绪皇帝就指示李鸿章，一定要做好旅顺、威海卫的防务，在谕令中特别强调：

> 敌船数多于我，并深图内犯，此时威、旅门户及沿边山海关各口，十分吃紧，应饬分防驻守各兵弁，昼夜细察，严密防范……并著李鸿章悉心筹划，严密布置，毋稍疏虞。

五天以后光绪皇帝又电谕李鸿章，告诉他日军有可能从海路运兵到山海关登岸，以配合进攻奉天的日军作战，对清军形成前后夹击之势，希望李鸿章提前做好预案，以免陷入被动。

但是李鸿章对光绪皇帝关于战争形势的指示置若罔闻，《清德宗实录》上记载李鸿章是"以保船制敌之计，不敢轻于一掷"，也就是说，他的策略是让北洋舰队全部躲进港内，即使是光绪皇帝已经告诉他日军有可能走海路登岸，李鸿章依旧无动于衷，军舰全部龟缩在威海卫港内，而对于通向旅顺、大连的花园口岸，更没有派一兵一卒防守。

我们今天对李鸿章当时的这种反应感觉不可思议，为什么皇帝陛下那么多指示，他完全无动于衷，即使是"后党"与"帝党"的矛盾由来已久，但以李鸿章的身份和智商，不会在大敌当前之际，将朝廷内部矛盾这个问题置于主要地位。在我看来李鸿章之所以要坚持"保船之计"，其原因有两个，第一是北洋水师是李鸿章一手创建的，算是李鸿章的私人军队，当时在朝廷内也是共识，换句话说北洋水师是李鸿章在朝廷立足的资本，如果没了北洋水师，他的地位要下降很多，后来的事实也确实印证了这一点。

第二，李鸿章虽然是近代中国洋务运动的代表，在大清帝国内算是具有世界眼光的人，但实事求是地讲，其作战思维还没有完全摆脱冷兵器时代的思维，对于近代海战的战略战术，李鸿章并不精通，这一点从他任用并不懂海军的丁汝昌就可以看出来，黄海海战本身是不得不打的遭遇战，而且北洋水师最终战败，这就让李鸿章的思维更加定式化，那就是龟缩防守是一种更好的战术。

事实上，李鸿章的想法与当时世界先进的海战战术完全背道而驰。

旅顺港是北洋水师其中的一个基地，与山东的威海卫隔海相望，是扼守渤海的门户，地势极为显要。李鸿章在光绪六年（1880）的时候，在此地修筑炮台，光绪十一年（1885）后在又在旅顺口花费几千万两白银修建了一个大型船坞和一系列的炮台，其装备大多是从德国购买的较为先进的武器，旅顺和大连互为犄角之势，如果当时李鸿章执行光绪皇帝的指示，在那里严阵以待，日本海军很有可能完全被拒之于内海之外。

日本高层十分清楚，如果仅从海上正面攻击中国大陆是很难得手的，毕竟大清帝国不再是1840年只有几艘木船的大清帝国，用舰船运兵从花园口岸登陆，然后从后路抄袭旅大地区是个不错的战术。日军当时大约有三万人从九月二十六日（10月24日）开始，经过十二天的时间才全部登岸，而这十二天的时间里，清军居然没有任何截击和阻止，这实在让人费解。

日军的成功登陆，又一次印证了光绪皇帝的判断，如果李鸿章能够认真执行皇帝的最高指示，日军在花园口登陆是不可能的，就算是最终登岸成功，力量也肯定会被严重削弱，这一点参照平壤战役中清军的顽强抵抗就可以看出，更不会出现日军登陆后孤军深入数百里的局面。

当时日军登陆后，由皮子窝直扑金州，再从金州攻占大连，而且日军在大连又平安无事地休整了十天，又仅用四天的时间占领了旅顺，并在旅顺制造了对平民的血腥屠杀事件，至于具体过程，笔者不愿多写，读者可以参照四十三年后 1937 年日军南京大屠杀的血腥手段。

可以说旅顺、大连被日军占领，完全是由于李鸿章违抗光绪皇帝谕旨、贻误大把战机所致，至此甲午战争大清帝国败局已定，形势已经难以挽回，李鸿章事后也明白大连、旅顺失守是战略上的失败，因此他在奏报中竭力为自己开脱责任：

查旅顺一岛，孤悬海中，所筑炮台，专为备击洋面敌船而设。若论防守周密，必须于后路金州一带设立重兵。当无事时，莫不以为国计，且实无此财力。此次倭兵于金州东北之皮子窝登岸，本非旅顺口守台兵将所能远防。贼已袭据金州，则大连湾和旅顺俱成绝地。

其实李鸿章所说的并不是事实，当时金州和大连有不少清军驻守，仅旅顺一地就集结了一万三千人，日军仅四天就拿下旅顺，是因为清军根本没做好防守准备，日军大举进攻就一触即溃，日军攻陷旅大地区，而后必然会进攻威海卫，此前光绪皇帝早已经有谕旨，命令李鸿章放弃"保船"之策，做好迎击日本海军的准备，但是李鸿章却依旧不为所动，白白丧失了两个月的备战时间。

日军占领旅大后，调集海军集结在渤海洋面，光绪皇帝再一次发出谕旨，让李鸿章将北洋舰队调出威海卫港口，主动迎上前去交战，避免龟缩港口造成被动挨打的局面。到了光绪二十一年正月（1895 年 2 月），日本政府为了配合海军作战，再一次采取后路抄袭的战术，由海军护送两万日军在威海卫东面的成山登陆，向威海卫港发起进攻，光绪皇帝命令李鸿章将"定远"号等舰船调出海港，对靠岸日军舰船予以打击，至少可以重创其船只，断掉日军舰船的归路。

此时，丁汝昌作为海军司令官，认为北洋水师偌大一个舰队，龟缩在自己的海港里当缩头乌龟，实在无法向天下人交代，于是主动向李鸿章请战，要求迎头痛击日本舰船，但李鸿章却上拒谕旨，下压官兵，命令北洋舰队决不允许出威海卫港一步，如有违抗军令者，就算打了胜仗也会治罪。

以今日视角来看，这其实是整个甲午战争中，李鸿章主控战局的最后机会，但李鸿章却再一次贻误战机，死守"保船"策略，让北洋水师大小十五艘兵舰和十三艘鱼雷舰，全部龟缩在威海卫港内，拒绝主动出击迎敌。

十天后，日军从后路攻占了威海卫港口南北两岸的所有炮台，驻守在那里的清军不战而溃，丁汝昌实在忍无可忍下令还击，但由于没有陆军的配合，日军很快就控制住两岸炮台，又用海军封锁了威海卫港口，北洋水师顿时成了瓮中之鳖，从正月十日（1895 年 2 月 4 日）开始，南岸炮台的日军以及日本海军，连续炮击北洋舰队，并用鱼雷艇于夜间突入港内袭击"定远""来远""靖远""威远""宝筏"等舰船及鱼雷艇两艘被击沉、击毁。十三日，北洋水师十艘鱼雷艇自行从北口突围，一艘撞毁，其余九艘的官兵弃舰逃走。

值得一提的是，被光绪皇帝认为是"畏葸无能"的北洋水师提督丁汝昌，并没有像皇帝陛下所评价的那样没有骨气，在自己的舰队被日本海军消灭后，他严拒日本海军司令长官伊东祐亨的劝降和英国人马格禄的投降要挟，决心战至船没人尽而后已。光绪二十一年正月十七日（1895 年 2 月 11 日）夜，丁汝昌眼见突围无望，遂服毒自尽。

在我看来，丁汝昌既不是李鸿章所吹捧的海军优秀人才，同样也不像光绪皇帝评价的那样不堪，至少在战败后，他尽到了一个军人的责任，至少还有杀身成仁的勇气，而没有甘愿做一个投降的奴才。

5. 处境艰难

旅顺、大连失陷后，日军分海陆两路向大清帝国内陆逼近。光绪二十一年正月十八日（1895 年 2 月 12 日），随着海军提督丁汝昌的战败自杀，日军攻陷刘公岛，北洋水师全军覆灭，不过由于日军兵力有限，暂时没有能力占领整个山东，于是已经占领荣城、文登等地的日军相继退往威海卫，以便抽调兵力，集中进攻辽东地区，和已经渡过鸭绿江的那些日军形成夹击之势。

李鸿章在战争中的表现让光绪皇帝极为不满，在得知日军要向辽东腹地进攻的消息后，起用湘军老将两江总督刘坤一，并封其为钦差大臣，将关内外的军事指挥权交给他，同时命令四川提督宋庆、湖南巡抚吴大澂帮办军务，前往辽东共同抵御日军的进犯。

算上刘坤一所带的湘军，当时集中在山海关一带的清军大约有七八万之众，兵力多于进犯辽东的日军，如果各军能够在统一的指挥下团结抗敌，至少可以阻止日军继续进兵，由于各军都是各自为政，导致清军的战斗力十分低下。

从光绪二十年十二月到二一年二月间，日军居然在辽东先后攻占了海城、盖平、牛庄、营口等地，数万清军纷纷向锦州、山海关一带溃退，如果日军继续长驱直入，拿下山海关不成问题，如此一来，北京的东北门户就完全大开，直接受到日军的兵锋所胁。

日军不断向关内逼近的消息让清政府高层惊慌失措，而前线清军的屡战屡败，也让光绪皇帝的处境越来越艰难。前边我们说过由于光绪皇帝的一力主战，朝野内外纷纷言战，抗战的氛围颇为浓厚，因此主战派也随之在高层暂时占据优势，可现在清军在海陆两线战场全部失败，日军大有入关进逼中原之势，这让清政府高层万分恐慌。

尤其是以慈禧太后为代表的"后党"成员，一定不会忘记三十五年前英法联军攻陷北京城，咸丰皇帝携带皇室成员急急如丧家之犬般逃亡热河的场景，而后英法联军又火烧圆明园，成为咸丰皇帝驾崩的一个诱因，更让大清帝国颜面尽失。这一切相信慈禧太后在三十五年后依旧历历在目，甚至心有余悸，因此随着战争进程越来越不利，妥协派又逐渐有了话语权。事实上，当时日军已经将澎湖、台湾地区列入了自己的战略进攻目标，在辽东已经抽调不出更多的兵力发动更大规模的军事进攻，但是清政府已经是惊弓之鸟，无法再理性地分析对手，只要能阻止日军继续南下，能够让老佛爷不再受三十五年前的苦，就算是赔银子也在所不惜。

甲午中日战争发展到清军大溃败这个地步，无论是主战派还是妥协派都未曾料到，主战派只看到了朝廷上下普遍高涨的抗日情绪，没有充分看到自身军事制度的腐败，而主战的官员们多数又不懂军事，更不是行伍出身，手中也没有兵权，因此他们的抗战主张和战场的实际部署完全是两回事。

妥协派主和也没有预估到日本的军事实力，他们的初衷就是媚上，迎合慈禧太后颐养天年不想生事的心理，唯恐与日本交战，影响慈禧太后六十大寿的庆典，破坏大清帝国"太平盛世"的景象。

虽然慈禧太后在中日冲突开始阶段也表示过主战态度，但对于朝廷内"战"与"和"的争论不休，作为帝国身份最高的人，却若无其事地继续策划寿诞庆典，至少说明以她为代表的大清帝国很多高层统治者一种麻木不仁的状态。

中日战争爆发初期，尽管海战以失败告终，北洋水师第一次真正实战就以全军覆没而载入史册；朝鲜境内平壤失守，叶志超竖起白旗向日军乞降，而后丢盔弃甲地逃回鸭绿江以北，更是在大清帝国的军事史上增添了一大污迹，可是那时候战争毕竟是发生在大清帝国境外，在妥协派们看来，最多就是把朝鲜让给日本就可以结束战争。

所以在那个时间段里，妥协派除了掌握实际兵权的李鸿章消极抗战之外，其他官员例如孙毓汶、徐桐等人，也只是暗中散布些舆论，并没有引起与主战派激烈的争论。但是有一点需要值得注意，那就是主战派和妥协派在中日刚刚在朝鲜爆发冲突时，都没有预料到朝鲜战争会动摇大清帝国的统治根基。

但是到了旅顺、大连失守，日军渡过鸭绿江攻入中国境内，战争形势越来越恶化，此时清政府高层尤其是妥协派，终于意识到日本挑起的这次朝鲜冲突，目的不仅是要吞并朝鲜，最终的目标是侵略中国，从时间上来看，清政府高层是在光绪二十年的十月到十二月之间，逐渐感到形势的严峻，面对日军已经将战火烧到中国边境的形势下，主战派和妥协派采取了截然不同的态度，以光绪皇帝为代表的主战派，继续力主抗战，例如对支持主战的将领刘坤一、吴大澂、宋庆等人委以统兵指挥作战的重任，力争在辽东扭转败局，命令李鸿章指挥北洋舰队要主动迎敌等等，算是一种亡羊补牢的做法，力争将损失降到最低。

妥协派则不然，旅大地区失守，在妥协派们看来，就意味着中国最终会战败，既然失败不可避免，不如在未败之前乞和，这是妥协派当时对于甲午战争的典型态度。慈禧太后虽然最初主战，但随着清军的一败再败，她的态度也是越来越急转求和，而平壤失守和黄海海战的失败，让慈禧太后最初的那点侥幸主战心理也逐渐破灭。但她并没有立即表态，主要精力依旧放在自己六十大寿庆典上，不过巧合的是，慈禧太后日夜盼望的自己的六十大寿即将来临之际，日军对大清帝国发起了海陆两路进攻，让包括慈禧太后本人在内的高层们大为扫兴，于是鉴于国难当头，慈禧太后还是从大局出发，降低了庆典规格。

事实上，早在光绪二十年八月平壤战役激战正酣的时候，慈禧太后就下了一道懿旨，决定降低寿诞庆典的规格，而且在懿旨中也显露出自己内心的不安，也反映出了高层集团因屡战屡败而有些乱了方寸，降低寿诞庆典规格，应该说是慈禧太后意识到问题的严重性，并由静观到干预、由主战到乞和的一个转折点。

纵观整个甲午战争的过程，光绪皇帝和主战派大臣在前台指挥作战，随着战争进程的深入，慈禧太后逐渐参与其中，并召集枢臣讨论战争事宜，这一点从光绪二十年八月二十八日她在枢臣面前说的话就可以看出来：

皇太后曰："有一事，翁某可往天津面告李某，此不能廷书寄，不能发电旨者也。"……"俄人喀希尼前有三天同保朝鲜语，今喀使将回津，李某能设法否？"

从她的话语就可以看出，派翁同龢到天津，传旨李鸿章委托俄国公使出面与日本议和，也就印证了李鸿章极力倾向议和的根源是在慈禧太后那里。前边我们说过，李鸿章为了迎合慈禧太后，确实曾经为了让列强出面调停而积极活动，他致电俄国公使喀希尼希望他出面，喀希尼也确实做过几次要出面的表示，但最终却不了了之，而且请求俄国公使出面调停这个行为，也遭到了光绪皇帝的极力反对，在此之前慈禧太后对于中日朝鲜冲突很少表态，现在已经出面表态，她的态度很明确，那就是主张议和。

翁同龢本来是主战者，曾经多次指责李鸿章过度依赖洋人出面调停，慈禧太后让他去传旨李鸿章，翁同龢当然不愿意去，但在慈禧太后的强硬要求下，只能硬着头皮前去。但临走前这位帝师向慈禧太后申明了两个原则：一个是自己作为天子近臣，不做天子所不愿意做的事情，因此前去传旨也只是转述，而不加评论；第二个是和局一旦实现，他是不担负骂名的。

换句话说翁同龢就是绝不主张议和，即使是慈禧太后老佛爷的意见，翁同龢也绝不同流合污，而慈禧太后传旨李鸿章，其实就是在向李鸿章示意，可以"合法"地进行议和，自己将是李鸿章的有力靠山。

所以，前边我们所说的李鸿章战争过程中一再贻误战机，除了他本身就不太懂现代战争这个因素之外，慈禧太后戴在他头上的"议和紧箍咒"也是一个方面，让李鸿章必须按照最高指示的步调行事，更何况他本身就是一个"善揣圣意"的人。

对于李鸿章而言，处在太后和皇帝之间的滋味并不好受，太后代表最高意志，皇帝则代表国家主权，所以从战争过程来看，随着形势的变化，仔细梳理李鸿章的所作所为，他的应对之策也不同。

李鸿章在光绪二十年五月一日派叶志超、聂士成领兵入朝平叛后，对日本一直是主张讲和的，请求英俄公使出面，希望能够早日和日本缔成和约，尽早结束中日冲突。这期间光绪皇帝多次批评李鸿章依赖洋人调停，到了平壤之战败局已定时，光绪皇帝薄惩李鸿章，但慈禧太后的意见参与进来，使得李鸿章依旧没有改变主和立场，只不过迫于皇帝陛下的压力，不再主动寻求洋人的帮助，考虑到老佛爷的寿诞庆典临近，李鸿章选择了避战策略。

谁都知道李鸿章一手创建的淮军和北洋水师是大清帝国的支柱，李鸿章因此而在朝廷内权倾朝野，他十分清楚保证军队的建制和实力，就是保证权力与地位，所以他不愿意将自己的淮军和北洋水师全部押在中日战争上，因此李鸿章的"避战"策略，其实是慈禧太后意志、光绪皇帝压力以及他自己私心三方面作用力的结果，这就是李鸿章"无战志"的根本原因所在。

当然，李鸿章的确老谋深算，自平壤失守和黄海战役失败后，光绪皇帝虽然对他是薄惩，但他也知道战争的失败让皇帝陛下已经恼羞成怒，可是自己没得到慈禧太后改变议和的态度，在这种两难的境地中，李鸿章基本上回避了"议和"也就是说既没否定议和，也不主动运作，我行我素以沉默来消极应对。

需要注意的是，李鸿章的主和言行都是在平壤战役之前，战争失败如果再继续高谈议和言论，难免会落个畏敌投降的罪名，而遭到世人的唾骂，从中也可以看出当时关于抗战的舆论的威力是如此巨大，就算是慈禧太后命令翁同龢传旨李鸿章时，也都是说得很慎重。

吾非欲议和也，欲暂缓兵耳。汝既不肯转此语。则经宣旨责李某何以贻误至此！朝廷不治罪，此后作何收束？且退岫者，淮军也，李某能置不问乎？

但是慈禧太后请俄国出面调停的态度，其实比妥协派中任何一个人都要坚决，除了上述话语之外，慈禧太后还让翁同龢转告李鸿章说：

出京时，曾奉慈谕，现在不断讲和，亦无可讲和，喀使既有前说，亦不决绝。今不必顾忌，据实回奏。

慈禧太后所说的"不必顾忌"其实有两层意思，其一是俄国公使在此之前至少名义上在谋划调停，只不过清政府没有最终确定是否需要调停，现在海陆两线战场全部失败后，再去找俄国人出面，会有损大清帝国的颜面；其二，光绪皇帝一直不同意"以夷制夷"的方针，如果现在再去活动，可能又会受到皇帝陛下的指责，所以慈禧太后让李鸿章"不必顾忌"，其实是再为李鸿章减压，潜台词就是：你现在不要有压力，请洋人出面调停是我的主张。

李鸿章对此心领神会，于是再次开始联络俄国公使，从此时开始，妥协派逐渐在甲午战中开始占据主导地位。慈禧太后命令李鸿章继续请俄国公使出面调停，是她主和活动迈出的第一步，她公开亮出主和的旗帜在高层中间是举足轻重的一着，那些妥协派大臣显得格外活跃，甚至有的到了有恃无恐的地步。

例如光绪二十年九月十六日（1894 年 10 月 14 日），在旅大地区尚未失守时，清政府高层讨论英国公使欧格纳提出日本关于议和的索要兵费的条件时，主战派和妥协派就为此发生了激烈的争论。主战派代表翁同龢、李鸿藻认为英国人是"要挟逼催"，明显带有袒护日本的感觉。而主和派代表孙毓汶、徐桐则认为如果不答应这个条件，就无法保护大清的陪都沈阳以及周边祖宗的那些陵墓。

不久后日军从金州进逼大连之时，慈禧太后召见朝臣商议，当时在场的有庆亲王奕劻、恭亲王奕䜣、翁同龢、李鸿藻、孙毓汶等人，慈禧太后问这些人有什么好办法停止战争，孙毓汶首先站出来说让西洋各国出面调停，翁同龢立即站出来表示反对，由此两派在慈禧太后面前开始了无休止的争论。这也从一个侧面可以反映出，主战派最初的优势开始逐渐丧失，而妥协派对中日战争形势的左右开始起主导作用。

慈禧太后之所以让李鸿章着重找俄国人出面调停，是因为俄国企业最早插手中日战争形势，也曾经放出话要以武力让日本撤兵。随着战争形势的日益严峻，列强之间对中日战争的态度也发生了很大变化，英俄两国有各自的打算，并不急于让日本停战，因此对出面调停一事也并不积极。对于这一点，主持洋务运动和洋人接触最多的恭亲王奕䜣看得十分清楚，那个时候奕䜣刚刚被重新起用，政治经验十分丰富的奕䜣，虽然内心也是主战，但并不想再次得罪慈禧太后，所以他另辟蹊径，请美国人出面调停。

熟悉洋人的奕䜣当时看出美国与日本的关系十分密切，于是便通过美国驻华公使田贝与美国驻日公使谭恩在中日之间进行活动，主要是摸清日本方面对于停战议和的态度和要求。

这两位公使都是外交掮客，他们也知道清政府高层对于战与和的问题，一直就不统一，最高代表慈禧太后虽然亮出了主和态度，但国家主权象征的皇帝则是坚定的主战派，而且中日双方在战场上已经打到白热化，想要达成和议并非是件容易的事情，所以他们选在旅大地区失守的前一天，为清政府的议和开了一个账单，其内容依旧是赔偿战争费用，如果不同意赔偿，日本会继续开战等没有创意的话语。

应该说从慈禧太后干预中日战争之后，光绪皇帝主战态度虽然依旧没变，但其处境却越来越困难，最初慈禧太后派翁同龢去天津传旨李鸿章，光绪皇帝还很不满，不过翁同龢勉强表现出针锋相对的态度，光绪皇帝还是有些底气的，所以他对此举保持沉默，即使在中枢大臣为主战还是主和发生激烈争论时，有时光绪皇帝也并不在场，因此没有做出鲜明的姿态。

但是在旅大失守妥协派们认为败局已定，开始不断加速求和的步伐，美国公使又参与进来调停后，光绪皇帝再次以坚定的抗战立场，对妥协派们的逆流行为予以痛斥：

冬三月倭人畏寒，正我兵可进之时，而云停战，得毋以计误我耶？

光绪皇帝这番严词指责是在慈禧太后召见恭亲王奕䜣和庆亲王奕劻等人时发出的，前边我们说过当时在场的除了翁同龢之外，还有妥协派代表孙毓汶、徐桐等人。慈禧太后是妥协派的最高代表，策划美国人参与调停的是奕䜣，那么光绪皇帝指责的矛头就是当时清政府高层的最大实权派。

当时光绪皇帝发出指责后，孙毓汶、徐桐等人虽然有慈禧太后做后台，但站在他们这些做臣子的角度来看，光绪皇帝毕竟是君临天下帝王人主，所以两个人全都慌了手脚，就连奕䜣、奕劻也赶紧把话缩了回去（语则祕莫闻也），而且光绪皇帝当即决定对李鸿章做出"革留摘顶"的处分。

应该说光绪皇帝在那种场合能够同妥协派们针锋相对，这种精神确实是难能可贵，这种坚定的意志来自捍卫祖宗基业的责任，也来自他那始终没有抛弃的做一个圣明之君的理想。但现实却是，虽然慈禧太后在那个场合没有针对光绪皇帝的态度有什么表态，但谁都知道这种事情打的不是口舌仗，年轻的光绪皇帝在此后的很长时间里，要面对以慈禧太后为首的妥协派们的强力反击。

果不其然，两天后慈禧太后发出懿旨，指责瑾妃、珍妃二人近来有奢华习气，所以降为贵人，以示薄惩而肃内政，据《翁同龢日记》记载：

皇太后召见枢臣于仪鸾殿，先问旅顺事，次及宫闱事，谓瑾、珍二妃有祈请干预种种劣迹，即著缮旨降为贵人等因。

翁同龢的日记比懿旨讲得要具体，所谓的"祈请干预"行为，其实就是干预朝政，暗指某些人的主战建议和李鸿章等人对抗谕旨的信息，是通过两个妃子的渠道传到光绪皇帝那里的。很明显慈禧太后对两个妃子的处分，其用意就是对两天前光绪皇帝强硬态度的一次回击，也是对帝党的一次警告，可以看出这是深层次的宫廷斗争与政治斗争通过中日战争问题，所交织表现的一种形式。

旅大失守后慈禧太后的求和主张公开化，因此主战舆论开始由指责李鸿章转变为慈禧太后，当时很多主战派大臣站出来对妥协派严厉斥责，例如御史高燮就指责慈禧太后是"挟私朋比，混乱国事，若不精白乃心，则列祖列宗在天之灵，必诛殛之"，气得慈禧太后脸部抽搐、大动肝火。但是高燮所说的话，正是说出了包括光绪皇帝在内的主战派的心声，所以翁同龢与光绪皇帝不怕冒犯慈禧太后而站出来为高燮开脱，认为大敌当前还是应该一致对外，等到抗战结束再问罪高燮也不迟，因此迟迟没有将高燮治罪。

对于光绪皇帝的做法，当时孙毓汶气急败坏地攻击主战派，认为他们是"言者结党陷害，夙习已然"。应该说旅大失守，是清政府高层主战派与妥协派实力互换的一个转折点，从双方针锋相对的状态来看，互不相让斗争之激烈可以想象。

按照慈禧太后的想法，本来准备对高燮加以惩罚，但是由于光绪皇帝和翁同龢的开脱，最终这件事情不了了之。但孙毓汶却不肯善罢甘休，将矛头直指翁同龢，于是几天后妥协派再次发难，撤除满汉书房，将主战派成员志锐发配到乌里雅苏台，翁同龢虽然据理力争，但也于事无补，事实上撤除满汉书房的决定，是慈禧太后的意图，其背后所指的目标就是光绪皇帝，因为书房是光绪皇帝与主战派商议战事的场所，撤掉书房等于是在瓦解主战派的力量，使光绪皇帝失去左右手。而光绪皇帝对此当然是寸步不让，坚决反对撤除书房，抵制慈禧太后的决定，这也就意味着，帝党与后党的矛盾终于在中日战争期间由暗争转变为明斗，但得罪了慈禧太后，光绪皇帝今后的处境也越发艰难。

那个时间段里日军继续步步紧逼，李鸿章在外边依旧消极抵制光绪皇帝的谕旨，朝廷内则是慈禧太后为首的妥协派不断施加压力，不过在光绪皇帝处境越来越艰难的时候，朝廷内还是有一些比较有勇气的御史官员对慈禧太后进行指责。除了高燮之外，御史安维峻当时也上了一道言辞激烈的奏折，除了指责李鸿章倒行逆施、丧心病狂、致国家安危于不顾等激烈的言辞之外，更对慈禧太后公开抨击：

又谓和议出自皇太后，太监李莲英实左右之。此等市井之谈，臣未敢深信，何者？皇太后既归政皇上，若仍遇事牵制，将何以上对祖宗，下对天下臣民。至李莲英实何人斯，敢干政事乎。如果属实，律以祖宗法制，李莲英岂复可容。

在安维峻看来，慈禧太后、李鸿章、李莲英等人都是致国家和民族利益于不顾的人，其屈辱求和的面貌暴露得淋漓尽致，尤其是抨击慈禧太后假归政真专政的言辞，彻底激怒了慈禧太后。她搬出自己长辈的身份压制光绪皇帝，迫使其只能仰承懿训，随后就将安维峻革职充军。

从整个战争过程来看，虽然中日开战以来，李鸿章消极抵制光绪皇帝的抗战部署，但真正产生阻力效应的却是慈禧太后，在主战派看来如果想要有效地推进抗战进程，就必须转移大清帝国的最高统治权力，而安维峻在抗战的紧要时刻，尤其是主和派势力再次抬头，但战争还未完全失败（威海海战之前）时，对慈禧太后提出"皇太后遇事牵制"的指责，事实上就是想让慈禧太后放弃权力，将权力真正交给光绪皇帝，这个要求是当时主战派的一致心声，只不过只有安维峻一点不留情面地将其挑明。

在我看来，这是主战派对主和派的最后抗争，随着战争中清军的不断失败，主战派最后的那点雄心壮志在慈禧太后的打压下，也终于消耗殆尽，而且光绪皇帝虽然英气逼人，但终究不可能突破传统道德观念，用极端强力的手段抢走慈禧太后手中的权力，对于这一点我们不能苛责他是懦弱无能。

当时一些主战派官员对于光绪皇帝顺应慈禧太后的意图，处理瑾、珍二妃以及志锐、安维峻等人，评价其态度过于仁慈，这些人预感到抗战前程将会断送在慈禧太后的妥协派手里，所以都暗暗为光绪皇帝捏了把汗，后来也确实证明了，不仅妥协派决定了最终的战争结果，而且光绪皇帝未来的任何举动，都受到了慈禧太后的压制。

6. 马关条约

旅大地区失守之前，慈禧太后命令李鸿章联络俄国公使喀希尼出面调停，后来恭亲王奕䜣又找到美国公使田贝出面，可以说在中日战争期间，西洋列强为了各自的利益，都扮演着"和事佬"的角色，虽然向日本政府展开外交斡旋，但最终哪方也没有解决问题，除了西洋列强本身动机不纯之外，日本的战略目标是关键所在。

日本方面故意挑起中日冲突，其目标不仅十分明确，而且也十分坚定，一是要吞并朝鲜，二是要征服中国，至少也要割让中国领土，三是要向中国索取巨额赔款。

早在光绪二十年十月（1894年11月）的时候，英国驻日公使会见日本外务大臣陆奥宗光时，就向其传达了英国政府对于中日战争的调停方案，主要提出了两项停战条件，一个是朝鲜独立，另一个是中国赔偿日本军费，以试探日本政府的态度。

日本政府认为，英国人提出的这两个条件颇为模糊，所以不能答应，陆奥宗光随即开出了停战要求，在英国人提出的两个条件的基础上，又加上了割地一条，割让旅顺大连湾或者是台湾全岛。日本政府提出的这个条件颇为苛刻，清政府除非到了被打得再无还手之力，是断然不会接受的，所以陆奥宗光当时告诉英国人，现在谈议和的问题还为时过早，因为清政府还有还手之力，在陆奥宗光看来，日本现在是连战连胜，以中国人的性格非得等到遭受重大打击之后，才能"真心悔悟"，所以现在议和还为时尚早。

但是陆奥宗光或许有些过于慎重，那个时候清政府的妥协派们已经是求和心切，只不过李鸿章派出担任天津税务司的德国人德崔琳代表清政府到日本去议和，被日本人拒绝，不久后经过美国使节的一番斡旋，日本方才同意和清政府代表商谈，于是清政府改派时任户部左侍郎的张荫桓和担任过台湾巡抚的邵友濂为代表，前往日本广岛去商谈议和。

当时正值日本陆海军向中国发起大规模攻势的时候，日军已经攻占了威海卫军港，北洋舰队全军覆灭，其陆军也从辽东长驱直入，直逼锦州和山海关，日本在全歼北洋舰队之后，认为可以逼清政府坐在谈判桌上，原因在于日本已经战线过长，而且又要抽调兵力进犯澎湖列岛，作为侵占台湾的准备，因此感到有些兵力不足，日本国内的财政也难以继续支撑巨额的战争经费。其次西方列强不希望日本在中国伸展过大的实力，中日战争的走向，已经超出了最初想要利用日本互相牵制对方的范围，因此就必须要采取干涉措施来限制日本在中国的势力延伸。

事实上，对于日本越来越不受西方列强掌控的形势，早在1894年底，驻日美国公使谭恩就代表美国政府警告日本：

然战斗弥久，若无限制日本军海陆进攻之法，则与东方局面有利害关系之欧洲强国，难免对日本国将来之安固、幸福为不利之要求，以促战争之终局。

鉴于上述两个原因，日本政府考虑到，万一西洋列强强硬干涉，现在就必须要斟酌这些国家的干涉，会不会影响与中国的谈判条件，谁都知道战争是手段，不是最终目的，如果这种手段用过了头，目的就不能达到，所以在看到西洋列强可能要真的进行干涉时，日本政府决定改变策略，想要用议和的手段，来达到征服中国的目的，正所谓手段可以变，目标不能变。

但是日本政府为了将目标利益最大化，用一种非常狡猾的手段向清政府传递了议和信号。清政府代表张荫桓和邵友濂到达日本广岛的十天后，日本方面以张、邵二人所带的国书不是全权委任状为由，拒绝展开谈判，实际上就等于将清政府代表驱逐回国。另外又通知美国公使田贝向清政府示意，必须要派全权委托大臣，在清政府内部地位尊贵、有声望，曾经为国家做过大事情，只有这样的人才能成为谈判代表。

日本政府这种狡猾的策略，其实向清政府传递了两个意思，一个是日本方面愿意与中国停战议和，另一个就是停战议和的条件十分苛刻，所以清政府必须派出十足的当权派人物。事实上日本政府列出的谈判人选条件，就是告诉清政府其心仪人选是李鸿章或者恭亲王奕䜣，当时美国公使私下里向总理衙门透露了，日本的谈判条件可能会涉及割地和赔款，希望清政府要做好准备，但是后来的事实证明，清政府对此准备得并不充分。

光绪二十一年正月十六日（1895 年 2 月 13 日），清政府得到了田贝传递的信息，至于是否接受日本政府的蛮横要求而另派代表赴日，则由慈禧太后决定，光绪皇帝对此已经没有话语权，据《翁同龢日记》记载：

上询昨日定议否？对已定。

这个记载意思是光绪皇帝问翁同龢昨天针对重派代表的事情决定了吗？翁同龢回答说已经决定。这说明慈禧太后在这个问题上已经将光绪皇帝晾在了一边，当时她主张让李鸿章作为全权代表，光绪皇帝得知消息后，认为综合李鸿章在战争中的表现，不宜再作为代表和日本人接触，可是慈禧太后根本不理会光绪皇帝的意见，立即授意孙毓汶起草谕旨，让李鸿章来京"请训"，并且一意孤行地说："我自面商，即请旨，我可做一半主张也。"

慈禧太后如此快速度决定全权代表的做法，一方面是源于长时间以来迫切议和的心理，另一方面就是释放出架空光绪皇帝的信号，所以当时妥协派们有恃无恐，孙毓汶按照慈禧太后的意图起草谕旨大肆吹捧李鸿章，说他是"勋绩久著，熟悉中外交涉，为外洋各国所共倾服"。

这个谕旨一经颁布，就等于否定了此前光绪皇帝对李鸿章的两次薄惩，同时也是在战争失败后，清政府妥协派终于找到由头向主战派全面反击的开始。到目前为止，以光绪皇帝为首的主战派开始趋于瓦解，由于慈禧太后的强力干预，已经不再是主战还是主和的问题，而是怎样议和的问题。慈禧太后之所以让孙毓汶起草上谕，不仅因为他是得力信任的人，还因为在妥协派里这个人的气焰最为嚣张，议和的调子唱得最起劲，一贯主战"战不可恃"，他和李鸿章虽然同为慈禧太后的左右手，有着"内孙外李"之说，但李鸿章仅仅是变相违背光绪皇帝的谕旨，而孙毓汶在某种程度上比李鸿章具有更大的破坏力，因为作为慈禧太后的信任者，他的态度会影响到这个掌握最高权力的女人。

在战争败局已定，全国都对日寇蹂躏中华大好河山纷纷发出控诉时，孙毓汶却幸灾乐祸，甚至召集梨园的戏子在宫中演戏。其他妥协派也无视光绪皇帝的权威，一步步逼着光绪皇帝向日本人屈服，按照日本人设计的陷阱步步就范。此时光绪皇帝已经是步履维艰，但严峻的形势并没有让他屈服，他在主战派大臣全都不知所措的困境下，继续同妥协派进行斗争。

当然，在战争失败已经无可挽回且议和已经成为定局的情况下，光绪皇帝与妥协派斗争只能是退而求其次，其首要问题当属是否割地。当时李鸿章在天津接到上谕后，马上向朝廷上奏，提出日本人的谈判条件最重要的一点就是割地问题，现在事情非常紧急，如果不答应则无法开启谈判。

为了让朝廷能够尽快答应议和条件，李鸿章不惜用"但能力图自强之计，原不嫌暂屈以求伸""停战期限已满，彼仍照旧进兵，直犯近畿，又当如何处置"的狡辩话语来逼迫朝廷。值得注意的是，当时李鸿章的这些话，上奏的对象是光绪皇帝，既然光绪皇帝已经被慈禧太后晾在了一边，为什么李鸿章还要逼着光绪皇帝做决定呢？

在我看来，尽管慈禧太后出面干涉战争议和事宜，但从礼法角度而言，光绪这个皇帝才是一国之主，重大事情还是要用皇帝的谕旨名义来布告天下，最重要的是李鸿章作为官场老手，将慈禧太后所许诺的"作一半主张"看作是圆滑之词。这句话本身就有很大的伸缩性，未来怎么解释都通，但是"割地"涉及国家主权问题，这可不是"作一半主张"所能决定的问题，李鸿章如果得不到代表最高权力的皇帝上谕，未来一旦出现什么变故，李鸿章是担待不起的。

谁都知道割地是出卖国家神圣领土的可耻事件，历史上这样的人全都遭举世唾骂和遗臭万年，白纸黑字载入史册，是任何人都抹杀不了的历史罪责。公正地讲，站在当时那个历史关口，从慈禧太后、光绪皇帝到李鸿章都不敢承担"割地"的重大责任，即使是强势的慈禧太后也只是表态做"一半主张"，这一点从光绪皇帝回复李鸿章的奏折就可以看出来：

此次特派李鸿章与日本议约，原系万不得已之举，关系之大，转环之难，朝廷亦所洞鉴。该大臣膺兹巨任，惟当权衡于利害之轻重，情势之缓急，通筹全局，即与议定条约。

看得出来光绪皇帝的用词很巧妙，回避了"割地"两个字，让李鸿章权衡轻重而定，即使是李鸿章到达北京后，光绪皇帝在乾清宫养心殿与军机大臣一起召见李鸿章时，也只是说了一番舟车劳顿的客套话，而没有对谈判事宜做出任何指示，而李鸿章没有得到皇帝陛下授权"割地"，是根本无法面对虎视眈眈的日本人的，所以他迟迟没有动身启程，以往他消极抵制光绪皇帝关于抗战的种种指令，而如今在议和问题上却要必须得到皇帝的授权，可见其老谋深算。

去日本谈判议和并不是美差，李鸿章当然不想戴上"割地卖国"的帽子，他从高层对其指示的模棱两可，可以看出在割地问题上不同角色的不同心态。为此李鸿章也哀叹过，认为朝廷内没人愿意为割地承担责任，如果日本人再加上所要战争赔款一项，先不要说有没有人愿意承担，恐怕户部首先就连银子都拿不出。

李鸿章的话其实说出了他的矛盾心理，在议和问题上，翁同龢的观点是宁可赔偿军费，也不能割地，这种观点也代表了包括慈禧太后在内的清政府高层的绝大多数人的想法。但日本人是狼子野心，这种想法不可能让其接受，所以这就为李鸿章出了一道难题。

李鸿章当时听完翁同龢的观点后，立即反唇相讥，想要拉着翁同龢一起去日本，让他尝尝当这个议和代表是个什么滋味。不过翁同龢反应得也很快，说李鸿章曾经办过洋务，最熟悉外国人的脾气秉性，在议和的问题上不能用生手办这件事，还是得李鸿章出马。事实上翁同龢也是在变相指责李鸿章，当初违背光绪皇帝的抗战指令进而造成今天的局面，这个烂摊子还得他这个洋务派领袖去收。

李鸿章最后无可奈何地表示，割地一事绝不可行，如果谈判进行不下去自己就马上回来。坦白说，李鸿章尽管消极抗战，屡屡贻误战机，以致造成今天的败局，但在割地问题上态度至少还有些顾忌，从这一点上来说，李鸿章至少比孙毓汶、徐用仪等主张割地之流要强很多。

因为割地问题关系重大，李鸿章坚持要得到光绪皇帝的授权才能成行，于是光绪皇帝命令恭亲王奕訢上奏慈禧太后，将是否同意割地这个球踢给了慈禧太后。但慈禧太后也深知答应割地是要背上千古骂名的，所以她通过内监总管李莲英传出懿旨，说自己身体不好，谈判事宜全由光绪皇帝做主，又将球踢回给了光绪皇帝。这种踢皮球的做法，让夹在中间的李鸿章十分难受，但是他这个做臣子的又不能逼迫主子，只能以拖延启程时间来应对，可是日本人的停战时间是有期限的，妥协派们唯恐日本人过期不候会继续进兵，所以纷纷请懿旨督促李鸿章赶紧起程。

妥协派们的督促，等于为光绪皇帝又增加了一份压力，是硬着要将他逼进割地求和的死胡同里。而且李鸿章也是缠着光绪皇帝不放，据《翁同龢日记》记载，在二月八日（3月4日）这一天，光绪皇帝在自己的书房里秘密召见李鸿章，虽然君臣对话的时间很短，但没过多久从光绪皇帝对李鸿章所说的"予以商让土地之权，令其斟酌轻重，与倭磋磨定议"这句话，就可以猜测出这次"书房召见"，李鸿章很可能得到了光绪皇帝的授权，至少也是可以商谈领土问题的授权。

光绪二十一年二月二十三日（3月19日），李鸿章携带顾问和幕僚等谈判代表团成员到达日本马关。日本内阁总理大臣伊藤博文及外务大臣陆奥宗光作为日本政府的全权代表，在次日与李鸿章交换完全权资格证明后，就立即开始谈判。

日本方面率先发难，拒绝先停战再谈和约，伊藤博文强调中日两国现在依旧处在战争状态，日本手里随时操纵着可以重新发起进攻的主导权，并以此来威胁李鸿章就范，但是李鸿章坚持先停战再谈和约，如若不然双方即使能够达成和约，也不能保证日本方面不会再开战端。

双方的谈判就此陷入僵持状态，而日本方面一时间又找不到借口重新开战，毕竟在开出条件的时候，没有涉及究竟是先停战还是先和约的问题，所以日本方面决定暂时中止谈判，让李鸿章上奏清政府仔细斟酌。但让日本政府没有想到的是，在谈判中止期间，李鸿章被日本愤青小山丰太郎开枪打伤了眼睛，因此谈判被迫拖延下来，同时也让日本政府一下子陷入被动。由于担心开枪事件成为西方列强干涉的借口，进而衍生出其他事端，所以日本政府决定先签订停战条款，再与清政府谈判代表进行和约谈判。

我们都知道中日之间最终签订了《马关条约》，这份条约是从 1840 年以来中国最为丧权辱国的一份条约。但是这份条约的签订过程却是一波三折，从先前清政府对于是否割地的问题，高层之间来回踢皮球，就可以看出这个问题的严重性。在李鸿章到达日本之后，这个问题更是胶着。在清政府内部，光绪皇帝处于一种被"劫持"的状态，主战派大臣已经被边缘化，中枢机构完全被妥协派所把持，凡是朝廷与李鸿章联络的电文，都由妥协派草拟，不经过光绪皇帝就擅自发出。

三月六日（3 月 31 日），翁同龢眼看由孙毓汶起草的发给李鸿章的谕旨中，有"秉笔者直欲以海疆拱手让人"这句话，他和李鸿藻据理力争，要求孙毓汶将涉及割地问题的话全部删去，但是被孙毓汶和徐用仪严厉拒绝，气得翁同龢大骂可恨，而孙毓汶也不甘示弱，扬言以后谁也不能再提"战"字。

对于日本人的不断要挟，李鸿章虽然身负重伤，但依旧没有停止和朝廷之间的联系。从三月初到三月中旬，李鸿章屡次电奏朝廷，希望能够尽快拿出应对措施，光绪皇帝面对日本人的要挟虽然震怒，甚至表示要御驾亲征和日本人拼个你死我活，但是由于他已经被边缘化，所以孙毓汶等妥协派给李鸿章的回复，事先根本不请示光绪皇帝。例如三月十九日（4 月 13 日）李鸿章将日本人草拟的和约条款电告总理衙门后，已经被妥协派掌控的总理衙门，在没有请示光绪皇帝的情况下，擅自回复李鸿章如果协商不成，可以接受日本政府提出的条件，由此可见《马关条约》的签订，是背着光绪皇帝的情况下进行讨论和签订的。

而这其中最大的推手，当属妥协派的最高领导——慈禧太后！

光绪二十一年三月二十三日（1895年4月17日），李鸿章得到朝廷的回复后，代表清政府与日本签订了《马关条约》，双方约定这个条约经两国政府批准后，于四月十四日（5月8日）在中国烟台换约生效。

现在我们就来看一看这份中国近代史上最丧权辱国的条约到底有哪些主要内容：

1. 确认朝鲜独立。

2. 割让辽东半岛、台湾全岛及所有附属岛屿包括澎湖列岛给日本。

3. 赔偿日本军费二亿两白银。

4. 增设湖北沙市、四川重庆、江苏苏州、浙江杭州为通商口岸。

同时规定日本人可以在中国通商口岸，随意从事各项工艺制造，可以将各项机器随时装运进口，日本在中国制造的货物享受与进口货物一样的优待权。这一条对当时的日本来讲，其实不是现实所必需，而之所以要定下这一条，日本是依据"利益均沾"的原则，让西方列强可以借助这一条款，进一步扩大在中国的投资市场，这也是日本政府对列强在中日战争中倾向自己进行调停的一种回报。

李鸿章草签《马关条约》后，以最快的速度在三月二十七日（4月21日）将文本送到北京，次日孙毓汶向光绪皇帝呈上文本，逼迫其盖章同意。但这遭到了光绪皇帝的拒绝，或许在光绪皇帝看来，不在条约上盖上大印，是他目前手中仅有的一点权力。因为即使是这样，他也要拼到最后，誓死不当卖国贼。

皇帝陛下拒绝签约的消息传出后，举国上下立即掀起要求废约的呼声，奏折如雪花般地飞到光绪皇帝那里，据统计当时上奏的官员就达到一百二十余人，而最为著名的，当属由在北京参加会试的举人，共同推荐的康有为的执笔上书，签名的举人达到了一千三百余人，坚决反对签订《马关条约》。康有为代表这些举人还利用这个机会提出了政治改革的要求，并建议将二亿两战争赔款当作战争经费，以迁都再战，这就是中国近代史上著名的"公车上书"。公车上书是近代中国知识分子冲破清政府禁令，第一次参加反对外国侵略的群众性运动，在当时来讲这是一件破天荒的大事，而且后来的戊戌变法正是发端于这次上书事件，康有为更是以此成为中国近代史的知名人物。

《马关条约》割地面积之大，赔款之多都远远多于当年的《南京条约》，这引起了自鸦片战争以来大清帝国内部最大的震惊和痛心，不仅是朝廷高层和应试举人强烈反对，军界人物甚至是面临被割让给日本的台湾人全都誓死不从。有的绅民呈递血书，要求和日本人血战到底，连在封疆大吏中颇有影响力的洋务派代表人物刘坤一和张之洞也上书朝廷，要求废约再战，尤其是刘坤一在上书中提出了具有创新性的"持久战"观点。

在刘坤一看来，日本人远道而来打不起长久战争，如果清政府做好长期战争的准备，以大片领土做战略回旋，不计较一城一地的得失，则日本人不出两年就坚持不住，即使这样所需要的战争经费也比二亿两的战争赔款要少一半，而如果就此签订了条约则后患无穷。

事实上刘坤一的持久战观点并不是空谈，当时从京畿地区到山海关一带的驻防清军达到十几万，如果继续开战，日军随着战线的拉长其战斗力必然会逐渐减弱。刘坤一认为我军将士处在国家危亡关头，肯定会拼死一战，因此战斗力会逐渐增强。但刘坤一是出于一种"忠愤"，从战术上看虽然可行，前提是清政府内部必须要团结统一，然而这是当时清政府的最大短板，否则中日战争也不会如此惨败。

《马关条约》草签之后，清政府高层内部围绕尊约和废约又展开了激烈的斗争，其内涵所涉及的，已经超越出了"帝党"与"后党"之间的派系斗争，而是转变成了争夺国权反对卖国投降。

虽然以帝党为核心的主战派被边缘化，但是其依然发声坚持废约迁都再战，而光绪皇帝作为一国之主，更是以"割台则天下人心皆去，朕何以为天下主"的决绝态度坚定废约立场。

只是，以慈禧太后为代表的妥协派却以不能舍弃宗庙社稷为理由，来为保都签约做辩护。就在双方激烈争论的时候，四月三日（4月27日）光绪皇帝请旨慈禧太后做出是否批准签约的最后决策，慈禧太后依旧没有给出明确答案，只是说了句"和战之局汝主之，此（迁都）则我主之"的模棱两可的话语，让光绪皇帝进退两难。

一直到四月（5月2日）批约日期将至时，光绪皇帝在妥协派的挟持下，逐渐顶不住压力有了批约的想法，但在自己的上书房里和翁同龢等主战大臣却"相顾挥涕"。直到最后临近日本方面给出的截止时间，光绪皇帝最终挥泪批准了《马关条约》。

易顺鼎在《盾墨拾余》对当时的场景有着具体的记载：

四月初八日，四小枢（奕䜣、奕劻、孙毓汶、徐用仪），劫之上，合词请批准。上犹迟疑，问各国回电可稍候否？济宁坚以万不可恃为词，恭邸无语，乃议定。众枢在直立侯，上绕殿急步日时许，乃顿足流泪，奋笔书之……初九日（5月3日）和约用宝。

也是就是说，光绪皇帝最终是忍痛含泪批准了条约，作为大清帝国的皇帝签订了一份中国历史上最为丧权辱国的条约，可想而知，对于本来有志要做一位圣明之君的光绪皇帝，当时是一种怎样的心情。

《马关条约》的签订虽然最终是光绪皇帝批准的，从表面上看是其一生中的污迹，但从整个过程来看，光绪皇帝从一开始就坚持抗战立场，并积极筹划部署抗战事宜，尤其是在和战之间进退两难的境地中，他依旧顶着妥协派给予的极大压力继续坚持抗战，即使是在条约已经摆在他面前时，他还凭仅有的不盖章的权力进行最后的抗争，企图改变局势继续抗战，最后在山穷水尽的困境中不得已挥泪批准了条约，所以说这个条约的签订，责任不应该由光绪皇帝承担。

签约之后光绪皇帝对此一直耿耿于怀，在六月九日（7月28日）李鸿章回到北京入宫觐见时，光绪皇帝都没有对李鸿章说一句慰劳的话，迎面便斥责李鸿章"身为重臣，两万万之款从何筹措，台湾一省送予外人，失民心，伤国体"，从中就可以表明光绪皇帝对《马关条约》一直是持抵制态度，至于中日战争失败的原因，也不是由于他决策失误所致，而是以慈禧太后为首的妥协派的种种干扰和破坏最终导致败局。对于当时很多人提出的"废约""迁都再战""持久战"的种种观点，从当时的环境来看其实不现实，光绪皇帝本人就发出了"将少宿选，兵非素练，纷纷召集，不殊乌合，以至水陆交绥，战无一胜"的悲叹，由于皇帝权威失灵，重新组织一场抗日的持久战，条件并不具备，光绪皇帝只能是批准签约。

值得一提的是，《马关条约》让日本得到了中国二亿两白银的战争赔款，对日本而言，通过《马关条约》得到巨额赔款和台湾等战略要地，不仅促进了本国资本主义的进一步发展，而且便利了日本对远东地区的进一步侵略，使日本一跃成为亚洲唯一的新兴资本主义强国。另外当时日本为了在东北对抗俄国，尽可能降低美、俄等国对日本在华利益的牵制，提出了"卧薪尝胆"的口号，重新开启十年扩军计划，日本将这笔战争赔款80%用在军费上，三十多年后当日本发动新一轮侵华战争时，他的每一发射向中国人的子弹都有《马关条约》的战争赔款所制造，虽然那个时候大清帝国早已经走进历史，但中国人依旧在为曾经的屈辱而买单。

　　另外，日本利用中日冲突促成了"英日同盟"的形成，开始了东亚地区新一轮的争霸。对朝鲜而言，《马关条约》从法理上标志着中朝之间上千年的宗藩关系正式终结，东亚传统的华夷秩序和封藩体制也遭最后一击而宣告崩溃。朝鲜名义上获得了独立，实际上却被日本所控制，不久后俄国势力也进入朝鲜，日本和俄国在朝鲜的争夺日趋激烈，最终导致了 1904 年日俄战争的爆发。

　　对于中国，正如后来梁启超所说："吾国四千年大梦之唤醒，实自甲午战争败割台湾，偿二百兆始。"政治上的半殖民地化，并不代表整个社会都是沉沦。晚清的历史让中国逐步陷入了一种受侵略、受奴役的境地。中国民众遭受着苦难，但是沉沦更多的其实是体现在政治上（特别是政府行为），而开明士大夫和广大的民众却未曾放弃探索中国富强之路，他们的努力也成了中国社会向前发展的不竭动力。

　　《马关条约》的签订，人们就自然会想到这一回可真要弄得国将不国，濒临灭亡的边缘了，所以人们的反思点逐渐从器物变革转变到政治改革，这就是接下来维新变法的起源。

第七章
维新思想

甲午中日战争之后，光绪皇帝犹如从一场噩梦中惊醒过来，在反省中得到了有益的教训，并在反省中理顺了思路以重新振作精神，随着对朝廷要害部门不动声色的调整，光绪皇帝逐渐完成了战后朝廷重建的第一步，同时也为后来他在历史舞台上演的那出有声有色的维新变法活剧奠定了基础……

1. 反省失败

　　清政府在中日战争中惨败以及《马关条约》的签订，对于当时的中国人来讲是一次极大的震动。天朝上国居然败给了东洋弹丸小国，从一定程度来讲，向所有的中国人敲响了亡国的警钟，同时也促进了整个民族的觉醒。

　　中国是一个古老的宗法制国家，两千多年来人们的观念长期依附于以家族为单元的宗法社会的古老范畴。鸦片战争之后随着资本主义的进入，为中国传统的观念增添了一些新的思想内容，中国人的思想开始了一些转变，但是这种转变因为是受到传统文化惰性的束缚，所以转变的速度极其缓慢，只有在外部和内部的强烈冲击下，才有可能让这个古老民族从长期的沉睡中惊醒过来，而甲午中日战争就是外部的一次强烈冲击，它的冲击力远远超过两次鸦片战争，因此以今日视角来看，这次战争的失败促使了中国人萌发出了近代民族意识。

　　甲午中日战争清政府败得实在太惨，日本方面提出的条件又十分苛刻，但是这次战争的对手并不是英国、法国那样的西洋列强，而是历来被中国人视为"倭寇"的弹丸岛国日本，这就让当时大清帝国的各个阶层都感到震惊、愤怒和困惑。

当时稍微有点头脑的中国人都会反省和思考中国战败的根本原因，按说中国经过了三十多年的洋务运动，也有了西方的坚船利炮，为什么到最后却被弹丸岛国日本所打败，这实在是一个巨大的悖论。正所谓大风暴会洗刷空气中的污浊，人们的头脑会显得格外清醒，视野也会更加开阔，可以说直到甲午战败才是近代民族觉醒的真正发端。

一方面是战后资产阶级作为政治势力开始在中国出现，代表资产阶级意识和观念的知识分子，无论是改革派还是改良派，都以关怀国家前途和命运的责任感，投身到救国图存的洪流中去，因此也为当时的中国带来了希望；另一方面，以光绪皇帝为代表的清政府高层的主战派，也在冷静地反省战争失败的症结究竟在哪里，是否还是同以往历次失败后那样重复着歌舞升平，最多是头疼医头脚疼医脚？

光绪皇帝并没有选择重复先前的麻木，而是通过中日战争之败，内心生出了一种亡国的危机感、紧迫感和国家难以立足世界之林的耻辱感。不能否认，三十多年的洋务运动改变了大清帝国一些面貌，但没有从根本上改变国家的命运，由此在当时中国近代群体为国家救亡图存的呼喊声中，在部分大清帝国官员对国家命运产生忧虑的时候，光绪皇帝产生了维新变法的思想，在当时的环境下来看，这种思想是在亡国之灾即将临头的危急时刻，在漫漫长夜里闪烁出的耀眼光芒。

作为一国之主的光绪皇帝没有因为甲午战败和《马关条约》的签订而灰心丧气，也没有因为慈禧太后的钳制而消极避世，而是在失败中冷静反省，重新振作精神。这是光绪皇帝与前几位清朝皇帝品格的根本区别所在，也是值得被后世称颂的一个方面，在《马关条约》换约生效的当天，他在给张之洞的奏折批谕中做了如下批示：

嗣后我君臣上下，惟其坚苦一心，痛除积弊，于练兵筹饷两大端实

力研求、亟筹兴革。毋生惭志，毋骛虚名，毋忽远图，毋沿积习，务期
事事核实，以收自强之效。朕于内外诸臣有厚望焉。

虽然这是给张之洞的批谕，其实也是光绪皇帝在中日战争失败后的
一个反省，从整个话语中反映出的是一种积极向上的状态，从中可以反
映出中日战争后光绪皇帝的思想面貌。

前边我们说了，清政府在中日战争中失败，对国人是一次大震动、
大刺激，有的人一筹莫展、消极颓废，有的人则是在失败中惊醒，而后
奋发搏击。而当时大清帝国该向哪个方向走去，作为一国之主的光绪皇
帝其态度至关重要，虽然慈禧太后不断钳制，但对于外界来说，他这个
皇帝还是法定的国家最高决策者。

如何重新安定人心、重建皇帝权威是光绪皇帝在战后首先所要思考
的问题，安定人心首先需要做的是重振以他为核心的主战派的士气，形
成以他这个皇帝为核心的近臣亲信圈子，以增强整个朝廷的凝聚力。为
此光绪皇帝战后向军机大臣发布了开诚布公的上谕，解释主战派提出的
"废约""迁都""持久战"等主张最终未能实现的缘由：

谕军机大臣等：日本觊觎朝鲜，称兵犯顺，朕胝怀藩服，命将出师，
原期迅扫敌氛，永弭边患。故凡有可以裨益军务者，不待臣工陈奏，皆
以主见施行……

光绪皇帝字里行间将战争失败的原因归结到妥协派不执行自己的抗
战之令，而妥协派的最大 Boss 又是慈禧太后，所以光绪皇帝的上谕其实
就是在告诉所有人，是慈禧太后钳制了自己，最终导致战争的失败和《马
关条约》的签订。

当然，光绪皇帝十分清楚，在自己周围的一些近臣中会有因为战争
的惨败而气馁的人，自己权威的失灵也会让某些人寒心，所以在上谕中，
光绪皇帝也希望大臣们能够理解他的苦衷，从他的实际处境出发，体谅

他迫不得已批准《马关条约》的做法，这种坦诚之心公布于众，对于维系人心有着极为重要的作用。

战争结束后，光绪皇帝对清军从将领到士兵的腐败无能和一盘散沙颇为痛心疾首，他在好几处的上谕中反省到这个问题，而且光绪皇帝意识到强军的道路在于集中军权。大清帝国从太平天国之乱开始允许地方募兵，这种制度虽然在一定程度上改变了因八旗子弟腐化堕落导致的军队战斗力弱的问题，但是在另一个层面上也导致了募兵将帅成为军阀的现实，而且这些募兵的将帅把家族、同乡的宗法制度移植到军队建制，使得军队成为自己的私兵，进而自己成为地方军阀，例如曾国藩的湘军和李鸿章的淮军都属于这种情况。

李鸿章之所以敢在中日战争中消极抵制光绪皇帝的作战指令，除了因为有慈禧太后作为靠山之外，另一个原因就是北洋水师是他的私兵，以丁汝昌为首的很多海军将领都唯李鸿章命令是从，这也是为什么北洋水师一直不能掌控战场主动权，到最后才被迫知道反击的原因所在。

但是以今日视角来回望，清朝军事制度的腐败落后，以及战斗力的丧失，其实是整个清王朝统治机能走向衰落的一个缩影，作为当事人的光绪皇帝不可能反省到根本，他只能从具体的、某一个方面去反思并加以纠正和克服，因此他在上谕中多次指出要从"练兵筹饷两大端实力研求"和"咸知练兵筹饷为今日为当务之急"。虽然这种对练兵筹饷的实力研求是治标不治本的措施，但总算是涉及了政治制度的外围，再往前一步必将促使从制度方面加以改革，后来戊戌变法中改革军事制度便是其中一个方面。

另外，《马光条约》的签订，李鸿章成了全国上下一致声讨的对象，朝廷内弹劾李鸿章的奏章达到上百份。李鸿章确实应该受到指责，如果不是他在战争中消极违抗光绪皇帝的作战指令，清军恐怕不会败得这么惨，北洋舰队也未必会全军覆没。

但实事求是地说，如果单从谈判签约这件事情本身来看，将所有罪责强加给李鸿章显然有失公平，因为在谈判过程中，李鸿章面对伊藤博文的强硬姿态，始终据理力争，如果不是因为李鸿章被打瞎眼睛，日本人所要的战争赔款会更多。作为大清帝国的代表，李鸿章对于签订这么个丧权辱国的条约，心中的滋味可想而知。在条约签订后，李鸿章发誓自此之后再也不踏上日本的领土，用这种方式来抗议日本人的野蛮无理。

但是站在光绪皇帝的角度，李鸿章消极违抗自己的指令导致战争惨败，是《马关条约》签订的根本原因。所以李鸿章刚回到北京觐见他时，他便劈头盖脸地指责这位老臣是"失民心，伤国体"，这种指责表面上是针对李鸿章，但谁都知道其实是针对以慈禧太后为首的妥协派，因为李鸿章在战争中的一切重大决策都是看慈禧太后的脸色行事，所以平心而论李鸿章还不能算是导致战争失败的直接责任者，真正的直接责任者是掌握实权的慈禧太后，而且战前慈禧太后为了建造颐和园还挪用了海军经费。

据史料考证，慈禧太后当时挪用费用的总数达到一千二百到一千四百万两之巨，造成的影响就是北洋水师自 1888 年后没有再购买过新船和更新过设备，而当时日本拥有的二十一艘战舰，其中有九艘是1888 年后添购的，时速和炮火威力都强于北洋水师，虽然武器因素不是战争胜败的决定性因素，但在开打之前就先落后于人，至少无法掌控战场主动权。

前边我们说过，中日战争进行的关键时刻，也就是光绪二十年的九、十月间，正是慈禧太后六十大寿的庆典时期，当时清政府所有的事宜必须要为这个庆典让路，当日军在花园口登岸向旅顺逼近的时候，慈禧太后依旧还在大张旗鼓地做寿，京城内外的王公大臣、封疆大吏们贡献寿礼，举行隆重的庆典仪式，虽然因为日军的逼近，慈禧太后决定降低庆典规格，但是庆典的规模依旧很大，这种粉饰太平的做法，极大牵涉和分散了清政府的精力和财力。

例如在九月九日寿诞庆典即将举行时，慈禧在宫里演戏三天，从朝廷枢臣到部院京堂都要陪着看戏。光绪皇帝对此十分反感，当天战况十万火急，光绪皇帝召见群臣，绝大部分人都看慈禧太后的脸色不敢前来。后来决定对日求和谈判，李鸿章进京听谕，他作为清政府的全权代表前往日本，都是慈禧太后做出的决定，最终支持孙毓汶、徐用仪逼迫光绪皇帝批准签约。

可以说整个过程慈禧太后一直扮演了避战求和、自私自利的角色，而李鸿章则是慈禧太后旨意的具体执行者，因此他遭到举国唾骂，成为众矢之的，其实是做了慈禧太后的替罪羊。对于这一点，光绪皇帝心里十分清楚，但他不可能公开指责慈禧太后，所以只能以指责李鸿章来变相指责慈禧太后，这就是后来康有为所说的"皇上之苦衷迫逼之故，有难言之隐矣"，而且这种难言之隐，光绪皇帝在答复张之洞"迁都再战"的奏折中也有所表露，他的原话是"廿余年来，慈闱颐养，备极尊崇，设使徒御有惊，则藐躬何堪自问"，可以说光绪皇帝在战后的反省中粗浅地触及到了当时清朝的症结所在。

在中日战争中，清政府高层在重大决策上发生了分歧，在主战还是主和问题上形成了两大派别，这也是"帝党"与"后党"矛盾斗争在中日战争中的具体体现，但是随着战争形势越来越不利于清政府后，一些原先附和主战派的大臣在关键时刻也倒向了妥协派。在战争初期光绪皇帝调整了军机处班子，将其变成了抗战联合战线，在战争初期发挥了一定的作用，可是后来由于战争屡屡败北，军机处成员的思想也发生了动摇，在签订《马关条约》时，朝廷中枢机构被妥协派所把持，成了贯彻慈禧太后避战求和的策源地，光绪皇帝由此失去了对中枢机构的把控。

战争结束后，重新整顿军机处，调整中枢班子成为光绪皇帝反省过去、吸取战争惨败经验教训的一个重要课题。当时军机大臣中对光绪皇帝抗战部署干扰最大的就是孙毓汶和徐用仪两个人，他们在慈禧太后的支持下，一唱一和压制主战派逼迫光绪皇帝，慈禧太后的意图就是通过这两个人向李鸿章进行传递，所以光绪皇帝在战争结束后采取了不同的方法，将他们调离军机处，先是给了孙毓汶一个月病假，让徐桐暂时接替他的职位，然后又找个理由革去了他兵部尚书头衔，让他因病退休。四年后孙毓汶郁郁而终，而后又将徐用仪迁出军机处，让他在总理各国事务衙门担任个虚职，前后大约一年的时间，拔掉了军机处的两根钉子。

在撤掉孙毓汶和徐用仪后，光绪皇帝将礼部左侍郎钱应博召进了军机处，钱应博一直是主战派大臣，即使在妥协派威逼光绪皇帝批准同意签约时，钱应博依旧主战，誓不向妥协派低头，让光绪皇帝刮目相看。将这样一位有才气而又能直言的大臣加以重用，光绪皇帝无疑是想增强帝党的力量，而相对于军机处而言，总理各国事务衙门也在光绪皇帝的调整范围之内。

当时的朝廷执行决策的体制是军机处决策，总理衙门贯彻执行，可是在中日战争期间总理衙门被李鸿章和慈禧太后的亲信所把持，光绪皇帝的亲信成员几乎无一人涉足，经过对中日战争的反思之后，光绪皇帝为了加强对总理衙门的控制，让翁同龢与李鸿藻这两个对自己最忠诚的人进入其中，以达到今后朝廷的内政外交各个脉络都有君权皇命的印记，自己所下的谕旨可以畅通无阻地执行。

至于李鸿章，虽然光绪皇帝对他的两次处分被慈禧太后一票否决，战后他又作为清政府的全权代表被派往俄国，参加沙皇尼古拉二世的加冕典礼，而且还秘密地与俄国签订了《中俄御敌互相援助条约》（简称《中俄密约》)，但是光绪皇帝对他的怨恨丝毫没有减轻，对其进行了权力限制。

当时李鸿章是集军、政、外交于一身的朝廷重臣，又有慈禧太后做后盾，所以光绪皇帝对他的权力限制，采取了十分慎重的处置办法，具体就是让李鸿章进入内阁，调王文韶为直隶总督兼任办理通商北洋大臣，其实是明升暗降，让李鸿章离开了朝廷实权部门。王文韶在中日战争期间也是主战派，虽然在签订《马关条约》的关键时刻王文韶不像钱应博那样态度坚决，但是其本人十分具有外交理政才能，所以光绪皇帝用他代替李鸿章，在一定程度上削去了李鸿章的部分军权和外交之权。

由于李鸿章担任直隶总督时间很长，调动完李鸿章之后，为了削减他在直隶的影响，光绪皇帝立即谕令王文韶整顿直隶，在谕令中光绪皇帝告诉王文韶，直隶地区积弊很深，要对这个地方的官吏进行彻底的整顿，而且外务交涉事件十分紧要，如果先前有办理不周的地方，务必要重新筹划细心办理，并要不避嫌怨，随着事情的变化而采取变通之策。

其实光绪皇帝的这个谕令，一方面是为王文韶布置任务，另一方面也是针对李鸿章而发，字里行间等于是否定了李鸿章任期之内的所做的一切。

这对于李鸿章来讲是一个巨大的打击，从某种意义上而言，这比过去两次处分要严厉得多，为日后彻底剪除李鸿章势力埋下伏笔。

甲午中日战争之后，光绪皇帝犹如从一场噩梦中惊醒过来，在反省中得到了有益的教训，并在反省中理顺了思路以重新振作精神，随着对朝廷要害部门不动声色的调整，光绪皇帝逐渐完成了战后朝廷重建的第一步，同时也为后来他在历史舞台上演的那出有声有色的维新变法活剧奠定了基础。

2. 卧薪尝胆

中日战争后，列强瓜分中国的黑云密布在神州大地的上空，大清帝国治下的百姓面临着更加沉重的负担。在 1894 年 11 月甲午战争败局已定的时候，除了朝廷有人产生出变革图强的想法和呼声之外，国内还有一些人主张暴力革命推翻清政府，重建汉人秩序，以图国家富强。

这些人其中最为著名的代表当属孙中山！

孙中山，名文，字载之，号日新，又号逸仙，中国近代民族民主主义革命的开拓者，中国民主革命伟大先行者，中华民国和中国国民党的缔造者，三民主义的倡导者，创立《五权宪法》。

当然上述所说的他是中华民国和中国国民党的缔造者是后来的事情，在甲午战争失败之后的那个时间段里，孙中山对国家越来越遭受列强宰割的趋势感到万分忧虑，因此他在美国檀香山成立了兴中会，其宗旨就是恢复中华，驱除鞑虏，效仿西方民主宪政，推翻帝制，创建合众政府。

在孙中山看来，清政府已经是千疮百孔，想要依靠这个政府来实现中华民族的繁荣强大已经不可能，只有推翻腐朽的清政府，建立民主宪政的政府，中国才有希望。事实上从孙中山的经历来看，他早年并不是就有这种思想，曾经也是一个希望能够进入政坛，以实现政治抱负为己任，为国家的强大做出一份贡献的人。为此他曾经给当时的实权人物李鸿章写信毛遂自荐，并提出很多有利于国家的政治见解，然而遗憾的是，李鸿章由于政务繁忙，没能重视这个年轻人的自荐，这让孙中山倍感失望。

虽然孙中山后来走上暴力革命的道路，并不一定就是因为在李鸿章那里吃了闭门羹所致，但至少当时在孙中山心中，会因为李鸿章的冷落而上升到对整个体制的失望，也就是说至少是一个诱因。在后来的岁月里，孙中山看到在大清帝国治下的中国一片腐化堕落，所以他认为甲午中日战争失败，对于清政府而言不是偶然，而且未来是无药可救，他认为清政府再怎么努力，也无法通过渐进的改良进行调整以达到拯救时弊。上层社会的骄奢淫逸，让广大的劳苦大众并不能分享国家三十多年洋务运动和经济发展所带来的好处，因此怨望之心越积越多，统治者已经无法照旧统治下去，被统治者也不甘心被统治，大清帝国已经由此走向了末路。

孙中山在 1894 年秋天返回了檀香山，而那时候檀香山刚刚推翻了君主专制制度，废除了王位，建立了夏威夷共和国，这也对孙中山的思想演变进一步产生了冲击，于是他于 1894 年 11 月 24 日在檀香山成了兴中会，后来的国民党就是在兴中会改建的同盟会基础上扩大建成的。

从兴中会成立那天开始，孙中山就投入到了暴力推翻清政府的活动中去，当然在 1895 年《马关条约》签订的那个时段里，这位后来被称为"国父"的革命先行者还没有闹出什么大动静，策划组织的广州起义也以失败而告终，清政府也根本没有拿他当回事，但谁也不会想到这个曾经也是科考失意的人，居然后来会成为大清帝国的终结者之一。

孙中山的广州起义虽然以失败告终，但是并没有影响这位立志终结大清帝国统治者的意志，在此后的日子里，他继续为革命四处奔走，用他自己的方式为中国能够有一个光辉未来的明天而努力，然而在清政府内部，以光绪皇帝为核心的高层班子，同样也在用自己的方式为国家的复兴强大而努力，以今日视角来看，孙中山和光绪皇帝的努力虽然各自的角度不同，但我们不能否认这两种努力都是为了国家强盛，至于哪条道路更加适合中国，那就是仁者见仁智者见智了。

从国际视角来看，中日战争之前，由于西方列强的进入和清政府统治机能的退化，中国社会已经是千疮百孔，洋务运动只是有限地改变了大清帝国的面貌。用一句时髦的话来说，其实就是美颜，深入中国当时的社会就可以看出，封建官僚和士大夫绝大部分依旧昧于世界形势，沉湎于中华大国、天朝上国和盲目自大的迷梦之中，即使在中日战争爆发之后，绝大部分人还依旧瞧不起日本这个东邻岛国，曾经就有人说过"倭不度德量力，敢与上国抗衡，实以螳臂当车。以中国临之，直如摧枯拉朽之势"的愚昧话语。

而在战前大清帝国三十多年洋务运动的美颜效果，也确实迷惑了一些西方列强，他们对中国这个老大帝国的虚弱程度没有完全看透。例如英国一直将中国看作英俄之间在远东地区博弈的缓冲力量，甚至一度提出要和清政府结盟，以对抗俄国势力在中国的发展。法国也是类似这样的态度，在中日战前将中国看作亚洲四强之一，同英、法、俄并列为强国。

但是一场中日战争将大清帝国打回了原形，戳破了老大帝国的纸窗，这个已经病入膏肓的巨人完全暴露于世界，西方列强迅速改变态度，恢复了对中国垂涎欲滴的本来面目，在中日战后继续对中国进行瓜分。

当时一个叫比其琳（音译）的中国通向英国《每日新闻》鼓吹英、法、俄可以达成协议，商定各国在中国的接管范围，英国可以索取从华南珠江到华北山东省南部之间的全部地区。德国首相毕鲁在国家议会的一次演说中表示，既然有人提出要瓜分中国，这种瓜分无论如何不由我们来促其实现，我们要做的事情就是准备好，不管发生什么事情，我们绝不会空手而返。俄国财政大臣维特在《马关条约》尚未正式签订时就表示，俄国应该立即对日本动武，这样中国人就会感谢俄国，俄国也才有机会占据南满的大片领土。也就是说，随着清政府在中日战争中的失败，西方列强都在盘算着怎样趁机占据中国领土，就在《马关条约》签订的第六天，即光绪二十一年三月二十九日（1895 年 4 月 23 日），俄国人率先出手，主动联络德法两国，向日本政府正式提出，要求日本放弃辽东半岛，以武力威胁的方式强迫日本吐出辽东这块已经进嘴的肥肉，这就是所谓的"三国干涉还辽"事件。

那个时候日本还没有强大到能够单独对抗俄国的程度，而且日本刚刚结束与中国的战争，自身已经无力再和俄国打一场战争，只好暂时接受三国的要求。不过日本也提出了条件，那就是清政府必须要再付一笔赎金，在与俄、德、法三国协商之后，日本政府才同意清政府进行还辽问题的谈判，李鸿章依旧是清政府的全权代表，最终谈判的结果是，中国付出三千万两银子赎回辽东半岛。

但是谁都知道俄国人没有那么好心会帮助中国人，作为唯一与中国领土接壤的西方列强，俄国人在占领中国土地这个问题上比其他任何列强都有优势，可谓是近水楼台先得月。日本人还辽之后，不用俄国人发话，清政府就派李鸿章前往俄国祝贺沙皇尼古拉二世成功加冕，主动与俄国签订了条约。俄国取得黑龙江、吉材直达海参崴修筑铁路和俄国兵船可以随意进入中国口岸的特权，这就是前边我们所说的《中俄密约》的主要内容。

一年后根据这个密约，俄国强行出兵占领了旅大地区，德国也以武力占领了胶州湾，清政府用三千万两银子赎回的辽东半岛，就这样轻易地被俄国人夺走，还把胶州湾也赔了进去，所以说"三国干涉还辽"事件，本质是西方列强瓜分中国的一个信号，也就是从此时开始，在中国本土之内西方列强开始了各自豪夺利益的博弈，甚至是不惜动武来解决问题，后来的日俄战争，甚至是再后来的巴黎和约转让德国在山东权益给日本，都是发生在这样的一个背景之下。

西方列强瓜分中国的目的，是在中国获取更大的利益，而利益无外乎是政治的或者经济的，纵观甲午中日战争之后的西方列强的手段，大致分为两种，强制性贷款与掠夺筑路权。

在中日战争前的三十年时间里，大清帝国因为洋务运动的关系，向外国借过二十五次外债，总额为四千一百多万两，以海关收入为担保，年息为 6% 到 7%，在中日战争前这些外债全部还清。而在战后清政府的外债开始猛增，《马关条约》规定赔款两亿两，生效后半年内先支付五千万，又加上赎回辽东半岛的三千万两也限定在半年内支付，也就是说在 1895 年一年之内的时间里，清政府要支付八千万两巨款，当时清政府一年的财政收入不到九千万两，因此为了交付赔款，清政府就必须大量地向外国借债。

《马关条约》订立的四年时间里，清政府向西方列强进行了七次贷款，其中有三次数额最大，分别是光绪二十一年的俄、法借款；光绪二十二年的英、德借款以及光绪二十四年的英、德续借款，每次都是一亿两白银，每一大笔借款，列强们都对清政府有政治奴役性的条件，以此作为瓜分中国、确立在中国势力范围的一种手段。

例如光绪二十一年的俄、法贷款，就为俄国南下满洲、法国深入两广云贵地区开通了道路，光绪二十二年的英、德贷款，清政府承认长江南岸为英国的势力范围，而且清政府每次借款都以海关收入作为抵押，当时海关收入每年大约二千万两，是清政府主要的一项财政收入，海关收入押给债权国家，不仅让清政府财政收入更加枯竭，列强们通过控制海关大权，以保证和加速向中国进行资本输出以及对中国资源的掠夺，因此中国经济被卷入了当时西方殖民经济的旋涡中。

除了经济手段之外，西方列强把筑路权当作盘剥中国的另一种手段，列强们以贷款形式为清政府修筑铁路，但附加种种条件，修筑铁路便能控制沿线相关地区，可以纳入他们的势力范围之内，况且投资修筑铁路本身还可以获取巨大的经济利益。所以中日战争之后，西方列强便展开了相互争夺在中国修筑铁路权益的斗争。

当然有的列强是使用强制手段通过签订不平等条约而取得的铁路修建权，而更多的则是采取贷款方式，取得某一筑路权益。

当时列强对中国的铁路贷款次数有很多，数量也很庞大，仅1898年到1900年三年的时间里，贷款总额高达一亿三千七百多万元，在这三年内俄、法、英、德四个国家激烈的争夺对芦汉铁路（从卢沟桥到汉口）、津镇铁路（从天津到镇江）的修建权，英、法两国则争夺粤汉铁路的修筑权，因为这三条铁路都穿过中国的心脏地带。

中日战争后，西方列强瓜分中国的浪潮各得其所：俄国势力范围由原来在中国东北南满地区伸展到旅顺大连而控制华北；德国强占了胶州湾；英国势力范围主要在长江中下游地区并向华北威海卫、山海关步步深入；法国取得了云南、广西商务特权和矿山开采权，并把它在越南的铁路延伸到广西境内，而且法国还取得了帮助清政府重建福州船政局的特权，清政府承认了法国在海南岛的特殊权力。甲午中日战争后的短短几年时间里，中国沿海重要的港湾如旅大、威海卫、胶州湾、九龙、广州湾等都竖起了列强的旗帜，许多重要铁路干线的筑路权被西方列强所攫取，中国几乎全部土地被划分为列强国家的势力范围，可以说中日战争的惨败，让中国更加陷入半殖民地的深渊。

纵观甲午战争之后的清政府，其实不仅仅只是要承受战败的耻辱以及经济压力，更重要的是这场战争成了西方列强继续瓜分中国的一个契机，以光绪皇帝为核心的主战派大臣，就是在这样一种内外交困的形势下，努力思索如何才能改变现状，使国家尽快摆脱困境，重新强盛起来。

由于慈禧太后把持朝廷最高权力，所以光绪皇帝在战后依旧不操朝廷实权，但这个血气方刚的皇帝并不甘心当傀儡，更不希望看到大清帝国的江山断送在他的手里，甲午中日战争的失败对于光绪皇帝个人来说是一场腥风血雨的噩梦，虽然战争的失败不应该由他承担，但他毕竟是这个国家的名义主宰者，他必须要承受这种奇耻大辱，而且他在战后精神上也一直处在极度痛苦中，更是对西方列强纷纷宰割国家领土而忧虑万分，熟悉光绪皇帝的德龄在中日战后对光绪皇帝的心境有着这样一段描述：

光绪为着想挽救他的国家，使他在国际上得到一个较好的地位——至少是他心里所想望的那种地位——几乎连饮食睡眠也忘掉了，他恨不能立刻就使他的国家一跃而为世界上的一等强国。

《马关条约》虽然已经生效形成事实，但光绪皇帝总想设法对其进行补救，当光绪二十二年三月，他得到给事中吴光奎在奏折里中说到苏杭各省已在本地设立公司，和日本商人竞争的消息后，他立即上谕军机大臣"马关条约于华民生计大有关系，应设法补救以保利权"，其实他所说的"保利权"就是指在当时的条件下，抵制西方列强瓜分中国的一种力所能及的努力，也是很多爱国人士尽量补救《马关条约》为国家带来的伤害，以维护国家和民族利益的共同要求。

甲午中日战争，日本手舞屠刀在沉睡着的中国巨人身上割去了一大块肥肉，但是另外一些将屠刀藏在背面的屠夫，有着一副"调停者"的面孔，实际上却是准备宰割他们所需要的那块"中国肥肉"，光绪皇帝看清了列强们的险恶用心，所以他形容是"强邻狡焉思启，合以谋我"，但是面对列强们的合谋危机，光绪皇帝既没有因为被日本这个弹丸小国打败而自暴自弃，更没有像慈禧太后那样麻木不仁，而是想着卧薪尝胆以雪前耻，为此他在光绪二十一年闰五月的上谕里，专门对如何强大国家，如何奋发自强做了一个大致的规划，这篇上谕被收录在《清德宗实录》里，由于篇幅所限，我们只将主要内容展示如下：

……修铁路、铸钞币、造机器、开矿业，折南漕、减兵额、创邮政，练陆军、整海军，立学堂，大抵以筹饷练兵为急务，以恤商惠工为本源，皆应及时举办。至整顿厘金，严核关税，稽查荒田，汰除冗员各节，但能破情面，实力讲求，必于国计民生，两有裨益……

这篇上谕虽然还不上是一幅改革蓝图，但却反映了光绪皇帝在战后奋发图强的迫切心情。对于全国政治、经济、军事补救做了全面规划并且要求落实到各省，限令一个月内各级地方也要做出相应筹划复奏朝廷，需要说明的是，光绪皇帝在战后这种卧薪尝胆，想要一雪国耻的紧迫感，正是他很快萌发维新变法的思想基础。

而在他这篇上谕里所说的那些举措，光绪皇帝当时最为看重和紧要实行的便是"恤商惠工"。

3. 恤商惠工

　　如果全面考察光绪皇帝的君主生涯，应该说这位血气方刚的年轻帝王，始终是顺应历史潮流进行各项重大事项决策，是晚清历代皇帝所不及的。我们应该还记得鸦片战争失败后，道光皇帝也有一个整顿计划，虽然时代不同，但是从内容上看，还是能反映出光绪皇帝的政治洞察力要高于他的先辈。

　　大清帝国在 19 世纪 60 年代兴起的洋务运动，其实是清政府自救的一种手段，同时洋务运动又是采取近代技术的一种新的生产方式，也确实改变了大清帝国的精神面貌和经济结构，间接促进了资本市场在中国的培育，所以从时代角度来看，洋务运动基本符合历史发展的潮流，不能说是与时代背道而驰。

　　甲午中日战争中北洋舰队全军覆没，因此有很多人就得出了"甲午战争失败意味着洋务运动彻底破产"的论断，前边我们说过，洋务运动确实没能从根本上改变大清帝国的面貌，只是美颜效果，但如果说彻底破产而进行彻底否定也有失偏颇、北洋水师全军覆没，不等于洋务运动中的军事工业被彻底摧毁，更不等于洋务运动中民用工业也彻底破产，而历史事实恰恰却是"彻底破产"论的逆向，事实上洋务运动总体发展的思路没有错，但在发展到一定程度后，必须要进行转型和升级。

中日战争后洋务运动的发展进入了一个新阶段，其标志之一就是民用工业取代了军事工业的主体地位，第二是商办企业在洋务运动中异军突起，并且越来越占有重要地位，从政治角度而言，这种发展趋势不能不与急于图治的光绪皇帝的经济思想以及经济政策有关。

如今时隔一个多世纪，中国历史已经走过了曲折的道路以后再回顾那段历史。完全可以说，洋务运动确实不能挽救国家危亡和消除民族的苦难，也不可能将中国社会引上独立自主的资本主义道路，当然在当时包括光绪皇帝在内的清政府高层们是不可能超越时代认识到这个问题的，中国人包括那些具有先进思想的民族精英们，也必须经历一段历史进程后，才能逐步认识到这个真谛，到了那个时候才抛弃了洋务运动所标榜的"自强新政"的乌托邦理想，进而另辟蹊径寻求救国救民的真理，而资产阶级改良派就是在批判洋务运动的基础上，主张通过维新变法来实行自强自主的资本主义制度。

从中日战争的失败到后来戊戌变法的这个时间段里，清政府的一些高层不甘心忍受《马关条约》，痛惜国家被列强瓜分，但是他们的观念又不能冲破洋务派在60年代鼓吹的"自强新政"的框架，还是把希望寄托于洋务运动，其中光绪皇帝就是这部分高层的代表，他在中日战争失败后，对洋务运动给予了极大的关注和支持，我们如果站在他的角度来看，应该说光绪皇帝的做法是顺应历史潮流，推进了洋务运动的新发展。

《马关条约》签订后，洋务派代表人物李鸿章声名狼藉，遭到了朝野上下的唾骂，但并不是所有人特别是高层集团中主战派大臣所说的那样，否定搞了几十年的洋务运动，事实证明绝大部分人所否定的是洋务派的某一个代表人物，并非是对洋务运动的否定，相反人们却对于在中日战争期间坚决主战抗战的洋务派代表刘坤一、张之洞等人产生了良好印象，光绪皇帝对他们也是越来越器重，随着李鸿章的失势，刘坤一和张之洞也随之成为新的洋务派代表。

就在《马关条约》刚刚签订完毕，光绪皇帝便发出谕旨，号召群臣以"精于天文、地舆、算法格致制造诸学"为重，所谓"诸学"其实就是指近代工业发展的根底，即所谓的"西学"，也是洋务派所经营的兴办学校、聘用洋教师、派员出国师夷长技的主要内容。光绪皇帝号召大臣们保举推荐，说明他对洋务胸怀宏图，不久后他再次发出上谕，确定了"以筹饷练兵为急务，以恤商惠工为本源"的洋务原则，而且这也是发展洋务运动中军用工业和民用工业的两个方面。

在光绪皇帝看来，这两方面是大清帝国因时制宜、图强自治的最好手段，可见甲午中日战争后，光绪皇帝和洋务派都处在"夷务救国"的同一认识水准线上。当时洋务派的主要代表人物两江总督张之洞在《马关条约》签订后，为朝廷上了一份名为《吁请修备储材折》，其主要内容与光绪皇帝的上谕基本上是同属于一个思想轨道，提出了九条自强措施，其中就包括练新军、筑铁路、开学堂、讲商务等内容，可以看作是对光绪皇帝上谕的积极响应和具体办法的建议，可见当时君臣政见已经达成共识。

纵观中日战争后的洋务运动，与前三十年的洋务相比，虽然总体思路没有变，但"恤商惠工"却是光绪时代的特色，是他经济思想的一个重要方面，算是有光绪时代特色的洋务运动。在甲午战争之后，他积极支持商人集资，参与创造和发展近代企业，以推进民族资本主义在中国的发展。光绪二十一年闰五月，给事中储成博上奏，说各省船械、机器等局，应该改变过去官办垄断形式，进行招商办理，以扩大实业制造。光绪皇帝在户部的议奏之后，批准了储成博的建议，这是光绪时代洋务运动对于开办企业的一个新转变。

光绪皇帝在批复中对招商制造实业的见解大加赞赏，认为应该"从速变计"，改变从前那种官办企业的衙门作风和管理方式，让企业真正实现企业的功能。光绪皇帝在批复中还对开辟资源做了各方面的设想，例如可以鼓励外国华侨和富商集股投资，应该说这个想法在当时绝对是有远见的超前意识，为此他责令地方官指派相关专业人员迅速奔赴各地，宣讲朝廷政策，让那些富商绅士们进行集股，可以官商合办，也可以自己集股择地造厂，还可以出资承租旧有厂局，同时向投资者申明政府的政策是"仿照西例，商其总事，官为保护"。

应该说光绪皇帝这种"招商劝办"经济政策的颁行，等于是放开了资本市场，打破了官办垄断企业，有助于推进洋务运动重心的转变和走上新发展道路。从甲午战争之后到后来戊戌变法的几年时间里，凡是地方官有招商集股，准备投资办企业的奏折，光绪皇帝基本都会批准或者筹商复奏，而在这个过程中他又认为，在江浙等省应该多招商兴办织布局，而且应该筹款购置轮船，专门在河内运货以收利权。这种做法等于就是要通过大力发展华商工业，和西方列强争夺经济利权，这也是光绪皇帝在经济政策方面竞争意识的一种反映。

光绪皇帝当时还意识到，招商兴办企业虽然十分重要，但企业兴办起来后如何对其合法权益进行保护更是重要的问题，这对于兴办实业的洋务派和民间实业家来说不仅有助于消除他们的种种疑虑，而且也是莫大的鼓舞。总体来看，中国民族资本主义在甲午战争后有了一个初步的发展。

据统计，从光绪二十一年到二十六年（1895—1900）间，全国各地新办的私人资本工矿企业，其创办时资金在一万元以上的共计一百零四个，资本总额为二千三百多万元。反观战前的二十多年间，私人资本办的工厂不到八家，资本总额为七百三十万元。战后的六年对比战前的二十多年增加了二到三倍，可以说甲午战争后私人资本主义企业出现了一个兴旺的局面，这个新局面的开创，是光绪皇帝采取务实、保护、促进政策的结果，正像一位商人曾经生动描绘所说的那样："民间自为兴办，则闾市相习，无患欺诈，事权自操，无患侵没，大利所在，万众所趋，不召自来，不求自至，踊跃赴利，唯恐后时，患不事举，奚虑不集哉。"

从技术角度而言，光绪皇帝对国计民生关系重大的诸如矿产、铁路等交通运输企业更为重视，并且予以了极大的关注。早在光绪二十年九月（1894 年 10 月）时，御史钟德祥上奏说广东地区开矿有很多实际困难，希望能够减免当地的煤铁税，光绪皇帝对此做出了明确指示，要讲究开采的方法，必须真抓实干，而且要设立章程开办，以达到兴矿务而利开源的目的。一年后光绪皇帝在另一篇披览有关四川矿务情形的奏折时，上谕军机大臣指出要让当地督抚设法招商开办，当地官吏不要阻挠商人集资行为，允许民间富绅投资矿业以弥补政府因财政匮乏而无力投资矿务的困难。

为了全面兴起矿务产业，光绪二十二年二月（1896 年 3 月）上谕军机大臣，命令各省督抚要对本省矿务进行全面规划，按照所指各地名，逐一进行勘察，并拟定办法据实详细上奏。其实就是搞一次全国范围的矿务大普查，为了让各地方督抚重视矿务，光绪皇帝在上谕中详细阐明道理，让大家知道兴办矿务对于国家兴盛的重要性，甚至说当时除了兴办矿务之外，再没有什么更好的办法能够快速让国家富起来，所以他希望各省督抚务必从思想上重视矿务问题，这是一件与国家休戚相关的重大事宜。

从实际效果来看，正是因为光绪皇帝对于发展矿务决心之大，措施之具体，所以在中日战后几年的时间里，各地矿务有了初步的发展，由于矿务一般具有投资大、工人多、周期长的特点，所以它的发展速度不如其他领域。当时各地创办的采煤和金属采矿企业共有二十五家，其中包括一些官办招商集股和官督商办的矿场，而纯属商办的比较重要的矿业有：河北阳新炭山湾煤矿、福建政和南太武山煤矿、广东北海口北海煤矿、江苏南京青龙山幕府山煤矿四川冕宁麻哈金矿、广西桂县三岔银矿等，这二十五家采矿企业创办时的资金合计五百八十多万元。

除了重视兴办矿务之外，光绪皇帝对于兴修铁路也给予了足够的重视。例如在中日战争进行中的光绪二十一年十月（1894 年 11 月），谕令内阁：铁路为通商惠工要务，朝廷决定兴修铁路，起点设在京畿地区的卢沟桥，终点设在武汉汉口，由于距离比较远，所需的费用十分巨大，地方官应该号召富商们集股修建，如果有出资千万以上者，允许其设立公司，政府不参与经营事宜，只提供公司合法权益的保护，如果成效显著，政府还有奖励。

以今日视角来看，光绪皇帝重视近代工矿企业和交通运输业的兴办，虽然依旧没有触动大清帝国政体的改变，但是我们不能苛求任何人去做超越时代的事情，我们更不能否认甲午中日战争之后的洋务运动对于民用工业的发展开始重视起来，这是在前三十年完全是官办企业的一个重要改变，也实现了当年日本代表团对清政府发展民企的建议，虽然其活力还不能同西方列强对中国的经济掠夺相匹敌，更不能从根本上实现清政府高层自强图治的理想。

站在时代角度而言，甲午中日战争后的新式洋务运动从一定程度上改变了大清帝国的经济结构，而经济基础的变动必然会影响上层建筑，且光绪皇帝励精图治的经济思想也没有在"恤商惠工"的阶段上停步不前，至少为即将接踵而起的资产阶级改良派掀起维新变法打下了一定的经济基础。而后在这个基础之上，随着维新变法的舆论开始掀起，朝廷的经济政策也逐渐突破了洋务运动的框架，向着更深的层次发展。

4. 变法思想

甲午中日战争之后，在光绪皇帝的努力下，洋务运动转变了官办形式，努力增添民间资本元素继续实行。这种经济结构的改变，随着时间的推移，必然会影响到上层建筑，而且在战后由于没有了战争的压力，慈禧太后并没有再过分参与朝廷政务的决策，所以又给了光绪皇帝以施展拳脚的机会，而正是在这样一个环境下，要求变法的舆论开始兴起。

梁启超后来在《戊戌政变记》一书中指出：

吾国四千年大梦之唤醒，实自甲午战败割给台偿二百兆以后始也。我皇上赫然发愤，排众议，冒疑难，以实行变法自强之策，实自失胶州、旅顺、大连湾威海卫以后始也。

可以说中日战争的失败和《马关条约》的签订，将中国人民投入更深的苦海，那个特定的历史环境正像谭嗣同在诗文中所形容的那样，"四万万人齐下泪，天涯何处是神州"，但是清政府的统治机能虽然退化，但并非没有图存救亡的意识，除了以孙中山为代表的暴力革命派用他们的方式来挽救国家之外，空前高涨的爱国呼声也惊动了大清帝国高层统治集团中一部分人的思想，当然首当其冲的就是光绪皇帝。

当时这些人从不同角度感受到了时势艰难，纷纷向朝廷献上自强之术，例如洋务派所陈的自强之术仍是以洋务救国为宗旨，也就是前边我们提到的开矿、练兵、筹饷、通商等事宜。可是也有一些人，随着新式洋务运动的深入，他们所陈奏的自强之术，突破了洋务派鼓吹了三十多年自强新政的框架，开始向着维新变法推进，最先以日本明治维新和法国资本主义制度的活力鼓励清政府变法的是顺天府尹胡橘棻，他在光绪二十一年闰五月（1895 年 7 月）上了一道题为《条陈变法自强事宜》的奏折，从现有史料来看，他是晚清维新变法最早的建议者。

在奏折中胡橘棻以日本明治维新为例，认为朝廷应该效仿日本明治维新力行西法，这是大清帝国唯一的自强之路，而且他所奏的具体仿效内容虽然也是开铁路、开矿产等洋务范畴，但是他赞扬日本明治维新坊行西法，向光绪皇帝提出"一心振作，破除成例，改弦更张，咸与新法"的变法要求。

可以说，胡橘棻的上奏开始反映出清政府高层已经萌发出朦胧的维新变法的新思想。

一年多后，在光绪二十二年五月（1896 年 6 月）刑部侍郎李端棻上了一道名为《请推广学校折》的奏折，在李端棻看来，洋务派兴办西学是治标不治本，按照他的说法是"治国之道，富强之源，均为肆及"，所以他在奏折中提出应该在京师成立学习西法的新式学堂，而且从京师到省、府、州、县都应该成立新式学堂，并设立藏书楼，开创仪器院、译书局、报馆以及选派相关人员考察国外等一系列事宜。尽管李端棻的思想还保留着洋务教育的痕迹，但他的主张的确向近代教育靠近了一步，也算是教育领域的一种变法手段。由于他也萌发出维新思想，所以他后来积极支持康有为、梁启超的变法主张，并向光绪皇帝积极推荐两个人，成为维新派和朝廷建立联络的媒介。

除了高层的人之外，知识分子阶层在甲午战争的刺激下，其维新变法的热潮也澎湃掀起，例如梁启超就说："自中东一役我师败绩，割地偿款，创巨痛深，于是慷慨爱国人士渐起，谋保国之策者，所在多有。"史学家陈旭麓先生也指出，甲午战败是对维新变法的动员，而《马关条约》也可以说是动员令。事实上康有为等人的"公车上书"就是维新改良派们的宣言，这些人也由此作为一支政治力量，在逐渐得到光绪皇帝的认可和提携后，登上了政治舞台。

处在卧薪尝胆和一直寻求图强自治之法的光绪皇帝，随着新式洋务运动的蓬勃发展，也认为只停留在这个层面是不足以强国的，如果不变法强国，社稷恐怕无法保住，因此经常与枢臣们商讨变法事宜。在此之前光绪皇帝其主要精力都是放在处理朝政事务，虽然他对慈禧太后的把控极为反感，但基本上还是小心翼翼地在老佛爷的手掌上做一个类似傀儡的皇帝，只有当慈禧太后不愿意或者无暇顾及政务的时候，光绪皇帝才可以站在前台施展拳脚，但对垂帘听政时期的既定方针不敢有所逾越和偏离。

现在战争已经结束，慈禧太后重新回到她理想的生活状态，光绪皇帝又有了施展拳脚的机会，这位血气方刚的皇帝经过甲午战争的洗礼，中兴大清帝国祖宗基业之心更加强烈。大清帝国不仅割地赔款，而且进一步面临西方列强的瓜分，光绪皇帝越来越感觉亡国的危险再向他一步步袭来，因此他的思想上起了难以抑制的图强雪耻的紧迫感，美国女作家卡尔就对甲午战争后光绪皇帝的心态有过生动的描述：

自日一战后，中国割地赔款，莫大之耻辱。光绪帝方如梦之初觉，慨然以发愤自强为己任。故中日战前与战后之光绪帝不啻判若两人。

前边我们说过，甲午战争结束后，光绪皇帝连连发出谕旨，要求大臣们上下一心，以力行实政为要务。而所谓的"实政"就是修铁路、开矿局、练新兵等内容，其中以练兵筹饷为急务，恤商惠工为本源。可以说虽有创新洋务方式，但却依旧在洋务派自强新政的圈子里，所以甲午战争后洋务运动不仅没有削弱，反而经过光绪皇帝的更新升级，继续新的发展。

光绪皇帝政治思想发展的新起点，是在运用洋务运动手段继续图强的基础上，经过恤商惠工的经济结构变化之后，以及维新舆论的影响下，开始萌发出维新变法的意向，这种思想的萌芽，是受到甲午战争失败的刺激，以及新式洋务运动的发展变革和朝野上下变法图强舆论三方面影响所致。光绪皇帝当时看到有些官员上书言事的视野，比洋务派的自强新政理论的框架有了新的拓宽，对于这方面奏疏，光绪皇帝全都详加阅览。

经过一段时间的思考后，光绪皇帝意识到虽然这些人所列的维新内容还很笼统和肤浅，但客观上却能把自己的目光引向执意探索欧美各国的治国之道，这也是他很长时间以来那种"强邻狡焉思启，合以谋我"的认知，与维新官员在奏疏中所阐发的图强要求发生共鸣的结果。

为了详细了解变法的内容和理念，光绪皇帝当时特意召见曾经出使过外洋，不久前刚从日本回国的户部侍郎张荫桓，请他讲述欧美、日本的治国之道。通过张荫桓这样一些具有新思想官员的讲解，西方资本主义制度以及列国变政的事情开始让光绪皇帝朦胧觉得，中国也可以走一条同样的道路。

而这其中对光绪皇帝思想影响最大的，当属先前公车上书的代表人物康有为。

从身份角度来看，康有为是没有资格向皇帝上书的，而且公车上书虽然声势浩大，事实上当时光绪皇帝并没有看到这份上书，一直到二十多天后，康有为又写了一万三千多字专门呈现光绪皇帝的奏疏呈给朝廷后，光绪皇帝方才看到。

目前发现有康有为《上清帝第三书》的呈进本，又叫《请及时变法富国养民教士治兵呈》，这份上书比公车上书的内容更加具体和广泛，备陈变法着手之方和先后缓急之序，条理清楚思虑周密。康有为在书中建议，鉴于《马关条约》刚刚签订，朝野上下图强雪耻之志有不可遏制之势，此时如果朝廷下诏，以鼓励民心士气，推举贤士参政，重新构建国基也不算晚。

在康有为看来，朝廷除了选贤任能之外，还应该有一个自强雪耻的大致方案，即富国、养民、教士、练兵四个方面。这次上书是在光绪二十一年五月（1895 年 6 月），由都察院转呈，其中冲破了层层阻力，光绪皇帝才终于第一次看到康有为的上书。

光绪皇帝读完之后，受到了很大启发，耳目为之一新，他当即对康有为的建议极为重视，即命复录副本三份，一份送慈禧太后，一份发军机处，一份保存在乾清宫，原件留勤政殿以备参考。

康有为的这次上书，让光绪皇帝第一次冲破紫禁城的封建禁区，至少在思想上同朝廷之外的维新力量开始沟通，可以说他的自强图治的迫切心情，与康有为的治国新理念恰好不谋而合，接下来必然就会发生化学反应。

光绪二十一年闰五月八日（1895 年 6 月 30 日），康有为又以工部主事的名义，第四次向光绪皇帝上书，提出了设立议院以通下情的主张，变法的建议等于又深入了一步，开始触及大清帝国的政治体制改革，但是这次上书因为内容原因，遭到了顽固派的阻挠，所以光绪皇帝未能看到，康有为也因为这次投书无门而黯然返回了广东。

一直到光绪二十三年（1897 年）冬天，德国强占胶州湾，康有为利用全国要求朝廷自强图治之际，再一次赶到北京，向光绪皇帝第五次上书，这次上书虽然又被工部扣押，就在他准备起程再次返回原籍时，给事中高燮不顾工部的阻挠，极力向朝廷推荐这封上书，最终被军机大臣翁同龢得到消息，立即赶到康有为的住所南海会馆与其进行详谈。

两人一番长谈，翁同龢认为康有为是个难得的人才，于是便向光绪皇帝极力推荐，康有为的第五次上书也因此最终被光绪皇帝看到。

《光绪朝东华录》记载了康有为这封奏疏的详细内容，总体就是康有为向光绪皇帝提出了变法三策，第一策是"采法、俄、日以定国是"；第二策是"大集群才而谋变政"；第三策是"听任疆臣自行变法"。康有为认为这三个策略，朝廷如果完成第一策，国家会由此变强，如果只能完成第二策，国家也可以平稳，就算只能完成第三策，国家也不至于灭亡。而且为了表达对光绪皇帝的看重之情，康有为坦然向皇帝陛下直言，不希望看到明朝灭亡时崇祯皇帝吊死煤山的事情重演。

对于康有为的直率表达，光绪皇帝倒是十分欣赏，内心也被他的变法三策所打动，准备召见他讨论变法事宜，但是却被恭亲王奕䜣所阻止，奕䜣认为讨论如此重大事宜，非四品以上官员不能召见，而康有为只是一个平民，如果想和他商议的话，让相关大臣传达就可以。结果光绪皇帝只好让总理各国事务衙门大臣接见康有为询问变法大计，如果康有为的建议中有涉及政治变法的内容，由总理各国衙门进呈给自己。同时又让总理各国事务的王公大臣，进呈康有为所著的关于日本和俄国政治改革的相关作品，当时康有为向光绪皇帝进呈的论著有：《俄皇彼得传》《日本变政考》《英国变政记》《普国作内政寄军令考》《列国统计比较表》《列国官制宪法表》《法兰西革命记》《波兰灭亡记》等。

光绪皇帝读了康有为这些变法新著后，感觉茅塞顿开，拓宽了政治视野，于是他下令要广购新书，希望能够在外国变法的历史经验中得到借鉴。据梁启超后来说，在甲午中日战争之前，光绪皇帝对中国传统的经书详加学习，但是中日战争期间他听到旅大地区失守后，光绪皇帝愤怒的命令将他所看的那些中国传统文化书籍全部烧毁，让人大购西方文化的书籍，这应该是光绪皇帝决定实行变法的渊源。

光绪皇帝从见到康有为的第三次上书后，萌发了维新变法思想，而后又多次接到康有为的上书，变法的观念越来越强烈，从光绪皇帝烧书开始，一直到他问话康有为和阅读西方著作为止，可以说这就是光绪皇帝维新变法之举的开场锣，但是这阵锣声自然而然地就会传到身在颐和园的慈禧太后的耳朵里，史料记载当时顽固保守派们担心变法之后会影响他们的既得利益，所以在慈禧太后面前诋毁变法之举，慈禧太后虽然没公开表态，但不置可否的态度也说明她内心对变法持有疑虑。

据苏继组的《清廷戊戌朝变记》，当时光绪皇帝得知慈禧太后对变法不那么支持后，就对庆亲王奕劻说：太后若仍不给我事权，我愿退让此位，不甘做亡国之君。

奕劻随后就将光绪皇帝的话告诉了慈禧太后，慈禧太后的反应是：他不愿意坐此位，我早已不愿意他坐之。

后来的事实证明，光绪皇帝倡导的这场变法运动，逐渐偏离了最初设定的目标，或许在一开始光绪皇帝和慈禧太后这种对立的态度，就注定为这次变法运动蒙上一层阴霾。

经历三十年波折，大清王朝战战兢兢，在守成与变革中摇摆，终于又面临一场更加艰难的选择。这个满目疮痍的帝国，又将经历怎样的风雨呢？

（《帝国的凛冬》系列第二部完结，敬请期待第三部）